I0821984

GERMANISTISCHE BIBLIOTHEK

Herausgegeben von

ROLF BERGMANN

und

CLAUDINE MOULIN

Band 53

ROSA KOHLHEIM
VOLKER KOHLHEIM

Spätmittelalterliche Regensburger Übernamen

Wortschatz und Namengebung

Universitätsverlag
WINTER
Heidelberg

Bibliografische Information der Deutschen Nationalbibliothek

Die Deutsche Nationalbibliothek verzeichnet diese Publikation in der Deutschen Nationalbibliografie; detaillierte bibliografische Daten sind im Internet über *http://dnb.d-nb.de* abrufbar.

UMSCHLAGBILD

Ausschnitt aus der Zeichnung *Luna und ihre Kinder*, in: Christoph Graf von Waldburg zu Wolfegg: *Venus und Mars. Das mittelalterliche Hausbuch*, Fol. 17r, München 1997

ISBN 978-3-8253-6350-5

Imprimé en Allemagne · Printed in Germany
Druck: Memminger MedienCentrum, 87700 Memmingen

Gedruckt auf umweltfreundlichem, chlorfrei gebleichtem und alterungsbeständigem Papier

Den Verlag erreichen Sie im Internet unter:
www.winter-verlag.de

Vorwort

Die beiden Bände des Regensburger Urkundenbuchs, die den Zeitraum vom Jahr 893 bis 1378 abdecken, enthalten viele Nennungen von Personen beiderlei Geschlechts, die als Regensburger anzusehen sind. Der überwiegende Anteil dieser Belege fällt in das 14. Jahrhundert, also in eine Epoche, die, sprachlich gesehen, durch den Übergang vom Mittelhochdeutschen zum Frühneuhochdeutschen gekennzeichnet ist. Dieses wertvolle Namenmaterial ist bislang nur zum Teil ausgewertet worden: Den Rufnamenschatz analysierte Volker Kohlheim in seiner 1977 publizierten Dissertation nach linguistischen und sozioonomastischen Gesichtspunkten; die Beinamen aus Berufs-, Amts- und Standesbezeichnungen behandelte Rosa Kohlheim in ihrer 1990 veröffentlichten Dissertation. Vorliegende Gemeinschaftsarbeit kommt nun dem nicht nur von den beiden Autoren gehegten Wunsch wenigstens partiell nach, auch die übrigen im Regensburger Urkundenbuch enthaltenen Beinamen zusammenzustellen und auszuwerten. Untersucht werden die Übernamen, eine Namenkategorie, die sich dadurch auszeichnet, dass in ihr wertvoller appellativischer Wortschatz in onymischer Form, oft erstmals, überliefert ist.

Für die Aufnahme der Arbeit in die Reihe „Germanistische Bibliothek“ danken wir den Herausgebern Prof. em. Dr. Rolf Bergmann und Prof. Dr. Claudine Moulin herzlich. Unser besonderer Dank geht an Dr. Erika Windberger-Heidenkummer, Graz, die die Arbeit mit Kritik und Ratschlägen begleitet und bei der Herstellung der Druckvorlage unschätzbare Hilfe geleistet hat.

Bayreuth, im Sommer 2014

Rosa Kohlheim
Volker Kohlheim

Inhaltsverzeichnis

1 Einleitung

Im Jahr 1989 legten Klaus Matzel, Jörg Riecke und Gerhard Zipp eine umfangreiche Wörtersammlung vor, die sie aus bislang nicht ausgeschöpften spätmittelalterlichen Quellen aus Regensburg und aus dem mittelbairischen Sprachgebiet gewonnen hatten.[1] Von den 1506 aufgenommenen Stichwörtern sind 726 in dem *Mittelhochdeutschen Handwörterbuch* und in dem *Taschenwörterbuch* (einschließlich der Nachträge) von Matthias Lexer nicht belegt. Dies liegt vor allem an der unterschiedlichen Quellenbasis der beiden Wörtersammlungen: M. Lexers Wörterbuch repräsentiert vorwiegend den höfisch-literarischen mittelhochdeutschen Wortschatz. Dagegen basiert die Sammlung von Matzel/Riecke/Zipp hauptsächlich auf Geschäftstexten: auf Testamenten, Besitzinventaren, rechtlichen Urkunden, dem Handelsbuch der Regensburger Fernhändlerfamilie Runtinger, dem *Gelben Stadtbuch der Stadt Regensburg* und dem im *Regensburger Urkundenbuch* enthaltenen *Wundenbuch*.[2] Eigennamen wurden, wie in Wortschatzsammlungen zumeist üblich, von Matzel/Riecke/Zipp nicht berücksichtigt. Dabei zeigt schon die Arbeit von Rosa Kohlheim über *Regensburger Beinamen des 12. bis 14. Jahrhunderts. Beinamen aus Berufs-, Amts- und Standesbezeichnungen*, die auf dem *Regensburger Urkundenbuch* basiert, dass auf dieser frühen Stufe der Beinamenentwicklung durchaus reichhaltiger appellativischer Wortschatz aus Beinamen gewonnen werden kann.[3]

Daher möchte die vorliegende Arbeit den Zusammenhang zwischen allgemeiner Lexik und den frühen Beinamen betonen. Wir würden uns einer reichen Quelle mittelhochdeutschen Wortschatzes berauben, wenn wir ignorierten, dass Berufs-, Amts- und Standesnamen, vor allem aber Übernamen, zur Zeit ihrer Bildung gängiges alltagssprachliches Wortmaterial verwendeten.[4] „Namen sind Wörter", formuliert in diesem Zusammenhang D. Kremer.[5] Es dürfte unter den bis Ende des 14. Jh.s belegten Beinamen aus Berufs-, Amts- und Standesbezeichnungen wohl keinen einzigen Namen geben, der nicht sein homonymes Gegenstück im appellativischen Wortschatz hätte.[6] Prinzipiell

[1] Matzel/Riecke/Zipp, S. IX.

[2] Ebd., S. XVI f.

[3] Kohlheim: *Regensburger Beinamen*, S. 187–190. Vgl. auch Neumann: *Obersächsische Familiennamen II*, S. 249ff., Hellfritzsch: *Personennamen Südwestsachsens*, S. 590–593.

[4] Vgl. auch Dittmaier: *Satznamen*, S. 213f.: „Es ist deutlich geworden, daß wortgeschichtliche Untersuchungen, wie sie etwa die etymologischen Wörterbücher bringen, ohne Berücksichtigung der Namenwelt z.T. in der Luft hängen."

[5] Kremer: *Patronymica Romanica,* S. 254. Vgl. auch Kremer: *Übernamen und Wortgeschichte* sowie Kremer: *Mittelalterliche Bürgerlisten,* S. 300: „[...] bekanntlich sind Beinamen [...] sehr häufig Erstbelege für entsprechende Appellative des Allgemeinwortschatzes."

[6] Auch von einer graphischen Differenzierung des onymischen vom appellativischen Bereich kann im 14. Jh. noch nicht die Rede sein: „Die unbestreitbar vorhandene [aktuelle] graphische Differenzierung bestimmter Namen vom entsprechenden Appellativum, die manchen Linguisten Abstand wahren lässt, ist eher Ergebnis gesellschaftlich-kultureller und – im engeren Sinne –

trifft dies auch für die Übernamen zu, die ja den betreffenden Namensträger charakterisieren sollten, sei es in äußerlicher, sei es in geistig-charakterlicher Hinsicht, sei es bezüglich seines gesellschaftlichen Status, sei es hinsichtlich eines besonderen Vorkommnisses. Sie sollten also ihrem Wortsinn nach verstanden werden. D. Kremer meint sogar, „den Begriff Name könnte man ganz ausklammern, da es sich in dieser Kategorie der Beinamen [...] um rein lexikalische Elemente handelt."[7] So weit möchten wir hier allerdings nicht gehen. Der Eigennamencharakter der spätmittelalterlichen Beinamen wird am ehesten im morphologischen Bereich deutlich: Feminine Nomina oder Neutra, die als Übernamen einen männlichen Namensträger bezeichnen, werden in unseren Belegen bis auf eine Ausnahme (*umb daz Hintenhoͤchel*) zu Maskulina (z. B. *Leupman der Alrawne, Ulreich der Altmandl*), weibliche Beinamen werden bis auf drei Ausnahmen durch das Suffix *-in(ne)* moviert (z. B. *Swester Percht di Vaͤlschlin, Di Glaͤslinn witib*). Davon abgesehen, treffen wir aber nur selten auf Bildungen, die nur onymisch angewandt wurden, z. B. vereinzelte Bildungen auf *-man* und *-er,* soweit letztere nicht der großen Gruppe der deverbativen Nomina agentis zugehören. Eine Ausnahme stellen die so genannten Satznamen dar, die zwar mit gängigem appellativischem Material gebildet wurden, jedoch als solche wohl zunächst onymisch verwandt wurden.[8] Nur wenige von ihnen wurden, wie z. B. der Name *Achtseinnicht,* später lexikalisiert.[9]

Damit berühren wir das Thema des Sprachbereichs und der Sprachschicht. Das in mittelalterlichen Übernamen enthaltene Wortmaterial gehört zum großen Teil einem gänzlich anders gearteten semantischen Bereich an als der sachlich-geschäftsmäßige, den die Sammlung von Matzel/Riecke/Zipp repräsentiert.[10] Und auch die von R. Kohlheim untersuchten Beinamen aus Berufs-, Amts- und Standesbezeichnungen unterscheiden sich *per definitionem* von den hier vorgelegten Namen und dem in ihnen enthaltenen Wortschatz. Durch Übernamen beabsichtigte man eine Charakterisierung des Namensträgers. Dies konnte direkt geschehen, indem man auf sein Äußeres, seinen Charakter oder sein Verhalten verwies. Die hierzu verwendete und dann zu Propria konvertierte Lexik besteht großenteils aus Substantiven, Adjektiven und deverbativen Ableitungen aus dem semantischen Bereich des Körpers und des Charakters. Man konnte die betreffende Person aber auch metaphorisch charakterisieren, wofür man gern Vergleiche aus der Tierwelt heranzog. Metonymien verwandte man bevorzugt, um indirekt auf den Beruf des Namensträgers zu verweisen. Hier kommt vor allem der Bereich alltäglicher Gegenstände, Werkzeuge, Materialien zur Geltung. Aus all diesen semantischen Feldern

schreibsprachlich-(ortho)graphischer Entwicklungen der dem 15. Jahrhundert folgenden Zeit." Hellfritzsch: *Fränkische und obersächsische Zunamen,* S. 45f.

[7] Kremer: *Übernamen und Wortgeschichte,* S. 126.

[8] Fleischer/Barz: *Wortbildung,* S. 275 bezeichnen die Satznamen als früher häufig benutztes „Konkurrenzmodell zur Bildung deverbaler Nomina Agentis auf *-el* und *-er* " und betrachten die entsprechenden aktuellen Familiennamen als „Niederschlag" dieses Wortbildungsmusters.

[9] DWB, 1, Sp. 171 definiert: „Achtseinnicht, m. *nihil curans,* der sein nicht achtet" und führt als Beleg F. Würtz: *Practica der Wundartzney,* Basel 1612, S. 9 an: „darumb dann auch niemand, er seie dann ein achtseinnicht, sich darwider setzen darf."

[10] So auch Hellfritzsch: *Personennamen Südwestsachsens,* S. 394f.

begegnen uns zahlreiche bislang entweder noch gar nicht oder erst später nachgewiesene Simplizia, Komposita und Ableitungen. Hinzu kommen noch einige syntaktische Bildungen, so genannte Satznamen.

Nicht nur die Satznamen, auch der übrige durch die Übernamen überlieferte Wortschatz ist, was die Sprachschicht anbetrifft, als alltagssprachlich zu bezeichnen, wobei bei dessen Verschriftlichung das Bemühen um eine zwar durchaus oberdeutsch geprägte, jedoch von primären Dialektmerkmalen freie Normierung des Schriftzeichensystems durchweg erkennbar ist.[11] Gerade in dieser Übergangszeit vom Mittel- zum Frühneuhochdeutschen, der die große Masse unserer Belege angehört, im 14. Jh. also, findet eine Differenzierung der Soziolekte statt, die, wie O. Reichmann feststellt, „zu der im Grunde bis heute erhaltenen Trias ‚unter-/mittel-/oberschichtige Varietäten'" führt.[12] „Zwischen die Mundart und die Literatursprache [...] tritt also gleichsam eine mittlere Sprachschicht."[13] Und es ist diese „gemäßigt raumgebundene" Varietät,[14] die die lexematische Basis der Übernamen darstellt.

[11] Vgl. hierzu auch Kohlheim: *Regensburger Rufnamen,* S. 46; Näßl: *Bairisch: Regensburg,* S. 448f.

[12] Reichmann: *Zur Abgrenzung des Mittelhochdeutschen,* S. 132.

[13] Ebd.

[14] Ebd., S. 130.

2 Namenbuch

2.1 Aufbau der Namenartikel

Die Namenartikel des Lexikonteils bestehen aus vier bzw. – bei Bedarf – aus fünf Teilen:

Lemma (Fettschrift)
Belegteil (Kursivschrift)
Etymologischer Teil (durch das Symbol ▲ eingeleitet)
Erklärungsteil (durch das Symbol ♣ eingeleitet)
Kommentarteil (durch das Symbol ⬍ eingeleitet)

2.1.1 Zur Terminologie

Die untersuchten Personennamenbelege aus dem RUB sind in der Übergangsphase vom einnamigen zum zweinamigen Personennamensystem angesiedelt. Die benutzte Terminologie sollte dem Entwicklungsstadium des anthroponymischen Systems angemessen und dabei möglichst eindeutig sein. Der Terminus „Personenname" (= Anthroponym) wird hier referentenorientiert als Hyperonym für alle Arten von Namen für Einzelpersonen und Personengruppen verwendet.[15] Unter „Rufname" verstehen wir den einem Menschen nach der Geburt verliehenen individuellen Namen. Vor dem Aufkommen der Doppelnamigkeit handelt es sich hierbei um den Einzelnamen einer Person. Unter „Beiname" verstehen wir den in Deutschland ab dem 12. Jh. zunehmend zu dem Einzelnamen hinzutretenden, die Person näher charakterisierenden Namen. Anfänglich sind die Beinamen eine rein individuelle Kennzeichnung des Namensträgers aufgrund seiner Abstammung, seiner Herkunft, seiner Wohnstätte, seines Berufs bzw. bestimmter Merkmale und Eigenschaften, die oft nach dessen Tod unterging. Im Verlauf unseres Untersuchungszeitraums setzt der Prozess der Vererbung der Beinamen, der schließlich zu den erblichen Familiennamen führt, ein.[16] Beinamenvererbung lässt sich vor allem bei den patrizischen Familien feststellen. Bei den unteren Schichten, denen der größte Teil

[15] Vgl. Debus: *Zur Klassifikation und Terminologie,* S. 363f., S. 366.

[16] Brendler in *Prinzipielles zur Zunamenforschung,* S. 121 versteht aus logisch-klassifikatorischen Gründen unter Familiennamen ausschließlich „die Namen von als Individuen betrachteten Familien". Für die Zweitnamen von „als Individuen betrachteten Personen" schlägt Brendler, ebd., S. 121f. „nach dem Klassifikationsmerkmal ‚Ergänzung eines Namens durch einen anderen'" den Terminus „Zuname" vor, „denn Zunamen können nichterblich, erblich, gegeben oder angenommen sein." Es ist allerdings zu bedenken, dass „Zuname" traditionell nicht die mittelalterlichen/frühneuzeitlichen, nichterblichen Zweitnamen bezeichnet, sondern als Synonym des als „zweideutig" bezeichneten Terminus „Familienname" verwendet wird.

unserer Namensträger angehört, lässt sie sich schon wegen der Quellenlage nicht immer nachweisen. Eine Untersuchung der Verbreitung der Doppelnamigkeit in Regensburg i. J. 1370 ergab, dass 4,2% der urkundlich genannten Personen noch einnamig waren, 27,1% durch persönliche Zusätze (Standesbezeichnungen, Verwandtschaftsangaben) näher gekennzeichnet wurden und 68,7% einen Beinamen führten. Erst bei 25,4% der Beinamenträger(innen) konnte die Führung eines festen Beinamens nachgewiesen bzw. mit großer Wahrscheinlichkeit angenommen werden.[17] Angesichts dieser Situation erscheint der gut etablierte Terminus „Beiname" für den untersuchten Zeitraum bis 1378 angemessen.[18]

2.1.2 Zum Lemmaansatz

Für die Lemmatisierung historischer Namenbücher gilt, was H. Ramge in einer Rezension bemerkte: „Bei der Normierung und Standardisierung von Namen kommt es unweigerlich zu Prinzipienkonflikten, die nicht ‚sauber' aufzulösen sind, das heißt, es kommt unweigerlich zu angreifbaren Ergebnissen."[19] Mit I. Neumann lassen sich zwei „Hauptmethoden" der Lemmaansatzbildung ausmachen: „Man kann einmal die Ansätze aus dem Material selbst gewinnen, indem man aus einer Menge verschiedener Spielformen *eine* Form auswählt, die stellvertretend für all die anderen als Stichwort an den Anfang eines Artikels gestellt wird. [...] Zum anderen kann man aber auch die Elemente einer anderen Sprachschicht als Ansatzformen eines Artikels verwenden."[20] Ersterer Ansatz wurde u. a. von R. Kohlheim in ihrer Arbeit über die Regensburger Beinamen des 12. bis 14. Jh.s aus Berufs-, Amts- und Standesbezeichnungen verwirklicht, wobei als Lemmaansatz der Erstbeleg gewählt wurde.[21] Auch Matzel/Riecke/Zipp gingen in ihrer Zusammenstellung des spätmittelalterlichen Wortschatzes aus Regensburger und mittelbairischen Quellen nach diesem Prinzip vor, und es wurde auch in anderen Namenbüchern praktiziert.[22] Obwohl diese Vorgehensweise philologisch sicher die sauberste ist, denn sie lässt dem Lexikographen keinen Spielraum für eventuell falsifizierbare Spekulationen, ist sie seinerzeit scharf kritisiert worden.[23] Die andere „Hauptmethode", die „Elemente einer anderen Sprachschicht" – und dies wird in den meisten Fällen die neuhochdeutsche sein – als Lemmaansatz zu verwenden, lässt sich nicht ohne

[17] Kohlheim: *Zur Festigkeit der Doppelnamigkeit,* S. 26.

[18] Zudem erleichtert er die „Vergleichbarkeit mit der Terminologie zahlreicher bisher vorliegender Publikationen" (Hellfritzsch: *Personennamen Südwestsachsens,* S. 16).

[19] Ramge: *Rezension* zu: *Flurnamenbuch Baden-Württemberg,* S. 188.

[20] Neumann: *Zum Stichwortansatz,* S. 40.

[21] Kohlheim: *Regensburger Beinamen,* S. 28.

[22] Z. B. von Grünert: *Die altenburgischen Personennamen.*

[23] Tiefenbach: *Rezension* zu: R. Kohlheim: *Regensburger Beinamen,* S. 206.

Kompromisse verwirklichen. Dennoch soll sie, nicht zuletzt, da sie zurzeit wohl favorisiert wird[24] und somit eine leichtere Vergleichbarkeit mit Namenbüchern aus anderen Regionen gegeben ist, im vorliegenden Werk Anwendung finden. Zudem rechtfertigt sich dieses Vorgehen dadurch, dass die untersuchten Übernamen fast ausnahmslos aus zur Zeit der Namenbildung gängigen Appellativa gebildet wurden und somit „tokens eines types" sind, „der [...] in Beziehung zum appellativischen Sprachgebrauch steht oder stand."[25] Es wird also so vorgegangen, dass als Lemma, falls vorhanden, das neuhochdeutsche Wort angesetzt wird, das sich aus dem im Beinamen enthaltenen, im Mittelhochdeutschen belegten Appellativ entwickelt hat. Sind mehrere Interpretationen des Belegs möglich, wird der Originalbeleg beibehalten, z. B. bei *Sumer,* das zu mhd. *sumer* stM. ‚Sommer', zu mhd. *sumber, sumer* stMN. ‚Geflecht, Korb, Getreidemaß; Handtrommel, Tambourin, Pauke' gestellt werden kann, oder auch als Nom. ag. auf *-er* zu mhd. *sūmen* swV. ‚hinhalten, verzögern, versäumen; warten lassen, aufhalten, hindern' aufzufassen ist. Ist ein neuhochdeutsches Äquivalent nicht nachweisbar, wird der Lemmaansatz den heutigen orthographischen Gewohnheiten angepasst. Das bedeutet unter anderem, dass nicht, wie in vielen oberdeutschen Namenbüchern üblich, P unter B, C unter K, T unter D und V unter F eingeordnet erscheint.[26] Durch diese Vorgehensweise werden befremdliche Einordnungen, die das Suchen unnötig erschweren, wie *Parvus* oder *Pfaff* unter B und *Täubel* oder *Taucher* unter D, vermieden.

Weiterhin ist zu beachten, dass die zahlreichen mit *-el*-Suffix bzw. *-lin*-Suffix gebildeten Diminutiva stets als auf *-(e)l* endende Lexeme lemmatisiert werden, da *-lin* überwiegend in den obliquen Kasus auftritt, während *-(e)l* die Normalform im Nominativ ist.[27] Movierte Formen auf *-in(ne)* werden ohne das Movierungssuffix angesetzt.

2.1.3 Zum Belegteil

Die untersuchten Übernamen stammen aus den zwei Bänden des *Regensburger Urkundenbuchs.* Der erste Band (RUB I) umfasst den Zeitraum 893–1350, der zweite Band (RUB II) den Zeitraum 1351–1378. Diese Quelle eignet sich besonders gut für onomastische Untersuchungen, weil sie – vor allem für das 14. Jh. – eine große Anzahl von Urkunden privatrechtlichen Charakters (z. B. Testamente, Verleihungs- und Verkaufsurkunden) sowie mehrere Personenregister enthält, in denen auch Angehörige der unteren Schichten der Bevölkerung Erwähnung finden, etwa die *Liste der aus der Stadt Verwiesenen*, welche nach 1334 angelegt wurde,[28] das sog. *Wundenbuch*,[29] welches „Aufzeichnungen über die in den Jahren 1325–1350 verhängten Strafen wegen Totschlag,

[24] So, obwohl von unserem Vorgehen leicht abweichend, Hellfritzsch: *Personennamen Südwestsachsens,* und Linsberger: *Wiener Personennamen,* aber auch schon Schwarz: *Sudetendeutsche Familiennamen* und *Sudetendeutsche Familiennamen des 15. und 16. Jh.s.*

[25] Ramge: *Rezension* zu: *Flurnamenbuch Baden-Württemberg,* S. 188.

[26] So z. B. Linsberger: *Wiener Personennamen.*

[27] Sieh 3.1.4 Zur Deklination der Regensburger Übernamen mit *-l*-Suffix.

[28] RUB I, Beilage 2, S. 730f.

[29] RUB I, Beilage 3, S. 731–763.

Körperverletzung und Hausfriedensbuch" enthält,[30] Steuerzahlerregister[31] sowie das *Einwohnerregister der Donau-, Wester- und Witmangerwacht.*[32] Letzteres stellt zusammen mit den zahlreichen Testamenten[33] und dem *Leibgedingsregister* (1350–1364)[34] eine wichtige Quelle für weibliche Belege dar.

Die Selektierung des in die Untersuchung aufgenommenen Namenmaterials richtet sich nach den von V. Kohlheim für seine Studie über die spätmittelalterliche Regensburger Rufnamengebung aufgestellten Kriterien. Demnach werden nur Übernamenbelege berücksichtigt, die sich auf Personen beziehen, die entweder aus Regensburg stammten und/oder dort ansässig waren. Unter „Regensburg" wird das spätmittelalterliche Territorium mit Unterem und Oberem Wöhrd verstanden. Keine Aufnahme fanden daher Bürger aus Stadtamhof, Prüll, Donaustauf usw., ebensowenig Personen des Hoch- und Landadels. Die (bischöflichen) Ministerialen wurden jedoch berücksichtigt, da aus diesem Personenkreis ein großer Teil des frühen städtischen Patriziats hervorgegangen war. Die Inhaber hoher kirchlicher Ämter (Bischöfe, Äbte, Prioren, Kanoniker) wurden nur dann aufgenommen, wenn es sich dabei um Angehörige eines Regensburger Geschlechts handelte. Regensburger Angehörige auswärtiger Klöster wurden in die Untersuchung einbezogen, ebenso alle Geistlichen der städtischen Stifter, Kirchen und Klöster, außer wenn sie nachweislich nicht aus Regensburg stammten. Es ist anzumerken, dass besonders bei Urkunden, die auswärtige Angelegenheiten Regensburger Bürger betreffen, nicht immer mit Sicherheit entschieden werden kann, ob es sich bei den erwähnten Personen tatsächlich um Regensburger Bürger handelt.[35]

Der Belegteil enthält den Erstbeleg eines Übernamens sowie gegebenenfalls die Erstbelege von Schreibvarianten. Auf jeden Beleg folgt in Klammern die Jahreszahl und die entsprechende Urkundennummer in RUB I bzw. RUB II. Bei Belegen aus der *Liste der aus der Stadt Verwiesenen,* aus dem *Wundenbuch,* aus dem *Handelsungeldregister* (1340–1341), aus dem *Leibgedingsregister* und aus den Aufzeichnungen im *Gelben Stadtbuch* (1370–1378) werden jeweils die Jahreszahl und die entsprechende Seitenzahl in RUB I bzw. RUB II angegeben. So lautet der Belegteil zu dem Lemma *Minner:*

> *Minnær* (1326; RUB I, 509); *Heinr. Minner* (ebd.); *der Minnerin chneht* (1326; RUB I, S. 734); *Minnar* (1340; RUB I, S. 765); *Hainreich der alt Minnarͤ* (1355; RUB II, 133); *Margret Minnerin* (1359; RUB II, S. 476).

Durch das Symbol = zwischen zwei Belegen wird auf Personenidentität hingewiesen:

> *umb Heinr. Er-und-gůt* (1325; RUB I, S. 733) = *umb H. den Êr und gut* (1342; RUB I, S. 750) = *Heinr. Er und gůt* = *H. Er und gut* (1343; RUB I, S. 751) = *Hainreich der Erundgůt* (1354; RUB II, 121, Reg.).

[30] RUB I, S. VII.

[31] 1370; RUB II, 888 und 1376; RUB II, 1120.

[32] 1370; RUB II, 906.

[33] RUB I enthält insgesamt 17, RUB II 38 Testamente.

[34] 1350–1364; RUB II, Beilage 1, S. 474–485.

[35] Vgl. Kohlheim: *Regensburger Rufnamen,* S. 5f.

2.1.4 Zum etymologischen Teil

Die im RUB belegten Übernamen werden auf die ihnen zugrunde liegenden mittelhochdeutschen Etyma, wie sie im *Mittelhochdeutschen Handwörterbuch* (einschließlich der Nachträge im *Mittelhochdeutschen Taschenwörterbuch*) von Matthias Lexer vorliegen, zurückgeführt. Waren sie dort nicht nachweisbar, wurden frühneuhochdeutsche bzw. bairische Etyma angesetzt. Auf etymologische Wörterbücher, Dialektwörterbücher und andere Lexika wird nur dann ausdrücklich hingewiesen, wenn sie wichtige Angaben zur Etymologisierung eines Belegs beisteuern. Ebenso wurde mit Familiennamenlexika und namenkundlichen Monographien verfahren. Die Belege wurden zudem morphologisch analysiert, z. B. s. v. *Altmandl:* „Am ehesten zu mhd. *altman* stM. ‚alter, erfahrener Mann' + Gleitlaut *-d-* + *-l*-Suffix"; s.v. *Aeuglinne:* „Mhd. *öugelīn, öugel* stN., Dim. zu *ouge* swN., ‚Äuglein' + Movierungssuffix *-inne".* Die Angabe des Movierungssuffixes erscheint in runden Klammern, wenn es nur bei einem Teil der angeführten Belege auftritt.

2.1.5 Zum Erklärungsteil

Die Namenetymologie stellt „die erste Stufe der Namenerklärung" dar und bietet „die usuelle Bedeutung des in einem Namen enthaltenen Wortschatzes."[36] Mit der Rückführung des Übernamens *Pyschof* auf mhd. *bischof* ‚Bischof' hat man dessen appellativische Grundlage ermittelt, doch ist der Name damit noch keineswegs erklärt. Nach T. Witkowski sollte man sich „nicht ohne Not mit der Namenetymologie begnügen", sondern, „wo es irgend geht, auch nach der okkasionellen Bedeutung des ganzen Namens [...] fragen. Gelingt die Klärung dieser Frage (ganz oder teilweise), dann ist ein Name auch gedeutet."[37] Unter Heranziehung des Kontextes von RUB I, 1048 und RUB II, 927 lässt sich feststellen, dass *Reychker der Pyschof* ein Lehen des Regensburger Bischofs innehatte. Anlass für die Übernamenvergabe waren also die Beziehungen des Namensträgers zu einem Bischof. Andere mögliche Deutungsansätze (ein Dienstverhältnis, ein angeberisches Verhalten, eine Spielrolle)[38] können in diesem Fall ausgeschlossen werden. Solch eine günstige Quellenlage findet sich leider nur selten. Dennoch erscheint der Versuch berechtigt, in den Namenartikeln jeweils auf die ganz allgemeinen Anlässe, die den Namenschöpfungsakt veranlasst haben könnten, hinzuweisen. Wegen der Ungunst der Überlieferung sind die vorgelegten Namenerklärungen häufig jedoch nur als Deutungsmöglichkeiten bzw. Deutungsvorschläge zu verstehen.

Die in unserem Corpus vorkommenden Übernamen werden vier verschiedenen Kategorien zugewiesen:[39]

[36] Witkowski: *Zum Problem der Bedeutungserschließung,* S. 105.

[37] Ebd., S. 105f.

[38] Vgl. Kohlheim, S. 135.

[39] Sieh hierzu auch 3.2.1.

- Persönlichkeitsbezogene Übernamen (PersÜN), d. h. Übernamen, die sich ausschließlich auf ein Merkmal/eine Eigenschaft der benannten Person selbst beziehen (etwa *Daum, Beschoren, Faist, Greis, Chropf, im Mœntlein; Thumberl, Freche, Hefdenstrit, Sanftleben, Reich* u. a.), nicht auf etwas, was sie mit ihrer Umwelt in Beziehung setzt.
- Berufsübernamen (BerÜN), d. h. Übernamen, die den Benannten durch ein Merkmal seines Berufs charakterisieren (etwa *Semel* für einen Bäckergesellen).
- Relationale Übernamen (RelÜN), d. h. Übernamen, die auf soziale oder familiäre Beziehungen des NT Bezug nehmen (etwa *Bischof* nach einem Abhängigkeitsverhältnis, *Dreischilling* nach einer Abgabe, *Enikel* nach den familiären Umständen).
- Akzidentelle Übernamen (AkzÜN), d. h. Übernamen, die den NT durch ein einmaliges, zufälliges Merkmal oder ein einmaliges Ereignis charakterisieren (etwa *Hupf auf gans, Judenchůnikch*).

In sehr vielen Fällen sind die Übernamen mehrdeutig, sodass sie zwei oder mehr Kategorien zugeordnet werden können: *Fuchs* z. B. kann als PersÜN (Schlauheit, rötliche Haarfarbe, Träger eines Fuchspelzes), als BerÜN (Jäger, Kürschner) bzw. als AkzÜN (Teilnahme an einer Fuchsjagd) erklärt werden.

Prinzipiell werden in diesem Teil nur solche Namenerklärungen vorgelegt, die für Regensburg zutreffen können; auf sonstige theoretisch mögliche, für unser Untersuchungsgebiet jedoch unwahrscheinliche Erklärungen wird verzichtet.[40] Somit wird der Übername *Geier* als persönlichkeitsbezogener Übername nach einem metaphorischen Vergleich (Habgier) erklärt. Auf die (im deutschen Westen und Südwesten mögliche) Ableitung von einem Hausnamen wird nicht hingewiesen, da Hausnamen vom Typ **Zum Geier*, **Zum Fuchs* usw. im spätmittelalterlichen Regensburg nicht üblich waren. Ebensowenig wird bei *Geier* ein Herkunftsname in Erwägung gezogen, weil ein Zuzug aus der Stadt Geyer im Erzgebirge in die Donaustadt sehr unwahrscheinlich ist.[41]

2.1.6 Zum Kommentarteil

In diesem Teil wird gegebenenfalls angegeben, inwieweit die im Erklärungsteil anvisierten Deutungsmöglichkeiten durch den Kontext bzw. durch die Heranziehung historischer Untersuchungen bestätigt werden können. Bei *Goldel* wird von einem Berufsübernamen für jemanden, der mit Gold arbeitete (Goldschmied, Vergolder), ausgegangen, doch muss man leider im Kommentar vermerken, dass der Beruf des Namensträgers nicht aus dem Kontext ersichtlich ist. Im Artikel *Gluthafen* wird eine Deutung dieses Beinamens als Berufsübername für einen Töpfer vorgeschlagen. Der Kommentar dazu lautet:

[40] Vgl. Hellfritzsch: *Personennamen Südwestsachsens,* S. 21.

[41] Zum FN *Geier/Geyer* vgl. Brechenmacher, 1, S. 538; Kohlheim, S. 269.

> Diese Annahme wird dadurch gestützt, dass *Ortlieb der Glůthafen* und sein Bruder *Ulreich der Glůthafen* (RUB II, 324) Besitz zu *Prennprunne* (s. RUB I, 1184, Reg.; RUB II, 185, 906) hatten, der Gegend im Westen der Stadt, wo sich die Werkstätten der Regensburger Töpfer befanden (vgl. Heimpel: *Das Gewerbe der Stadt Regensburg,* S. 303).

Im Kommentarteil werden ferner Namenerklärungen erwähnt, die zwar in Erwägung gezogen werden können, aber für Regensburg kaum oder nicht infrage kommen. So wird zu dem Beinamen *Krönel* im Kommentarteil angegeben, dass ein Hausname **Zur Krone* im RUB nicht belegt ist. Im Artikel *Krätzel* wird darauf hingewiesen, dass die Rückführung dieses Beinamens auf eine hypokoristische Form des Heiligennamens *Pankratius* unwahrscheinlich ist:

> Im mittelalterlichen Regensburg gab es zwar Kirchenpatrozinien zu Ehren des hl. Pankratius (s. Lehner: *Die mittelalterlichen Kirchenpatrozinien,* S. 48), doch fand dieser Heiligenname bis a. 1378 keinen Eingang in die RN-Gebung (s. Kohlheim: *Regensburger Rufnamen,* S. 58–63; vgl. auch die Feststellung Buchbergers: *Beiträge zur Volkskunde,* S. 71 hinsichtlich der RN-Gebung Altbayerns und der Oberpfalz: *Pankraz* „kann erst gegen Ende des 14. Jh.s [...] nachgewiesen werden; häufig ist [...] [er] nie geworden“).

A

Achs – *Fridr. Achs* (1374; RUB II, S. 490). ▲ Mhd. *ahse* stF. ‚Achse' (Lexer, 1, Sp. 29; vgl. WBÖ I, 1, Sp. 52 s. v. *Ächse, Achse*: „mit der A., auf der A., per A., d. i. mit dem Fuhrwerk im Gegensatz zum Tragen auf dem Rücken oder zur Beförderung auf dem Wasserweg"). ♣ BerÜN für den Fuhrmann (vgl. Schwarz: *Sudetendeutsche Familiennamen,* S. 43 s. v. *Achsenman;* Brechenmacher, 1, S. 7 s. v. *Ächser*). ⬍ Aufgrund des Kontextes – es ist die Rede von einem Überfall auf einen Regensburger Warentransport (RUB II, S. 490) – ist für den NT eine Tätigkeit als Fuhrmann durchaus denkbar.

Achtseinnicht – *Heinr. dem Achtseinniht 2 lb* (1352; RUB II, 63). ▲ ÜN in Satzform zu mhd. *ahten* swV. ‚beachten, sorgen', mhd. *sīn* Pron. Gen. und mhd. *niht* Adv. ‚nicht' (Lexer, 1, Sp. 30f.; 2, Sp. 927, Sp. 84): ‚ich achte seiner nicht' oder (wie DWB, 1, Sp. 171) ‚der sein nicht achtet'. *Niclos ich achczinniht* ist a. 1393 in Breslau belegt (Reichert: *Die deutschen Familiennamen nach Breslauer Quellen,* S. 114). ♣ PersÜN nach einem charakterlichen Merkmal (Unbekümmertheit, Leichtsinn, Gleichgültigkeit, mangelnde Anteilnahme, Hochmut) oder Echoname nach einer Redensart (vgl. Knobloch: *Echonamen*; Hoffrichter: *Echonamen,* S. 164–166).

Alraune – *Leupman der Alrawne* (1347; RUB I, 1167, Reg.). ▲ Mhd. *alrūne* stswF. ‚Alraune' (Lexer, 1, Sp. 41). Die Alraune fand in der Frauenheilkunde, als Schlafmittel, als Narkotikum bei chirurgischen Eingriffen und als aphrodisisches Mittel Verwendung. Ferner spielte die Alraune eine wichtige Rolle im Aberglauben: Aus der rübenartigen, oft gegabelten bzw. verzweigten Wurzel wurden die sog. Alraunmännchen geschnitzt. Sie wurden als „Glück, Reichtum, Liebe, Kindersegen, Gesundheit usw. verheißender Talisman angepriesen und meist teuer bezahlt. [...] Da die Alraunpflanze indes nur im Orient und im Mittelmeergebiet, nicht aber in Deutschland wächst, waren die meisten der hier gebrauchten Figürchen nicht aus der echten, sondern aus einheimischen Wurzeln [...] hergestellt" (LexMA, I, Sp. 458ff.). Es wurde ein schwunghafter Handel mit Alraune betrieben, die Alraunenhändler „waren neben anderen Gauklern eine bekannte Erscheinung auf den Märkten" (HDA, 1, Sp. 317). Der BN *Alravner* ist im spätmittelalterlichen Nürnberg bezeugt (Scheffler-Erhard: *Alt-Nürnberger Namenbuch,* S. 44). ♣ Vieldeutiger BerÜN (Alraunenhändler, Apotheker, Wundarzt) oder AkzÜN nach abergläubischen Handlungen. ⬍ Der Beruf des NT ist aus dem Kontext nicht ersichtlich.

Altmandl – *Ulreich der Altmandl* (1375; RUB II, 1071b, Reg.). ▲ Am ehesten zu mhd. *altman* stM. ‚alter, erfahrener Mann' + Gleitlaut *-d-* + *-l*-Suffix (Lexer, 1, Sp. 45), doch ist der allerdings seltene RN *Altman* noch im 14. Jh. im RUB belegt (vgl. Kohlheim: *Regensburger Rufnamen,* S. 229f., S. 389). ♣ PersÜN nach dem Lebensalter oder BN<RN.

Auerhahnschnabel – *der Orrhonsnobel* (nach 1334; RUB I, S.731). ▲ Zu mhd. *or/ur-, ūrhan* swM. ‚Auerhahn' und mhd. *snabel* stM. ‚Schnabel' (Lexer, 2, Sp. 167, Sp. 2004, Sp. 1021). Die Nasenform des NT dürfte den Vergleich mit dem gebogenen

Auerhahnschnabel, einer wertvollen Jagdtrophäe, mit veranlasst haben. ♣ Metaphorischer PersÜN nach einem körperlichen Merkmal.

Äugel – *Rupertus gener dicte Aeuglinne* (1310; RUB I, 262). ▲ Mhd. *öugelīn, öugel* stN., Dim. zu *ouge* swN., ‚Äuglein' + Movierungssuffix *-inne* (Lexer, 2, Sp. 186). ♣ PersÜN nach einem körperlichen Merkmal.

B

Backzelte – *Ulr. Pachzelt an der rihtpanch* (1345; RUB I, S. 754). ▲ ÜN in Satzform zu mhd. *bachen* stV. ‚backen' und mhd. *zëlte* swM. ‚flaches Backwerk, Kuchen, Fladen' (Lexer, 1, Sp. 109; 3, Sp. 1055): etwa ‚backe Zelte [Fladen]'. *Pachrögkel pistor* ist a. 1371 in München belegt (Eitler: *Münchner Familiennamen,* S. 435). ♣ BerÜN für den Bäcker. ⬍ Der Beruf des NT ist aus dem Kontext nicht ersichtlich.

Baffer – *Ulreich Pofer* (1356; RUB II, 191); *Chunr. Poffer* (1360; RUB II, 397). ▲ Nom. ag. auf *-er* zu mhd. *baffen* swV. ‚schelten, zanken, bellen' (Lexer, 1, Sp. 112): etwa ‚Zänker'. ♣ PersÜN nach einem charakterlichen Merkmal (Streitlust).

Bafferl – *Perchtolt dem Poferlein* (1357; RUB II, 237, Reg.). ▲ Zu mhd. **baffer* + *-l-* Suffix (→ *Baffer*).

Bartenstiel – *von dem Portenstil* (1341; RUB I, 961). ▲ Zu mhd. *barte* swF. ‚Beil, Streitaxt' und mhd. *stil* stM. ‚Stiel, Griffel' (Lexer, 1, Sp. 131f.; 2, Sp. 1195): ‚Axtstiel'. ♣ Metonymischer BerÜN für den Hersteller oder Benutzer von Beilen/ Streitäxten. Das DWB, 1, Sp. 1144 zitiert aus dem *Renner*: „torwarten houwen mit der barten". ⬍ Aus dem Kontext von RUB I, 961 geht hervor, dass der NT ein Regensburger Nachtwächter war. Es ist daher wahrscheinlich, dass der ÜN beruflich motiviert ist.

Bayrischwein – *Friderich der Parischwein* (1331; RUB I, 615, Reg.). ▲ Zu mhd. *beirisch wīn* ‚bayerischer Wein' (Lexer, 1, Sp. 159). *Parisch wein* wird zusammen mit *Elsozzer und Nechkar wein, Fronchen, Osterwein und met* bei der Einführung einer Getränkesteuer i. J. 1351 (RUB II, 9) erwähnt (vgl. auch RUB II, 67, 125, 971). ♣ Metonymischer BerÜN für einen Winzer, Weinhändler oder Schankwirt bzw. PersÜN nach dem Lieblingsgetränk. ⬍ Der Beruf des NT ist aus dem Kontext nicht ersichtlich.

Berner – *der Pernār* (1339; RUB I, S. 743). ▲ Mhd. *bërner* stM. ‚Berner [= Veroneser] Pfennig', kleinster venezianischer Geldwert nach dem Muster von Verona (Lexer, 1, Sp. 196; Matzel/Riecke/Zipp, S. 39; Kranzmayer: *Historische Lautgeographie,* §36.a.1). Auch eine Anspielung auf Dietrich von Bern, wie sie manchmal erwogen wird (vgl. Arneth: *Die Familiennamen des ehemaligen Hochstifts Bamberg*, S. 224; Scheffler-Erhard: *Alt-Nürnberger Namenbuch,* S. 57), ist angesichts der Beliebtheit der Dietrichepik im Spätmittelalter (vgl. de Boor: *Die deutsche Literatur im späten Mittelalter,* S. 137, S. 141) möglich. Literarischer Einfluss kann bei einigen im RUB belegten ÜN angenommen werden (vgl. unten → *Hürnen,* → *Klingsohr,* → *Schrauthan*). ♣ RelÜN nach einer Abgabe, PersÜN nach den Vermögensverhältnissen oder PersÜN nach einem metaphorischen Vergleich (Mut, Tapferkeit).

Bescherrel – *der Pserrel* (1358; RUB II, 316). ▲ Nom. ag. auf *-el* (< ahd. *-il*) zu mhd. *beschërren* stV. ‚beschaben, beschneiden, zuscharren, verscharren' (Lexer, 1, Sp. 206). ♣ Möglicherweise BerÜN nach einem Arbeitsvorgang.

Beschoren – *Chunrat der Beschoren* (1329; RUB I, 575, Reg.). ▲ Zu mhd. *beschërn* stV. ‚die Haare wegschneiden, kahl scheren'; vgl. auch mhd. *kurz beschorn* ‚mit kurzen Haaren', mhd. *hōhe beschorn sīn* ‚ein vornehmer Geistlicher, vornehm sein' (Lexer, 1, Sp. 206; TWB, Nachtr., S. 373). ♣ PersÜN nach einem äußerlichen Merkmal.

Biber – *der Pyber* (1362; RUB II, 506); *Chůnrat der Piber* (1364; RUB II, 561, Reg.). ▲ Mhd. *biber* stM. ‚Biber' (Lexer, 1, Sp. 263). Der Biber war begehrt wegen des so genannten Bibergeils, eines Drüsensekrets, das der Biber an Land zur Wegmarkierung ausscheidet und dem aphrodisische Wirkung zugeschrieben wurde, sowie wegen seines Fells, das zu Pelzen verarbeitet wurde (LexMA, II, Sp. 106). Auch seine hervorstehenden Schneidezähne können Anlass zu einem metaphorischen ÜN gewesen sein. ♣ Mehrdeutiger ÜN: BerÜN für den Jäger, Kürschner oder Apotheker bzw. PersÜN nach einem körperlichen Merkmal oder für den Träger eines Biberpelzes. ⬍ Der Beruf der NT ist aus dem Kontext nicht ersichtlich.

Biedermann – *Hainr. Pyderman* (1370; RUB II, 906). ▲ Mhd. *biderman* stM. ‚unbescholtener Mann, Ehrenmann' (Lexer, 1, Sp. 266; vgl. RUB II, 1098, Reg., a. 1375: Ludoweig chuͤrsner, B. z. R., verspricht seiner Frau Margret, sie *freuntlich zu halten und zu handeln, als einem biderman wol zimt, und mit mezzern und soͤlchen stuͤkchen nicht zu stechen noch zu slahen, das ir an das leben gê*). ♣ PersÜN nach einem charakterlichen Merkmal.

Bierfeind – *umb Dietlein den Pirfeint* (1345; RUB I, S. 755). ▲ Zu mhd. *bier* stN. ‚Bier' und mhd. *vīant, vīent, vīnt* stM. ‚Feind' (Lexer, 1, Sp. 267f.; 3, Sp. 333). ♣ PersÜN nach dem Verhalten, spöttischer ÜN für jemanden, der kein Bier mochte.

Bindennapf – *Ott der Pintennapf* (1319; RUB I, 373); *umb den Pinttennappf* (1326; RUB I, S. 736) = *umb Heinr. den Pinntenapff* (ebd.). ▲ ÜN in Satzform zu mhd. *binden* stV. + Artikel + mhd. *napf* stM. ‚hochfüssiges Trinkgefäß, Trinknapf, Speisenapf; (Regensburger) Flüssigkeitsmaß' (1/16 Eimer)' (Lexer, 1, Sp. 278f.; 2, Sp. 33f., Matzel/Riecke/Zipp, S. 214f.): etwa ‚binde den Napf'. ♣ BerÜN für einen Böttcher. ⬍ Der Beruf der NT ist aus dem Kontext nicht ersichtlich.

Bischof – *Reychker der Pyschof* (1343; RUB I, 1048, Reg.) = *her Reychker der Pischoff* (1350; RUB I, 1293a, Reg.) = *Reichker der Pischof an des Hertzogenhof* (1371; RUB II, 927, Reg.). ▲ Mhd. *bischof* stM. ‚Bischof' (Lexer, 1, Sp. 283). ♣ RelÜN nach einem Abhängigkeitsverhältnis. ⬍ Aus dem Kontext von RUB I, 1048 und RUB II, 927 geht hervor, dass der NT ein Lehen des Regensburger Bischofs innehatte.

Blank – *umb Ch. dez Plonchen sun* (1346; RUB I, S. 757); *Chůnrat der jung Plankch* (1354; RUB II, 121; Reg.); *Planch chrauter* (1361; RUB II, 452); *Chunr. Plank* (1370; RUB II, 906). ▲ Mhd. *blanc* Adj. ‚blinkend, weiß, glänzend, schön' (Lexer, 1, Sp. 295f.). Baumann: *Die Spitznamen,* S. 35 weist auf das häufige Vorkommen der ÜN *Blanche, Planch, Planchin* u. ä. in bayerischen Traditionen des 12. Jh.s hin. Noch heute ist der Familienname *Plank* bayernweit um Regensburg am frequentesten (Klausmann, S. 110). ♣ PersÜN nach einem äußerlichen Merkmal (schönes Aussehen; helle Haar- oder Hautfarbe).

Blankl – *Oertl dem Planchl* (1370; RUB II, S. 486). ▲ Zu mhd. *blanc* + *-l*-Suffix (→ *Blank*).

Bleiern – *Pleyein der alter* (1326; RUB I, 608); *des Plaiain aiden* (1340; RUB I, S. 771); *hintz vrawen Elspeten der Pleyeininn* (1346; RUB I, 1138). ▲ Mhd. *blīen, blījīn* Adj.

‚bleiern‘ (+ Movierungssuffix *-inne*) (Lexer, 1, Sp. 308; vgl. auch → *Eisern*, → *Schweinern*, → *Steinern*, → *Zinnen*). ♣ Mehrdeutiger ÜN: BerÜN, z. B. für den Bleigießer oder den Glaser, der die in Blei gefassten Butzenscheiben für anspruchsvolle Bürgerhäuser herstellte, oder PersÜN für einen schwerfälligen Menschen. ⬍ Die Angehörigen dieser Familie waren im Handel tätig (vgl. RUB I, 730, S. 771).

Bleuel – *Ch. Plaul, Chunr. dez Frumolts chneht* (1326; RUB I, S. 733); *datz dem Plaͤul* (1340; RUB I, S. 748). ▲ Mhd. *bliuwel* stM. ‚Holz zum Klopfen‘ (Lexer, 1, Sp. 310). Bleuel gab es in Bleuelmühlen (Stampfmühlen), im Bergbau, aber auch als Flachsbleuel oder Wäschebleuel/Waschbleuel. Letztere bestanden aus einem starken, vorn verbreiterten, „unten etwas muldig geschnittenen, mit einem stiel versehene[n] stück holz, mit dem man die wäsche vor dem auswaschen schlägt“ (DWB, 27, Sp. 2214). Besonders dieser Bleuel gab Anlass zu mancherlei spöttischen Vergleichen, insbesondere bezüglich der Füße. ♣ Mehrdeutiger BerÜN oder PersÜN nach einem körperlichen Merkmal bzw. nach dem groben Verhalten. ⬍ Der Beruf des zweiten NT ist aus dem Kontext nicht ersichtlich.

Blöderl: → Ploderl.

Blume – *Hærtel der Pluͤme* (1326; RUB I, S. 733). ▲ Mhd. *bluome* swMF. ‚Blume, Blüte; bildl. das Schönste, Beste seiner Art‘ (Lexer, 1, Sp. 315). ♣ Vieldeutiger PersÜN oder BerÜN (Blumenzüchter). ⬍ Der Beruf des NT ist aus dem Kontext nicht ersichtlich.

Blutwürstel – *Plutwuͤrstel chn[echt]* (1370; RUB II, 906). ▲ Zu mhd. *bluot, pluot* stN. ‚Blut‘ und mhd. *wurst* stF. ‚Wurst‘ + *-l*-Suffix (Lexer, 1, Sp. 316; 3, Sp. 1010f.). ♣ BerÜN für den Fleischer. ⬍ Da der NT *Hinter den Flaischtischen* in der Regensburger *Witmangerwacht* wohnte (RUB II, 906), ist eine Tätigkeit als Fleischergeselle und somit das Vorliegen eines BerÜN wahrscheinlich.

Böckel – *Ulricus Pokchel* (1240; RUB I, 65, Reg.);[42] *umb Chunrat den Poͤchel* (1326; RUB I, S. 733); *umb Poͤchklein der Schaͤrnaͤglinn sun* (1343; RUB I, S. 751) = *umb Hinzlein Pochlein, der Scharnaglin sun* (1347; RUB I, S. 759). ▲ Mhd. *böckelīn, böckel* stN. ‚kleiner Bock‘ (Lexer, 1 Sp. 320). Der Bock ist bekannt für seine sexuelle Potenz, aber auch für seinen scharfen Geruch und seine Angriffslust (vgl. Zoder: *Familiennamen in Ostfalen*, 1, S. 258 s. v. *Bock*). Dieser ÜN ist bereits in TE als *Bochelin* und *Pochil* (a. 1135; TE, Nr. 972; a. 1149–62; TE, Nr. 868) bezeugt. ♣ PersÜN nach einem metaphorischen Vergleich. ⬍ Ein Hausname **Zum Bock* ist im RUB nicht belegt.

Bocker – *der Pokchaͤr* (1370; RUB II, 906). ▲ Nom. ag. auf *-er* zu mhd. *bocken, böcken* swV. ‚stoßen wie ein Bock; stinken wie ein Bock; als Kriegsknecht dienen; mit Karten spielen‘ (Lexer, 1, Sp. 320; vgl. BWB, 2, Sp. 1539: *Bocker* ‚trotziger, störrischer Mensch‘). ♣ Vieldeutiger PersÜN.

Bockshorn – *umb Pochshorn den sailaͤr* (1342; RUB I, S. 750). ▲ Mhd. *bockshorn* stN. ‚Bockshorn‘ (Lexer, 3, Nachtr., Sp. 95). Schon das DWB, 2, Sp. 207 meinte, man müsse der Redensart *jemanden ins Bockshorn jagen*, die erst seit Brant (um 1500) und Luther belegt ist, höheres Alter beimessen, als sich nachweisen lässt. Möglicherweise

[42] Kopie des 18. Jh.s nach einer Hs. von 1409.

deutet unser Beleg auf eine frühe Verwendung der Redensart hin, deren Motivation schon bei den frühesten literarischen Nachweisen aus dem 16. Jh. rätselhaft ist (Röhrich, 1, S. 229). ♣ Mehrdeutiger PersÜN.

Bocksteche – *Liutwin Pochstœche* (1213; RUB I, 49); *Leutwin und Friderich die Pokstechen* (1290; RUB I, 151). ▲ Nom. ag. auf *-e* (< ahd. *-o*) zu mhd. *boc* stM. ‚Bock' und mhd. *stëchen* stV. ‚stechen, schlachten' (Lexer, 1, Sp. 319f.; 2, Sp. 1154f.): ‚Bockstecher'. Brechenmacher, 1, S. 170 fasst den FN *Bockstecher* im Sinne von ‚Kastrator' auf. ♣ BerÜN für einen Fleischer. ⬍ Diese Deutung wird dadurch gestützt, dass beide NT als Inhaber einer Fleischbank (zu Leibgeding) überliefert sind (1298; RUB I, 183, Reg.).

Boden – *Mertil der Podem* (nach 1334; RUB I, S. 730). ▲ Mhd. *bodem, boden* stM. ‚Boden, Grund; Schiff, Floß; Fleisch vom hinteren Teil' (Lexer, 1, Sp. 321; 3, Nachtr., Sp. 95; Matzel/Riecke/Zipp, S. 51f. mit weiteren Bedeutungen: ‚Fach, Fachboden', ‚Grund, Zettel eines Gewebes'; in RUB I, 685 ist *podem* im Sinne von ‚Schiff' belegt). ♣ Mehrdeutiger BerÜN (Schiffer, Schreiner, Fleischer) oder WN. ⬍ Der Beruf des NT ist aus dem Kontext nicht ersichtlich.

Böhnel – *[...] verkauft vern* [Frau] *Alhayden der Pőnlinne* (1352; RUB II, 55, Reg.). ▲ Zu mhd. *bōne* stswF. ‚Bohne', auch ‚etwas Wertloses, Geringes' + *-l*-Suffix + Movierungssuffix *-inne* (Lexer, 1, Sp. 325f.). Im Mittelalter war die große Bohne, Sau- oder Pferdebohne, „gewöhnliche Fastenspeise [...]; die Gartenbohne in ihren beiden Arten (Kriech- bzw. Strauch- und Kletter- oder Stangenbohne) wurde erst Ende des 16. Jh.s aus Südamerika in Deutschland eingebürgert" (Zoder: *Familiennamen in Ostfalen,* 1, S. 265). ♣ BerÜN für einen Bohnenzüchter oder Gärtner bzw. PersÜN mit spöttischer Absicht oder nach der Lieblingsspeise. ⬍ Der Kontext enthält keine Hinweise auf die Berufstätigkeit.

Bohrennagel – *umb Chunr. den Pornnogel den messerer* (1339; RUB I, S. 740). ▲ ÜN in Satzform zu mhd. *born* swV. ‚bohren' + Artikel + mhd. *nagel* stM. ‚Nagel oder Schraube aus Holz oder Metall' (Lexer, 1, Sp. 328; 2, Sp. 15f.): ‚bohre den Nagel'. ♣ BerÜN für den Hersteller oder den Benutzer von Nägeln bzw. obszöner PersÜN in übertragener Bedeutung wie etwa bei dem heute noch vorhandenen FN *Recknagel* (vgl. DWB, 13, Sp. 263: *Nagel* ‚Penis'; vgl. auch Bahlow, S. 410f.; Kohlheim, S. 531). ⬍ Aufgrund der Berufsangabe (*messerer* ‚Messerschmied', vgl. Kohlheim: *Regensburger Beinamen,* S. 87f.) handelt es sich hier entweder um einen bereits fest gewordenen BerÜN oder um einen derben PersÜN.

Boi – *hintz Alhait der Poinn* (1340; RUB I, S. 746). ▲ Mhd. *boije, boye, boie* swFM. ‚Fessel' + Movierungssuffix *-inne* (Lexer, 1, Sp, 323; vgl. Schmeller, 1, Sp. 226f. s. v. *Die Boy:* „ä. Sp., Fußklotz für Gefangene"). ♣ BerÜN für den Gefängniswärter bzw. den Gerichtsdiener (vgl. Hagström: *Kölner Beinamen,* S. 81f. s. v. *Bůie*) oder AkzÜN. ⬍ Der Kontext enthält keine Hinweise auf die Berufstätigkeit.

Bös – *umb Frid. Pőz* (1334; RUB I, S. 753). ▲ Mhd. *bœse, bōse* Adj. ‚böse, schlecht; wertlos, gering; schlimm, übel, gemein' (Lexer, 1, Sp. 330). ♣ PersÜN nach einem charakterlichen Merkmal.

Bösaugen – *Chuntz chramer mit den pesen augen* (1374; RUB II, S. 490). ▲ Zu mhd. *bœse, bōse* Adj. ‚böse, schlecht; wertlos, gering; schlimm, übel, gemein' und mhd. *ouge* swN. ‚Auge' (Lexer, 1, Sp. 330; 2, Sp. 182–185; vgl. Bahlow, S. 41: „Ein Hensel *mit den liben owgen* 1368 in Liegnitz, auch ein Hencze *mit den sichen ougen*"). ♣ PersÜN nach einem äußerlichen Merkmal.

Bösehe – *Hnr. mit der poͤsen ê* (1326; RUB I, S. 735). ▲ Zu mhd. *bœse, bōse* Adj. ‚böse, schlecht; wertlos, gering; schlimm, übel, gemein' und mhd. *ē, ēwe* stF. ‚der durch göttliches und menschliches Recht geheiligte Bund der Ehe' (Lexer, 1, Sp. 330, Sp. 499, Sp. 715f.). Vgl. den Urfehdebrief Ulreich des Roͦraͦrs (1365; RUB II, 630, Reg.): *daz ich mit meiner elichen wiertinn freuntlichen und getrewlichen leben sol und will, als got di êe gesetzzt hat, [...] und daz ich sey nicht wunden noch stechen noch ander unpillich unzucht nicht anlegen sol und will [...].* ♣ RelÜN nach den familiären Umständen.

Breitsmägel – *umb Eberllein Praitzmaͤgel den muͤllner* (1340; RUB I, S. 748); *Alheit dez Praitmaͤgleins muͤllner hausfrawe auf den Stechen* (1344; RUB I, S. 752); *Deu Praitzmaͤglinn* (1345; RUB I, S. 756). ▲ Zu mhd. *breit* Adj. ‚weit ausgedehnt, breit' und mhd. *mage* swM. ‚Magen' + *-l*-Suffix (+ Movierungssuffix *-inne*) (Lexer, 1, Sp. 347, Sp. 2005). ♣ PersÜN, etwa für jemanden, der unmäßig isst.

Brenneisen – *Chůntzen den Prenneysen den pleichmeister* (1359; RUB II, 320). ▲ ÜN in Satzform zu mhd. *brennen* swV. ‚schmelzen' und mhd. *īsen* stN. ‚Eisen' (Lexer, 1, Sp. 349, Sp. 1454f.; etwa ‚schmelze [das] Eisen') oder zu mhd. *brennīsen* stN. ‚Brenneisen (als medizinisches Gerät oder zum Haarekräuseln)' (Lexer, 1, Sp. 349; vgl. Hellfritzsch: *Personennamen Südwestsachsens,* S. 43 s. v. *Brenneisen*). ♣ Vieldeutiger BerÜN (Eisenschmied, Eisenschmelzer, Arzt, Bader). ⬍ Der NT übte keinen der zu erwartenden Berufe aus; als *pleichmeister* war er im Textilgewerbe tätig.

Bretze – *hern Chunrat dez Pretzen wytib* (1360; RUB II, 372, Reg.). ▲ Mhd. *prēze* swF. ‚Bretzel' (Lexer, 2, Sp. 294). ♣ BerÜN für den Bäcker oder PersÜN nach einer Vorliebe für das Gebäck. ⬍ Der Kontext enthält keine Hinweise auf die Berufstätigkeit.

Bringsaus – *umb Heinr. den Pringsaus den muͤlchneht* (1326; RUB I, S. 733). ▲ ÜN in Satzform zu mhd. *bringen* anV. ‚bringen', mhd. *ëʒ* Pron. ‚es', mhd. *ūʒ* Adv. ‚hinaus, zu Ende', mhd. *ūʒbringen* ‚herausbringen, herbringen, zu Stande bringen, zu Ende bringen' (Lexer, 1, Sp. 353f., Sp. 717; 2, Sp. 2018; Sp. 2020; vgl. die Belege *Bringsauff, Brengs auff* bei Schwarz: *Sudetendeutsche Familiennamen,* S. 68): etwa ‚bringe es hinaus/bringe es zu Ende'. ♣ BerÜN nach einem Arbeitsvorgang oder PersÜN nach einer Redensart.

Bub – *Půb Uͤll* (1340; RUB I, S. 747). ▲ Mhd. *buobe* swM. ‚Knabe, Diener; Trossknecht; zuchtloser Mensch, Spieler' (Lexer, 1, Sp. 384; vgl. DWB. 2, Sp. 457–461; Schmeller, 1, Sp. 190–193). ♣ PersÜN für einen zuchtlosen Menschen, einen Schurken (vgl. Scheffler-Erhard: *Alt-Nürnberger Namenbuch,* S. 76). ⬍ Diese Annahme wird durch den Kontext aus dem *Wundenbuch* (RUB I, S. 747) gestützt: *Půb Uͤll sol w[unde] umb Gederllein sein hausfrawen.*

Buckel – *Ulr. Pukkel* (1313; RUB I, 281, Reg.).[43] ▲ Mhd. *buckel* stswF., stM. ‚halbrund erhabener Metallbeschlag in der Mitte des Schildes' (Lexer, 1, Sp. 376). Nach Pfeifer, 1, S. 227 nimmt *Buckel* die heute geläufigen Bedeutungen zwar erst im 15. Jh. an, doch

[43] Abschrift vom Anfang des 19. Jh.s (zum Jahr 1330!). Das nicht mehr auffindbare Or. (mit Siegel des Ausstellers) befand sich im R. Domkapitelarchiv.

könnte es sich bei diesem ÜN durchaus um einen frühen Beleg für die Bedeutung von *Buckel* im Sinn von ‚krummer Rücken' handeln, wobei an eine „Anknüpfung an *biegen*" zu denken ist (Kluge, S. 159). Auch Schwarz: *Sudetendeutsche Familiennamen,* S. 71 fasst die Belege *Pukel* (a. 1359), *Pukkel* (a. 1381)*, Puckel* (a. 1397) als ÜN für einen Buckligen auf (so auch Schwarz: *Sudetendeutsche Familiennamen des 15. und 16. Jh.s,* S. 68). ♣ Eher PersÜN nach einem körperlichen Merkmal als BerÜN für den Schildmacher. ⬍ Der Kontext enthält keine Hinweise auf die Berufstätigkeit des NT.

Bundschuh – *der Puntschuch* (1278; RUB I, 117). ▲ Mhd. *buntschuoch* stM. ‚Schuh mit Riemen zum Umschnüren der Beine' (Lexer, 1, Sp. 384; WMU, 1, S. 309), der zur bäuerlichen Tracht gehörte (Nölle-Hornkamp: *Mittelalterliches Handwerk,* S. 472). Die sinnbildliche Bedeutung als einigendes Symbol für die aufständischen Bauern erhielt der Bundschuh nicht vor dem Ende des 15. Jh.s (LexMA, II, Sp. 936f.). ♣ BerÜN für den Hersteller oder PersÜN für den Träger. ⬍ Der Kontext enthält keine Hinweise auf die Berufstätigkeit des NT.

Butter – *umb Karl den Putter in der newn patstuben* (1344; RUB I, S. 753). ▲ Mhd. *buter* swFM. ‚Butter' (Lexer, 1, Sp. 401f.). ♣ BerÜN für den Hersteller oder Verkäufer von Butter oder PersÜN für einen weichlichen Menschen. ⬍ Aus dem Zusatz *in der newn patstuben* ist zu folgern, dass der NT Bader von Beruf war.

Bütterich – *Paldwinum cognomine Puterich* ([1161]; RUB I, 32, Reg.).[44] ▲ Mhd. *buterich, büterich* stM. ‚Schlauch, Gefäß' (Lexer, 1, Sp. 402; Schmeller, 1, Sp. 311: „*Der Bütterich, Bütrich* [...] Fäßchen für 3 bis 6 Maß Flüssigkeiten zum Handgebrauch, z. B. zum Daraustrinken bey Feldarbeiten"; DWB, 2, Sp. 577: bildlich für den Schmerbauch). ♣ PersÜN für den Wohlbeleibten nach einem metaphorischen Vergleich.

C

Chorherr – *Ůll dez Chorherren sun* (1339; RUB I, S. 739); *Ch. Chorherr* (1343; RUB I, S. 751). ▲ Mhd. *kōrhērre* swM. ‚Chorherr, canonicus' (Lexer, 1, Sp. 1680). ♣ RelÜN nach einem Dienstverhältnis oder anderen Beziehungen zu einem Chorherrn. ⬍ Bei unseren Belegen aus dem *Wundenbuch* liegt kein Standesname vor.

D

Daum – *Herwicus Pollex* (1262; RUB I, 99) = *Petrisse relicte Hertwici dicti Dům̊en civis Rat.* (1248; RUB I, 108, Reg.);[45] *F. Daum* (1278; RUB I, 117); *herre Chunrat der Daume* (1286; RUB I, 138); *Heinrich der Dawm in Salzburger hof* (1297; RUB I, 177, Reg.) = *Heinrich der Doume* (1302; RUB I, 213, Reg.); *gibt [...] Karulo dicto Dumen* (1306; RUB I, 223, Reg.); *her Altman der Daům* (1328; RUB I, 544); *daz weilent dez Taum* (†) *waz* (1352; RUB II, 56, Reg.); *dez Daům tochter* (1359; RUB II, S. 476). ▲

[44] Codex latinus Monacensis 21560 fol. 38.

[45] Vidimus Bischof Konrads von R. Jan. 13, 1306.

Mhd. *dūme* swM. ‚Daumen' (Lexer, 1, Sp. 474f.). ♣ PersÜN nach einem körperlichen Merkmal.

Denk: → Tenk.

Dens: → Zahn.

Detze – *Uͤll Dezze* (1348; RUB I, S. 761). ▲ Zu mhd. *taz* stM. ‚Abgabe, Aufschlag', fnhd. *daz* (fränk., schwäb., bair.) ‚Gebrauchsabgabe' < it. *dazio* (Lexer, 2, Sp. 1412; Götze, S. 48; vgl. DWB, 2, Sp. 829: *Datz, Dätz* ‚Aufschlag, Abgabe, Umgeld'; Schmeller, 1, Sp. 558 s. v. *Der Dätz*). ♣ BerÜN für den Erheber (vgl. Brechenmacher, 1, S. 295 s. v. *Detzer*) oder RelÜN für den Entrichter einer solchen Abgabe. ⬍ Der Kontext enthält keine Hinweise auf die Berufstätigkeit des NT.

Dives: → Reich.

Dohlenäugel – *Tohenaugel* (1339; RUB I, S. 742). ▲ Zu mhd. *tāhe* swF. ‚Dohle' und mhd. *ouge* swN. ‚Auge' + *-l*-Suffix (Lexer, 2, Sp. 1396, Sp. 182–185; vgl. DWB, 2, Sp. 695f. s. v. *Dahle*). ♣ PersÜN nach einem metaphorischen Vergleich für einen Schwarzäugigen.

Dornäugel – *umb Haintzlein den Dornawgel* (1326; RUB I, S. 733). ▲ Zu mhd. *dorn* stM. ‚Dorn, Stachel' und mhd. *ouge* swN. ‚Auge' + *-l*-Suffix (Lexer, 1, Sp. 452; 2, Sp. 182–185). Die der Bibel (4Mose 33,55) entstammende Redensart *jemandem ein Dorn im Auge sein* (‚jemandem unerträglich, verhasst sein') ist schon in der mittelhochdeutschen Literatur (Der Stricker) belegt (DWB, 2, Sp. 1291; Röhrich, 1, S. 328). Möglicherweise handelt es sich um einen Echonamen für jemanden, der diese Redensart stereotyp verwendete, doch sind auch andere Deutungsmöglichkeiten denkbar. ♣ Mehrdeutiger PersÜN.

Dössel – *Ulreichen dem Toͤsslein an dem Marcht* (1358; RUB II, 280, Reg.); *Datz Chunrat dem Tossel* (1370; RUB II, 906). ▲ Nom. ag. auf *-el* (< ahd. *-il*) zu mhd. *dōȝen* swV. ‚widerhallen' (Lexer, 1, Sp. 456); vgl. Schmeller, 1, Sp. 547: *dōßen* ‚ertönen, rauschen wie dichter Hagel, dichter Regen, wie stürzende Wasserbäche; fig. den Zorn auslassen; toben'; Brechenmacher, 1, S. 333 s. v. *Dosser:* „ÜN = lauter Mensch"). ♣ PersÜN nach dem Verhalten.

Dreifalt – *Item der Dreuvelt* (nach 1334; RUB I, S. 730). ▲ Mhd. *drīvalt* Adj. ‚dreifältig' (Lexer, 1, Sp. 466f.; vgl. die Nürnberger Belege *Drifelt* und *Dreuscherf* ‚Dreischerf' bei Scheffler-Erhard: *Alt-Nürnberger Namenbuch,* S. 92). ♣ RelÜN für jemanden, der das Dreifache des Üblichen an Abgaben zu leisten hatte.

Dreischilling – *umb Albr. den Dreyschillinch* (1326; RUB I, S. 735); *Fridr. und Heinr. di Dreischilling* (1338; RUB I, 806); *umb H. den Dreischill[inch] den flaischawer* (1340; RUB I, S. 745); *H. Dreischillinch* (1342; RUB I, 982); *Hainreich der Treischilinch* (1347; RUB I, S. 759). ▲ Zu mhd. *drī* ‚drei' und mhd. *schillinc, schilling* stM. ‚Schilling' (Lexer, 1, Sp. 461; 2, Sp. 736f.): ‚Dreischilling'. Der Regensburger Schilling hatte einen Wert von 30 Pfennigen (Eikenberg: *Das Handelshaus der Runtinger,* S. 281). Im mittelalterlichen Regensburg wurden Zinsbeträge teils in Geld, teils in Naturalien entrichtet: i. J. 1307 (RUB I, 233) betrugen die Zinsen für die Verleihung eines Hauses, *daz der prukke ze Regenspurch aigenlich zu gehoͤret und ist gelegen vorn an der selben prukk [...] ze sand Haimeramsmesse [...] fuͤnf schilling der langen, ze ostern fuͤnf schilling und ze den pfingsten vier schilling und ze weihenahten vier huͤner.* ♣ RelÜN nach einer Abgabe oder PersÜN nach den Vermögensverhältnissen (Armut).

Dreischink – *der Draͤschinch lederaͤr* (1333; RUB I, 701); *Chunrat der Dreischink* (1344; RUB I, 1056, Reg.). ▲ Zu mhd. *drī* ‚drei' und mhd. swM. *schinke* ‚Schenkel, Schinken' (Lexer, 1, Sp. 461; 2, Sp. 752; zur Schreibung *draͤ* < mhd. *drī* s. Kranzmayer: *Historische Lautgeographie,* §13.a.1.). Eine Abgabe *ze weichnohtten* von *zwelf sweinein schinchen und drei praten* ist in RUB I, 460, a. 1323 bezeugt. Die Regensburger Ratsverordnungen aus dem 14. Jh. sehen vor, *daz man [...] geb [...] di schinchen dez zeitigen swines umb fuͤnf pfennig und di minnern um vier [...]* (RUB I, S. 716). ♣ RelÜN nach einer Abgabe.

Dulcis: → Süß.

Dummmerl – *Ulr. Thumberl* (1370; RUB II, 888). ▲ Zu mhd. *tumbe* swM. ‚der Unverständige, Törichte, Dumme' + *-l*-Suffix (Lexer, 2, Sp. 1567). Die Diminutivbildung auf *-erl* gilt zwar als „rezent" mundartlich (Reiffenstein: *Zur Schreibsprache des Runtingerbuches,* S. 207), lässt sich jedoch ansatzweise auch bei diminuierten RN-Formen vor 1378 nachweisen: *Gederllein, Anderll, Zacherl* (Kohlheim: *Regensburger Rufnamen,* S. 47, 58, 63). Vgl unten → *Schemerl.* ♣ PersÜN nach einem geistigen Merkmal.

Düsel – *der Tuͤsel* (1370; RUB II, 906). ▲ Wohl Nom. ag. auf *-el* (> ahd. *-il*) zu mhd. *tūʒen* swV. ‚sich still verhalten, still trauern' (Lexer, 2, Sp. 1592; vgl. Schmeller, 1, Sp. 548: *dusen, duseln* ‚still sein, schlummern', *dus* ‚still'; DWB, 2, Sp. 1756: *dus* ‚still, leise, schüchtern'). ♣ PersÜN nach dem Verhalten.

E

Edelsherz – *Edelshertze* (1364; RUB II, 536). ▲ Zu mhd. *edel* Adj. ‚von gutem Geschlecht, edel; ausgezeichnet in seiner Art, herrlich, kostbar' und mhd. *hërze* swN. ‚Herz' (Lexer, 1, Sp. 508, Sp. 1269f.). ♣ PersÜN nach einem charakterlichen Merkmal.

Ehrbar – *der Irbær* (1340; RUB I, S. 765) = *Eirbar* (1340; RUB I, S. 767) = *Irbar* (1340; RUB I, S. 772) = *Erbar* (1340; RUB I, S. 774). ▲ Mhd. *ērbære* Adj. ‚der Ehre gemäß sich benehmend, edel' (Lexer, 1, Sp. 607). ♣ PersÜN nach einem charakterlichen Merkmal.

Ehrundgut – *umb Heinr. Er-und-gůt* (1325; RUB I, S. 733) = *umb H. den Êr und gut* (1342; RUB I, S. 750) = *Heinr. Er und gůt* = *H. Er und gut* (1343; RUB I, S. 751) = *Hainreich der Erundgůt* (1354; RUB II, 121, Reg.). ▲ Zusammenrückung aus mhd. *ēre* stF. ‚Ansehen, Ruhm, Ehre, ehrenhaftes Benehmen' und mhd. *guot* stN. ‚Gut, Vermögen, Besitz' (Lexer, 1, Sp. 624, Sp. 1122; vgl. den Beleg *Heinr. Ereundgut, zu Basel,* a. 1442, bei Brechenmacher, 1, S. 384). Paarformel, in der „der dingliche besitz dem ideellen gegenüber gestellt" wird (DWB, 9, Sp. 1357, wo Hartmann von Aue, *Der arme Heinrich,* 617 zitiert wird: *ir hant ēre unde guot*). Schwarz: *Sudetendeutsche Familiennamen,* S. 81 führt den vergleichbaren BN *Er vnd gemach* auf. ♣ PersÜN nach einer Redensart.

Eilenkampf – *umb Aulenchampf den sneider* (1340; RUB I, S. 747) = *umb Eberllein den Aulenchampp* (ebd.). ▲ Da das im westlichen Mitteldeutschland verbreitete, aus lat. *olla* entlehnte Wort mhd. *ūle* swF. ‚Topf' (Lexer, 2, Sp. 1721) im Bairischen nicht nachgewiesen ist, käme nur mhd. *ūle, iule* swF. ‚Eule' (Lexer, 2, Sp. 1721; 1, 1464) und mhd. *kampf* stM. ‚Einzelkampf, Zweikampf' (Lexer, 1, Sp. 1506) in Betracht. Ein als ‚Eulenkampf' interpretierter Name könnte eventuell an einen Kampf mit einer Eule erinnern. Wahrscheinlich muss jedoch an eine Verschreibung bzw. Umdeutung von **Eilenkampf* gedacht werden, ein imperativischer Satzname zu mhd. *īlen* swV. (Lexer, 1, Sp. 1420) + Artikel + mhd. *kampf* ‚eil in [den] Kampf' für einen Streitlustigen. Diese Umdeutung wurde durch die damaligen Dialektverhältnisse im Übergangsgebiet vom Mittel- zum Nordbairischen erleichtert (vgl. Janka: *Zur Methodik der Familiennamenforschung,* S. 608f.). ♣ PersÜN nach dem Verhalten oder AkzÜN.

Eisern – *umb Heinr. den Eysnein* (1339; RUB I, S. 740); *Ull Eysmeyn* (1370; RUB II, 906; wohl verschrieben für *Eysnein*). ▲ Mhd. *īsenīn* Adj. ‚aus Eisen' (Lexer, 1, Sp. 1456f.; vgl. oben → *Bleiern,* unten → *Schweinern,* → *Steinern,* → *Zinnen*). Schwarz: *Sudetendeutsche Familiennamen,* S. 83 fasst die Belege *Eisnein, Eysnein* als ÜN für starke Leute auf. ♣ BerÜN (Eisenschmied, -händler) oder PersÜN für einen eisernen, standhaften Menschen. ⬍ Der Beruf der NT ist aus dem Kontext nicht ersichtlich. Die Annahme einer KF mit *-īn*-Suffix zu einem mit dem Stamm *īsan-* gebildeten RN (so Scheffler-Erhard: *Alt-Nürnberger Namenbuch,* S. 99f. für die Nürnberger Belege) dürfte für Regensburg kaum zutreffen. Das spätmittelalterliche RN-Inventar weist lediglich die äußerst seltene VF *Eysenreich* auf (s. Kohlheim: *Regensburger Rufnamen,* S. 39, S. 397).

Elend – *der Ellend* (1370; RUB II, 906). ▲ Mhd. *ellende* Adj. ‚der in oder aus einem fremden Lande, fremd oder in der Fremde ist; verbannt, unglücklich, jammervoll' (Lexer, 1, Sp. 539). ♣ PersÜN nach den Lebensumständen.

Enkel – *Ruͤger Eninchel* (1338; RUB I, 806) = *Ruger der Ennichel* (1340; RUB I, S. 766) = *herm Ruͤger dem Eninckhel* (1345; RUB I, 1100, Reg.);[46] *Heinrich der Enickhl* (ebd.); *Ruͤdgern Enikel* (1347; RUB I, 1190) = *her Ruͤger der Enichel* (1348; RUB I, 1225, Reg.) = *Ruͤger Enynchel* (1349; RUB I, 1261, Reg.); *Margret Enichlin* (1359; RUB II, S. 475). ▲ Mhd. *eninkel* stM. ‚Enkel' (+ Movierungssuffix *-inne*) (Lexer, 1, Sp. 559). ♣ RelÜN nach einem Verwandtschaftsverhältnis.

F

Fähnel – *dez Voͤnleins sun im Staͤtzenpach* (1340; RUB I, S. 747). ▲ *Föhn* ‚warmer Fallwind' ist zwar bereits seit dem 10. Jh. aus dem Lateinischen entlehnt (Kluge, S. 308), doch dürfte das Lexem nicht zum Regensburger Alltagswortschatz gehört haben; auch stellt sich hier die Frage nach der Motivation. Wir stellen den Beleg daher zu mhd. *venelīn, venel* stN., Dim. zu *vane, van* swstM. ‚Fahne, Banner', fnhd. *fan* ‚Fahne; auch Abzeichen des erfolgreichen Schützen' (Lexer, 3, Sp. 63f., Sp. 18; Götze, S. 72; vgl. Schmeller, 1, Sp. 719: „*Der Fanen [...];* auch *der Fan [...],* Dim. *Fänlein*"; Brechenmacher, 1, S. 425: „Fähnle, ÜN = der Fahnenträger einer bürgerlichen Genossenschaft [Zunft u. ä.]"). Die Schreibung >oͤ< erklärt sich aus der dialektalen Aussprache des >a< (vgl. → *Mädel* und die Form *Oͤrnel,* KF von *Arnolt;* Kohlheim: *Regensburger Rufnamen,* S. 30). ♣ PersÜN oder AkzÜN.

Faist: → Feist.

[46] Kopie 18. Jh.

Fälschel – *Swester Percht di Vaͤlschlin* (1350; RUB II, S. 474); *der Vaͤlschel* (1358; RUB II, 316); *der Valschel* (1361; RUB II, 448). ▲ Zu mhd. *valsch* Adj. ‚treulos, unredlich, unehrenhaft‘ + *-l*-Suffix (+ Movierungssuffix *-inne*) (Lexer, 3, Sp. 12f.). ♣ PersÜN nach einem charakterlichen Merkmal.

Faulschink – *des Vaulschinkchen haus* (1361; RUB II, 414, Reg.). ▲ Zu mhd. *vūl* Adj. ‚morsch, faul, verfault; gebrechlich, schwach, träge‘ und mhd. *schinke* swM. ‚Schenkel, Schinken‘ (Lexer, 3, Sp. 559f.; 2, Sp. 752). Schwarz: *Sudetendeutsche Familiennamen,* S. 88 fasst *Faulschink* als „Übername eines Faulen“ auf. ♣ PersÜN nach dem Verhalten (Trägheit, Faulheit).

Federl – *Ruger der Vederl* (1358; RUB II, 300). ▲ Mhd. *vëderlīn* stN., Dim. zu *vëdere* stswF. ‚Feder (Flaum-, Schreib-, Schwungfeder)‘ (Lexer, 3, Sp. 38f.). ♣ Mehrdeutiger BerÜN (Federhändler, Hersteller von Schreibfedern, Schreiber, Bauer, der Federvieh hielt) oder PersÜN für jemanden, der sich gern mit Federn an Helm oder Hut schmückte (vgl. Eitler: *Münchner Familiennamen,* S. 374). ⬍ Der Beruf des NT ist aus dem Kontext nicht ersichtlich.

Fegeisen – *umb den Fegeisen den ledraͤr* (1339; RUB I, S. 737), *umb den Fegeysen* (ebd.). ▲ ÜN in Satzform zu mhd. *vegen* swV. ‚fegen, reinigen, putzen, scheuern‘ und mhd. *īsen* stN. ‚Eisen‘ (Lexer, 3, Sp. 41; 1, Sp. 1454f.): etwa ‚reinige/putze [das] Eisen‘. ♣ BerÜN für einen Metallhandwerker. ⬍ Aufgrund der Berufsangabe (*ledraͤr* ‚Gerber‘; vgl. Kohlheim: *Regensburger Beinamen,* S. 80f.) ist hier mit einem festen BerÜN zu rechnen.

Feierabend – *Gebhart der Feyerabent der maͤntler chneht* (1326; RUB I, S. 734). ▲ Mhd. *vīrābent* stM. ‚Feierabend, Vorabend eines Festes‘ (Lexer, 3, Sp. 362). Die ursprüngliche Bedeutung ‚Vorabend eines Feiertags‘ wird seit dem 16. Jh. „in Anlehnung an *Feier* ‚Ruhe von der Arbeit‘ zuerst nur handwerkersprachlich zu ‚(Beginn der) Ruhezeit am Abend‘ umgedeutet“ (Kluge, S. 284). Die große räumliche Verbreitung dieses ÜN (vgl. die Belege bei Bahlow, S. 132; Berger/Etter: *Die Familiennamen der Reichsstadt Esslingen,* S. 172; Brechenmacher, 1, S. 441; Finsterwalder: *Tiroler Namenkunde,* S. 269; Grünert: *Die altenburgischen Personennamen,* S. 344; Hellfritzsch: *Familiennamenbuch des sächsischen Vogtlandes,* S. 75; Scheffler-Erhard: *Alt-Nürnberger Namenbuch*, S. 108; Schwarz: *Sudetendeutsche Familiennamen,* S. 88; Schwarz: *Sudetendeutsche Familiennamen des 15. und 16. Jh.s,* S. 85) legt die Annahme nahe, dass, ausgehend von der arbeitsfreien Zeit am Vorabend eines Festes, dem ÜN *Feierabend* bereits die generalisierte Bedeutung ‚Ruhezeit am Abend‘ zugrunde lag (s. Hellfritzsch: *Personennamen Südwestsachsens*, S. 65). ♣ PersÜN für einen nicht allzu eifrigen Bauern oder Handwerker.

Feirer – *umb den Veyrer* (1339; RUB I, S. 743). ▲ Nom. ag. auf *-er* zu mhd. *vīren* swV. ‚feiern, als Feiertag begehen, in Ruhe sein, müßig sein‘, etwa ‚der müßig ist‘ (Lexer, 3, Sp. 363f.; vgl. DWB, 3, Sp. 1464 und Fischer, 2, Sp. 1013: *Feirer* ‚Müßiggänger, Faulenzer; Nichtstuer, langsamer Mensch‘. ♣ PersÜN nach dem Verhalten (Faulheit, Trägheit).

Feist – *Ulr. der Faist* (1340; RUB I, S. 769); *Ulr. Vaist* (1342; RUB I, 982). ▲ Mhd. *veiȝet, veiȝt* Adj. ‚beleibt, feist, fett‘ (Lexer, 3, Sp. 50). ♣ PersÜN nach der äußeren Erscheinung.

Felleisen – *Ruprecht der Vaͤlas* (1367; RUB II, 719, Reg.). ▲ Mhd. *velīs* stN. ‚Mantelsack, Felleisen‘ (Lexer, 3, Sp. 54; vgl. Matzel/Riecke/Zipp, S. 328: *vaͤlaͤzriem* ‚Riemen für den Mantelsack'). ♣ BerÜN für den Hersteller oder PersÜN für den Träger. ⬍ Der Beruf des NT ist aus dem Kontext nicht ersichtlich.

Fenchel – *Marchart der Venichel* (1341; RUB I, 976, Reg.). ▲ Mhd. *vën(i)chel* stM. ‚Fenchel' (Lexer, 3, Sp. 64). ♣ BerÜN für den Gewürzkrämer oder PersÜN nach dem Lieblingsgewürz. ⬍ Der Beruf des ersten NT ist aus dem Kontext nicht ersichtlich. Ein weiterer Namensträger, *Ruͤdel Venichel* (RUB I, S. 763), war ein Seiler.

Feuer – *uxoris Chunr. dicti Feuer* (1332; RUB I, 666, Reg.); *her Wolfhart der Fewr* (1366; RUB II, 701, Reg.); *der Feuͤr* (1374; RUB II, S. 488). ▲ Mhd. *viur, vi(u)wer* stN. ‚Feuer' (Lexer, 3, Sp. 377f.). ♣ BerÜN für jemanden, der im Rahmen seiner Berufstätigkeit mit Feuer umging, etwa für einen Schmied, oder PersÜN nach einem charakterlichen Merkmal (leidenschaftlich, feurig, hitzig). ⬍ Für den ersten NT, der in einer Urkunde des Bischofs Nikolaus von Regensburg zusammen mit *Ulricus dictus Rotsmit* erwähnt wird, ist die Annahme eines BerÜN durchaus naheliegend.

Feueräugel – *Seyfrit dez Feyraugleins sun* (1326; RUB I, S. 733). ▲ Zu mhd. *viur, vi(u)wer* stN. ‚Feuer' und mhd. *ouge* swN. ‚Auge' + *-l*-Suffix (Lexer, 3, Sp. 377f.; 2, Sp. 182–185). ♣ PersÜN nach einem körperlichen Merkmal.

Feuerhäkel – *Domus des Feurhaͤkel* (1371; RUB II, 939). ▲ Mhd. *viurhāke* swM. ‚Feuerhaken zum Einreißen und Wegziehen brennender Balken bei Feuerbrünsten' + *-l*-Suffix (Lexer, 3, Sp. 379). Vgl. die Ratsverordnung: *Di mezzaͤr schuͤln di fewer haken nemen in der purgaͤr hause und ouch di laitern und schuln di zu dem fewer tragen und schuͤln ir pflegen* (RUB I, S. 727). ♣ BerÜN für den Hersteller von Feuerhaken oder AkzÜN (Mitwirkung bei der Bekämpfung eines Brandes). ⬍ Der Beruf des NT ist aus dem Kontext nicht ersichtlich.

Finger – *umb Laͤutlein den Finger* (1339; RUB I, S. 741). ▲ Mhd. *vinger* stM. ‚Finger, Fingerring' (Lexer, 3, Sp. 355). ♣ PersÜN nach einem körperlichen Merkmal bzw. für den Träger eines auffälligen Rings oder BerÜN für den Goldschmied. ⬍ Der Kontext enthält keine Hinweise auf die Berufstätigkeit des NT. Im Sinne von ‚Fingerring' ist im RUB nur *vingerlin, vingerl* mehrmals bezeugt, zuerst im Testament der *Diemut, hern Lœutwins husfrǒwe des Hilpprandes* (1308; RUB I, 240): *Swaz ich nu han [...] von vingerlinen und von andern chleinen dingen [...]*). Demnach ist bei unserem Beleg am ehesten von einem PersÜN nach einer Besonderheit des Körpergliedes auszugehen.

Fischel – *Chunr. Vischel* (1338; RUB I, 806); *Vichschel der auftrager* (1339; RUB I, S. 737); *Ch. Fichsel* (1340; RUB I, S. 773); *Vischl chuffer* (1362; RUB II, 506). ▲ Mhd. *vischelīn, vischel* stN., Dim. zu *visch* stM., ‚Fischlein' (Lexer, 3, Sp, 370; zu den Schreibungen >chsch< und >chs< für >sch< s. Matzel/Riecke/Zipp, S. 247f.). ♣ BerÜN für den Fischer oder PersÜN nach dem Lieblingsgericht. ⬍ Eine Tätigkeit als Fischer ist für unsere NT nicht nachzuweisen. Sie sind als *auftrager* (‚Diener, Wirt oder Kellner in einem Gasthaus', Kohlheim: *Regensburger Beinamen,* S. 38; Matzel/Riecke/Zipp, S. 316) und *chuffer* (‚Küfer') bezeugt (s. o.), *Ch. Fichsel* trieb Handel mit Böhmen (s. RUB I, S. 737).

Fisel – *dez Vyselz haus* (1347; RUB I, 1184, Reg.). ▲ Mhd. *visel* stM. ‚Penis' (Lexer, 3, Sp. 373; vgl. Schmeller, 1, Sp. 768 s. v. *Der Fisel*). *Fiselman* ist der Name einer Gestalt in einem Fastnachtspiel (Arndt: *Die Personennamen der deutschen Schauspiele,* S. 77). ♣ Derber PersÜN.

Föhnel: → Fähnel.

Foss, Fossel – *umb Chuͤntzlein den Voͤsslein den mullner* (1342; RUB I, S. 751) = *umb Ch. Vossellein* (1348; RUB I, S. 761); *Chunr. Vozz muͤlner* (1362; RUB II, 506); *Ott der Vosse der muͤllnaͤr* (1371; RUB II, 912, Reg.). ▲ Zu fnhd. *foß* ‚Taugenichts', fnhd. *foß* ‚faul' (+ *-l*-Suffix) (Götze, S. 89; DWB, 4, Sp. 42 s. v. *Fosz:* „erscheint [neben dem gleichlautenden Adjektiv] auch substantivisch für taugenichts, faulenzer, lump oder dergleichen", so auch Schmeller, 1, Sp. 768 s. v. *Der Fosse;* vgl. auch Gottschald, S. 188 s. v. *Fos*). ♣ PersÜN nach dem Verhalten.

Frauenneffe – *umb Ch. den Frawn nef* (1342; RUB I, S. 750). ▲ Zu mhd. *vrouwe, vrowe* swF., (stF.) ‚Herrin, Gebieterin, Geliebte, Frau oder Jungfrau von Stande, Dame, Gemahlin; Weib im Gegensatz zur Jungfrau; weibliches Wesen überhaupt' und mhd. *nëve, nëf* swM. ‚Neffe, meistens der Schwestersohn; Mutterbruder, Oheim; in weiterem Sinne: Verwandter, Vetter' (Lexer, 3, Sp. 540f.; 2, Sp. 61, TWB, S. 150, S. 300). ♣ RelÜN, der auf familiäre Beziehungen zu einer angesehenen Frau hinweist (vgl. Brechenmacher, 1, S. 497 s. v. *Frauensohn*).

Frech – *Heinreich Freche* (1370; RUB II, 875, Reg.). ▲ Mhd. *vrëch* Adj. ‚mutig, kühn, tapfer, keck, dreist, lebhaft' (Lexer, 3, Sp. 493f.). ♣ PersÜN nach dem Verhalten.

Fromd – *Diemut Fromdinn* (1371, RUB II, 939). ▲ Zu mhd. *vrem(e)de, vrömd(e),* Nbf. *from(e)de* Adj. ‚fremd; auffallend, befremdlich, seltsam, wunderlich, sonderbar' + Movierungssuffix *-inne* (Lexer, 3, Sp. 500f.). Vgl. die Belege *Frömd sartor* (a. 1381) und *frombd sartor* (a. 1383) bei Eitler: *Münchner Familiennamen,* S. 380. ♣ PersÜN nach einem ungewöhnlichen, seltsamen Verhalten.

Fröschel – *Ulr. der Froͤschel* (1345; RUB I, S. 754). ▲ Mhd. *vröschelīn, vröschel* stN., Dim. zu mhd. *vrosch* stM. ‚Frosch' (Lexer, 3, Sp. 536). ♣ PersÜN nach einem metaphorischen Vergleich (hervortretende Augen).

Fuchs – *bruder Hainreich der Fůchs* (1349; RUB I, 1248, Reg.); *Hårtweich der Fuchs* (1356; RUB II, 194, Reg.); *der Fuͤchs* (1368; RUB II, 812, Reg.); *der Fuchse* (1371; RUB II, 939). ▲ Mhd. *vuhs* stM. ‚Fuchs' (Lexer, 3, Sp. 558). ♣ Mehrdeutiger ÜN: PersÜN (Schlauheit, rötliche Haarfarbe, Träger eines Fuchspelzes), BerÜN (Jäger, Kürschner), AkzÜN (Teilnahme an einer Fuchsjagd). ⬘ Ein Hausname **Zum Fuchs* ist im RUB nicht belegt.

Funk – *Chuͤntzel der Fůnkch* (1332; RUB I, 680); *Haͤrttel Funkch* (ebd.); *Chunr. der Funch* (1339; RUB I, S. 743). ▲ Mhd. *vunke* swM. ‚Funke' (Lexer, 3, Sp. 568). ♣ BerÜN für den Schmied oder PersÜN nach einem metaphorischen Vergleich (Lebhaftigkeit). ⬘ Aus dem Kontex von RUB I, 680 (s. o.) sowie aus einem Eintrag im *Wundenbuch* (*Eberh. der Funch der sporer,* RUB I, S. 750) geht hervor, dass es sich bei drei NT um *sporer,* d. h. Hersteller von Sporen und vielleicht anderen Erzeugnissen der Kleinschmiedekunst, handelte (vgl. Heimpel: *Das Gewerbe der Stadt Regensburg,* S. 127). Bei diesen Belegen ist das Vorliegen eines BerÜN gesichert.

Fürwitz – *Ruͤger der Virwitzz* (1376; RUB II, 1118, Reg.). ▲ Mhd. *virwiz, virwitze* Adj. ‚neugierig, fürwitzig', fnhd. *fürwiz(ig)* ‚leidenschaftlich erregt, wollüstig; vorwitzig, neugierig' (Lexer, 3, Sp. 368; Götze, S. 93). ♣ Mehrdeutiger PersÜN nach dem Verhalten.

G

Gänsbeiner – *umb Hansen den Genspainer von Pabenberch* (1339; RUB I, S. 740). ▲ Zu mhd. *gans* stF. ‚Gans' und mhd. *bein* stN. ‚Knochen, Bein, Schenkel' + *-er*-Suffix

(Lexer, 1, Sp. 736, Sp. 159); fnhd. *gänsbein* ‚Brustknochen einer Gans' (FnhdWB, 6, Sp. 77). Der Brustknochen der Gans diente verschiedenen magischen Zwecken. So wurde aus ihm am Martinstag geweissagt; auch konnte er zum Kinderspiel dienen (DWB, 4, Sp. 1266 s. v. *Gänsebein*). Der BN *Genspaindlein* ist a. 1403 in Wien bezeugt (Linsberger: *Wiener Personennamen,* S. 239). ♣ PersÜN nach einem körperlichen Merkmal oder eventuell AkzÜN.

Gäntel – *Heinr. der Gåntel der chursner* (1325; RUB I, S. 732). ▲ Zu mhd. *gant* stF. ‚Verkauf an den Meistbietenden, Versteigerung' + *-l*-Suffix oder Nom. ag. auf *-el* (< ahd. *-il*) zu mhd. *ganten* swV. ‚auf der *gant* verkaufen' (Lexer, 1, Sp. 736f.; vgl. Matzel/Riecke/Zipp, S. 90 s. v. *kannten* ‚das Schätzen, Ersteigern'). ♣ AkzÜN oder BerÜN (Versteigerer). ⬍ Heimpel: *Das Gewerbe der Stadt Regensburg,* S. 276 weist darauf hin, dass die Regensburger Kürschner „nicht nur ihre eigenen Erzeugnisse verkauften, sondern gelegentlich auch mit feineren fertigen Pelzwaren Handel trieben". Demnach könnte der BN *Gåntel* durch die Teilnahme des NT an einer Versteigerung motiviert sein.

Garnötel – *her Fridreich der Garnůtel* (1343; RUB I, 1041, Reg.) = *Fridreich der Garnótel* (1343; RUB I, 1047, Reg.). ▲ Zu mhd. *gar* Adj. ‚vollständig, ganz' und mhd. *nōt* stF. ‚Drangsal, Mühe, Not, bes. die Kampfnot, der Kampf; Notlage, Zwangslage, höhere Gewalt, Verhängnis' + *-l*-Suffix (Lexer, 1, Sp. 737f.; 2, Sp. 103f.; TWB, Nachtr., S. 434). ♣ PersÜN nach den Lebensumständen oder nach einer Redensart (vgl. unten → *Notangst*).

Gaucher – *2 lb der Chaucherinn* (1357; RUB II, 248, Reg.). ▲ Nom. ag. auf *-er* zu mhd. *gouchen* swV. ‚wie ein Kuckuck schreien, ein Narr werden, närren, äffen' + Movierungssuffix *-inne* (Lexer 1, Sp. 1058; vgl. DWB, 4, Sp. 1533 s. v. *Gaucher*: „gleich gauch, narr"). ♣ PersÜN nach dem Verhalten.

Geheurel – *Cheurel fleischawer* (nach 1334; RUB I, S. 730). ▲ Zu mhd. *gehiure* Adj. ‚geheuer, woran nichts Unheimliches ist; sanft, lieblich, angenehm' + *-l*-Suffix (Lexer, 1, Sp. 790; vgl. Bahlow, S. 278 s. v. *Keuerleber:* „der ‚geheuer', d. i. angenehm, lebt"). ♣ PersÜN nach einem charakterlichen Merkmal.

Geier – *Ch. der Gair* (1340; RUB I, S. 770) = *Chunr. Geyr* (1347; RUB I, 1185) = *her Chunrat der Geyer* (1350; RUB I, 1293a, Reg.). ▲ Mhd. *gīr* stM. ‚Geier' (Lexer, 1, Sp. 1019), fnhd. auch metaphorisch ‚habsüchtiger Mensch, Wucherer' (FnhdWB, 6, Sp. 611). ♣ PersÜN nach einem metaphorischen Vergleich (Habgier).

Geinel – *Ulraich der Gainnel* (1340; RUB I, S. 768). ▲ Nom. ag. auf *-el* (< ahd. *-il*) zu mhd. **gīnen* stV., gefolgert aus mhd. *ginen* swV., Nbf. *geinen* swV. ‚das Maul sperren, gähnen' (Lexer, 1, Sp. 797, Sp. 1017f.; vgl. Schmeller, 1, Sp. 918f.: „*ginen* […] das Maul aufsperren, sowohl gähnend als gaffend"). Vgl. auch den *Ginöffel* < **Ginolf* als Name für den Narren in den deutschen Fastnachtspielen (Arndt: *Die Personennamen der deutschen Schauspiele,* S. 65). ♣ PersÜN nach dem Verhalten.

Geißel – *Gaissel freyhait* (1340; RUB I, S. 745); *Leubel Kaissel* (1348; RUB I, S. 761); *Leubleins des Gayssleins Hausfrau* (1371; RUB II, 935, Reg.). ▲ Zu mhd. *geiȝ* stF. ‚Ziege' + *-l*-Suffix (Lexer, 1, Sp. 800; vgl. Schmeller, 1, Sp. 945 s. v. *Die Gaiß*). ♣ BerÜN (Ziegenhirt) oder PersÜN nach einem metaphorischen Vergleich. ⬍ Der erste NT war ein Vagabund (s. o.), der Beruf der anderen NT ist aus dem Kontext nicht ersichtlich.

Geller – *der Gelåͤrrinn tochtter* (1340; RUB I, 745); *Heinr. Geler* (1347; RUB I, 1185) = *Heinr. Gelerer* (1351; RUB II, 20); *Gelerr* (1358; RUB II, 316); *Di Gelrinn* (1371; RUB II, 939). ▲ Zu mhd. *gëllen* stV. ‚laut tönen, schreien' + *-er*-Suffix (+ Movierungssuffix *-inne*) (Lexer, 1, Sp. 821). DWB, 5, Sp. 3041 kennt (nach Lexer: *Kärntisches Wörterbuch*) *Geller* in der Bedeutung ‚gellender Schrei', ebenso Unger/Khull, S. 279. Ob es sich bei unseren Belegen um frühe Zeugnisse des wohl nur im oberdeutschen Bereich anzutreffenden Nomen actionis „in einer Wortbildungsreihe ‚menschliche Äußerung'" (Fleischer/Barz: *Wortbildung,* S. 154) analog zu „ein Lacher" oder um ein spontan gebildetes, sonst nicht belegtes Nomen agentis zu *gëllen* handelt, muss offenbleiben. ♣ PersÜN nach dem Verhalten.

Gemach – *Hansel dem Gemach* (1370; RUB II, S. 486). ▲ Mhd. *gemach* Adj. ‚bequem, angenehm, rücksichtsvoll', mhd. *gemach* stMN. ‚Ruhe, Wohlbehagen, Bequemlichkeit, Annehmlichkeit' (Lexer, 1, Sp. 832; TWB, S. 60). ♣ PersÜN nach einem charakterlichen Merkmal.

Gerstenhaupt – *Håͤnsel Gerstenhaupp* (1370; RUB II, 906). ▲ Zu mhd. *gërste* swF. ‚Gerste' und mhd. *houbet* stN. ‚Kopf, Haupt an Menschen und Tieren' (Lexer, 1, Sp. 887, Sp. 1346f.). ♣ PersÜN nach einem bildlichen Vergleich, wohl des Haars mit den stachligen Grannen der Gerste; vielleicht auch für einen Biertrinker.

Geschmeidel – *Gsmeidel* (1338; RUB I, 806). ▲ Zu mhd. *gesmīde* stN. ‚Schmiede-, Metallarbeit, Metallschmuck, Geschmeide' + *-l*-Suffix (Lexer, 1, Sp. 919). Im Sinne von ‚Schmuck' begegnet uns *gesmeide* in drei Regensburger Testamenten des 14. Jh.s (RUB II, 262, 363, 510). ♣ Mehrdeutiger BerÜN oder PersÜN für jemanden, der Schmuck trägt/besitzt. ⬍ Der Beruf des NT ist aus dem Kontext nicht ersichtlich.

Geschrei – *umb Lieblein den Geschray* (1340; RUB I, S. 746). ▲ Mhd. *geschrei(e)* stN. ‚Geschrei, Ruf' (Lexer, 1, Sp. 905). ♣ PersÜN nach dem Verhalten.

Geutschner – *Eberwein Geutschner* (1349; RUB I, 1250); *Elspet Schőͤnnhoferinn die Gåͤtschnerynn* (1370; RUB II, 906). ▲ Zu bair. *gautschen, getschen* ‚schwanken, schaukeln' + *-er*-Suffix (+ Movierungssuffix *-inne*) (Schmeller, 1, Sp. 965; vgl. DWB, 4, Sp. 1590 s.v. *gautschen, gäutschen*). Grünert: *Die altenburgischen Personennamen,* S. 358 fasst den BN *Gutzsebuch* als ÜN für einen dicken Menschen mit schwankendem Bauch auf. ♣ PersÜN nach einem schwankenden Gang.

Giel – *Heinr. der Giel* (1333; RUB I, 710, Reg.). ▲ Mhd. *giel* stM. ‚Maul, Rachen, Schlund' (Lexer, 1, Sp. 1011). ♣ Vieldeutiger PersÜN.

Gigant – *umb Ulr. den Gygkantzzen fragner* (1339; RUB I, S. 740). ▲ Mhd. *gīgant* stM. ‚Riese' (Lexer, 1, Sp. 1013). ♣ PersÜN nach dem Aussehen.

Gigas: → Riese.

Gilb – *Elspet Gilb* (1359; RUB II, S. 476). ▲ Mhd. *gilbe, gilwe* stF. ‚gelbe Farbe, Blässe, Gelbsucht' (Lexer, 1, Sp. 1015f.), fnhd. *gilbe* ‚gelbe Farbe, gelbes Aussehen, Gelbsucht' (Götze, S. 108). ♣ PersÜN nach dem Aussehen.

Glänz – *Haintzlein dem Glensten zu Prenprun* (1337; RUB I, 781, Reg.); *Heinreich dem Glenssen zu Prenprunn* (1359; RUB II, 335, Reg.). ▲ Zu mhd. *glenze* stF. ‚Glanz, Schimmer', mhd. *glanst* Adj. ‚glänzend' (Lexer, 1, Sp. 1032; TWB, Nachtr., S. 401; vgl. Schmeller, 1, Sp. 975: *glenstig* ‚glänzend'). ♣ Mehrdeutiger PersÜN.

Glas, Gläsel – *Seyfrit der Glåͤsel* (1325; RUB I, S. 732); *Fridreich der Glåͤsel* (1330; RUB I, 608) = *Frid. Glas* (1342; RUB I, 982); *umb Peslein den Glæslein den poten* (1347; RUB I, S. 759); *Di Glåͤslinn witib* (1371; RUB II, 939). ▲ Zu mhd. *glas* stN.

‚Glas; aus Glas gemachtes Trinkglas; Fensterscheibe, Fenster; Spiegelglas, Spiegel‘ (+ *-l*-Suffix) (+ Movierungssuffix *-inne*) (Lexer, 1, Sp. 1028f.; vgl. auch Kohlheim: *Regensburger Beinamen,* S. 61 s. v. *glaser;* Nölle-Hornkamp: *Mittelalterliches Handwerk,* S. 646). ♣ BerÜN für jemanden, der Glas herstellt oder verarbeitet. ⬍ Zwar führt Nied: *Heiligenverehrung und Namengebung,* S. 11 die FN *Glas, Glasel* auf den RN *Nikolaus* zurück, nach Dräger: *Familiennamen aus dem Rufnamen Nikolaus,* S. 154–157 ist dies jedoch nur selten der Fall. Da diese Namensformen im Regensburger RN-Inventar nicht nachzuweisen sind (vgl. Kohlheim: *Regensburger Rufnamen,* S. 58–63), kommt ein BN > RN für obige Belege nicht infrage.

Glätt(n)er – *der Cleter* (1338; RUB I, 806) = *dez Gleter chneht* (1339; RUB I, S. 743) = *Gletner der sneider* (1343; RUB I, S. 752) = *Gletnaͤr der sneyder* (1355; RUB II, 133) = *der Glettner sneider* (1359; RUB II, 344). ▲ Nom. ag. auf *-er* zu mhd. *gleten* swV. ‚glatt machen‘ (Lexer, 1, Sp. 1033; vgl. DWB, 7, Sp. 7746: „von den verschiedenen tätigkeiten des glattmachens oder ebnens durch polieren, schleifen, hobeln, reiben oder pressen“, Sp. 7751 s. v. *Glätter*). ♣ BerÜN nach einem Arbeitsvorgang. ⬍ Der NT, der im RUB von 1338 (RUB I, 806) bis 1361 (RUB II, 448) nachzuweisen ist, war ein Schneider. Möglicherweise deutet der ÜN auf das Glätten des Stoffes vor der Näharbeit oder nach Fertigstellung des Kleidungsstücks hin.

Glatzel – *Hainr. Glatzzel* (1370; RUB II, 906). ▲ Zu mhd. *glaz, glatz* stM. ‚Kahlkopf, Glatze, obere Fläche des Kopfes‘ + *-l*-Suffix (Lexer, 1, Sp. 1031). ♣ PersÜN nach einem äußerlichen Merkmal.

Gleimel – *Chunrades des Chleimels bruder sun* (1300; RUB I, 196). ▲ Zu mhd. *glīme, gleim(e)* swM. ‚Glühwürmchen‘ + *-l*-Suffix. (Lexer, 1, Sp. 1034). ♣ PersÜN nach einem metaphorischen Vergleich.

Gleißer – *maister Chůnrat der Gleisser* (1354; RUB II, 126, Reg.). ▲ Mhd. *gelīchesære, gelīchsenære* stM. ‚Heuchler, Gleisner‘ (Lexer, 1, Sp. 814f.; vgl. DWB, 7, Sp. 8306: *Gleiszer* ‚Heuchler‘). ♣ PersÜN nach einem charakterlichen Merkmal.

Glockenklang – *dez Glokkenchlanges tochter* (1355; RUB II, 170, Reg.). ▲ Mhd. *glockenklanc* stM. ‚Glockenschall; das Recht, die Sturmglocke läuten zu lassen, durch die Sturmglocke aufzubieten‘ (Lexer, 1, Sp. 1037). ♣ BerÜN für jemanden, der dieses Recht besaß, oder auch für den Glockengießer bzw. für den Kirchendiener, der für das Glockenläuten zuständig war. ⬍ Der Beruf des NT ist aus dem Kontext nicht ersichtlich.

Glühmag – *Chunradus Gluͤmag* (1287; RUB I, 144); *Karel des Gluͤmagen sun*[47] (nach 1334; RUB I, S. 730). ▲ Zu mhd. *glüejen, glüen* swV. ‚glühen‘ und mhd. *māge* swM. ‚Mohn‘ (Lexer, 1, Sp. 1040, Sp. 2005; vgl. DWB, 12, Sp. 1435 s. v. *Mage*): etwa ‚glühender Mohn‘. ♣ PersÜN nach einem metaphorischen Vergleich.

Gluthafen – *Oͤrtel Gluͤthafen* (1339; RUB I, S. 744); *unter der Gluthaͤven haus* (1347; RUB I, 1184, Reg.); *Oͤrttel Glutthafen* (1348; RUB I, S. 761); *Ortlieb dez Glůthafen haus* (1356; RUB II, 185, Reg.). ▲ Mhd. *gluothaven* stM. ‚Wärmetopf, Glutpfanne‘ (Lexer, 1, Sp. 1041). ♣ BerÜN für einen Töpfer. ⬍ Diese Annahme wird dadurch gestützt, dass *Ortlieb der Glůthafen* und sein Bruder *Ulreich der Glůthafen* (RUB II, 324) Besitz zu *Prennprunne* (s. RUB I, 1184, Reg.; RUB II, 185, 906) hatten, der

[47] In der Hs. durchstrichen.

Gegend im Westen der Stadt, wo sich die Werkstätten der Regensburger Töpfer befanden (vgl. Heimpel: *Das Gewerbe der Stadt Regensburg,* S. 303).

Gogel – *Der Gogel* (1339; RUB I, S. 741). ▲ Mhd. *gogel* Adj. ‚ausgelassen, lustig, üppig' (Lexer, 1, 1043f.). ♣ PersÜN nach einem charakterlichen Merkmal.

Goldel – *Fridr. Goldel* (1371; RUB II, 939). ▲ Zu mhd. *golt* stN. ‚Gold' + *-l*-Suffix (Lexer, 1, Sp. 1046f.). ♣ BerÜN für jemanden, der mit Gold arbeitete (Goldschmied, Vergolder). ⬍ Der Beruf des NT ist aus dem Kontext nicht ersichtlich. Das äußerst seltene Vorkommen des RN *Goͤldel* im spätmittelalterlichen Regensburg (Kohlheim: *Regensburger Rufnamen,* S. 315f., S. 396) spricht gegen das Vorliegen eines BN<RN.

Goldfuß – *Ch. Goltfûs* (1242; RUB I, 67). ▲ Zu mhd. *golt* stN. ‚Gold' und mhd. *vuoȝ* stM. ‚Fuß' (Lexer, 1, Sp. 1046f.; 3, 579f.); *Goldfuß* ist auch der Name einer Falkenart (DWB 8, Sp. 776; Beleg von 1822!). ♣ BerÜN für den Goldschmied oder PersÜN nach einem äußerlichen Merkmal. ⬍ Der Beruf des NT ist aus dem Kontext nicht ersichtlich.

Goller – *Heinr. Goler* (1346; RUB I, S. 758). ▲ Nom. ag. auf *-er* zu mhd. *goln* swV. ‚laut singen, johlen; Scherz, Possen treiben; ausgelassen herumfahren' (Lexer, 1, Sp. 1046), fnhd. (obd.) *golen* ‚Narrheiten treiben, lärmen' (Götze, S. 110). Vgl. den Beleg *Niclas Goler* bei Schwarz: *Sudetendeutsche Familiennamen,* S. 113. ♣ PersÜN nach dem Verhalten.

Gottberat – *Chunrat der Gotperat* (1353; RUB II, 88, Anm.). ▲ Mhd. *gotberât* stM. ‚(meist testamentarische) Stiftung an Spitäler zur Speisung der Insassen, als eine um Gottes und des Seelenheils willen gespendete Gabe' (Lexer, 3, Nachtr., Sp. 216; DWB, 8, Sp. 1148; als BN auch im mittelalterlichen Breslau belegt, Reichert: *Die deutschen Familiennamen nach Breslauer Quellen,* S. 115). ♣ AkzÜN für den Errichter oder Empfänger einer solchen Stiftung.

Graf – *Johan der Graf* (1317; RUB I, 346); *Chunr. Graͤf* (1328; RUB I, 552) = *her Chunr. der Grof* (1331; RUB I, 616); *schaff [...] frawn Katerein der Grœfinne [...]* (1350; RUB I, 1272); *dez Graven swester sun* (ebd.); *schaff [...] der Graͤfinne [...] ½ lb* (1361; RUB II, 407). ▲ Mhd. *grâve* swM. ‚königlicher Gerichtsvorsitzender, Graf' (+ Movierungssuffix *-inne*) (Lexer, 1, Sp. 1074). ♣ PersÜN nach einem charakterlichen Merkmal (Angeberei, Stolz, Hochmut) bzw. RelÜN nach einem Abhängigkeits- oder Dienstverhältnis.

Gräfel – *umb Ulr. den Grœflein den figser* (1326; RUB I, S. 735) = *Ůlrich Graͤfel in dem Obern wird* (1339; RUB I, S. 738); *Ch. dem Graflain* (1340; RUB I, S. 776). ▲ Zu mhd. *grâve* + *-l*-Suffix (→ *Graf*).

Grans – *Karulus Granso* (1237; RUB I, 62); *Karolus Granns* (1240; RUB I, 65, Reg.);[48] *Karolus Grans* (1244; RUB I, 69). ▲ Mhd. *grans* stM. ‚Schnabel der Vögel, Maul oder Rüssel anderer Tiere; Maul des Menschen; hervorragender Teil eines Körpers, Schiffsschnabel' (Lexer, 1, Sp. 1069; zur Verbreitung dieses ÜN im bayerischen Raum im 12. Jh. s. Baumann: *Die Spitznamen,* S. 36f.). ♣ PersÜN nach einem körperlichen Merkmal.

[48] Kopie 18. Jh.

Grasmuckel – *Grasmukkel* (1348; RUB I, S. 761). ▲ Zu mhd. *grasmucke* swF. ‚Grasmücke' + *-l*-Suffix (Lexer, 1, Sp. 1072). DWB, 8, Sp. 1191 erwähnt, „dasz die grasmücke fremde eier ausbrütet, die ihr der kuckuck ins nest legt, während er ihre eigenen eier nicht selten zerstört". Daher kennzeichnet die Grasmücke in sprichwörtlichen Wendungen „denjenigen, dem mit undank gelohnt wird", ferner „personen, die schätze sammeln, von denen andere den vorteil haben" oder „einen freigiebigen menschen, den ein heuchler ausnutzt" (ebd., Sp. 1191ff.). ♣ PersÜN nach einem metaphorischen Vergleich.

Gräuel – *seines Vetters Chunrat des Graͤul* (1370; RUB II, 895, Reg.). ▲ Mhd. *griuwel* stM., kontrahiert *griul(e)* stswM. ‚Schrecken, Grauen, Greuel' (Lexer, 1, Sp. 1090). ♣ PersÜN nach dem Aussehen oder Verhalten.

Greis – *Ulel Greis der chuͤrsner* (1347; RUB I, S. 759) = *umb Ulein den Greissen* (ebd.); *umb Rugern Graisen* ([1357]; RUB II, 275); *Volchl Graiz* (1361; RUB II, 448); *di Graisinn* (1371; RUB II, 939). ▲ Mhd. *grîse* swM. ‚Greis' (+ Movierungssuffix *-inne*) (Lexer, 1, Sp. 1088). ♣ PersÜN nach dem Lebensalter.

Grellenort – *der Grelluort* (1374; RUB II, S. 490; verschrieben für **Grellnort*). ▲ Zu mhd. *grel, grelle* stswF. ‚das Krallende, Stechende: Dorn, Gabel (als Waffe)' und mhd. *ort* stNM. ‚Spitze einer Waffe, eines Werkzeugs' (Lexer, 1, Sp. 1077; 2, Sp. 169–171). Die Grelle (DWB, 9, Sp. 103), der gestielte Gabelzinken (Sturmgabel; vgl. LexMA, VIII, Sp. 55f s. v. *Stangenwaffe*) war hauptsächlich eine Bauernwaffe. Der BN *Grellenort* ist weithin belegt: so in Nürnberg (Scheffler-Erhard: *Alt-Nürnberger Namenbuch,* S. 139), in Iglau (Schwarz: *Sudetendeutsche Famliennamen,* S. 117) und in Breslau, wo auch *Grellensmit* erscheint (Reichert: *Die deutschen Familiennamen nach Breslauer Quellen,* S. 117, S. 99). ♣ BerÜN für den Hersteller oder Benutzer der Waffe.

Grill – *Ulr. der Grill* (1340; RUB I, S. 770). ▲ Mhd. *grille* swM. ‚Grille' (Lexer, 1, Sp. 1084). ♣ PersÜN nach einem metaphorischen Vergleich, entsprechend der Rolle der Grille in der Tierfabel wohl für einen leichtsinnigen, lustigen Menschen.

Groppel – *Ulrich Groppel* (1213; RUB I, 49); *datz der Groͤpplinne* (1339; RUB I, S. 739). ▲ Zu mhd. *groppe* swM. ‚Kaulkopf' + *-l*-Suffix (+ Movierungssuffix *-inne*) (Lexer, 1, Sp. 1093). Es handelt sich hierbei um einen kleinen Bachfisch mit einem großen Kopf und einem breiten Maul. ♣ Metaphorischer PersÜN nach einem körperlichen Merkmal oder metonymischer BerÜN für einen Fischer. ⬍ Der Beruf der NT ist aus dem Kontext nicht ersichtlich.

Groß – *hern Perhtolt dem Grozzen* (1345; RUB I, 1111, Reg.). ▲ Mhd. *grôʒ* Adj. ‚groß, dick' (Lexer 1, Sp. 1093f.). ♣ PersÜN nach einem körperlichen Merkmal.

Gruchze – *da di Gruͤchsein ettwenn inne was* (1355; RUB II, 169, Reg.). ▲ Wohl Nom. ag. *gruchze* (< ahd. *-o*) (+ Movierungssuffix *-inne*) zu *gruchzen* (Würzburg) ‚schwach, elend herumgehen' (Schmeller, 1, Sp. 985), das zu mhd. *grogezen* ‚heulen, wehklagen' zu stellen ist (Lexer, 1, Sp. 1092). ♣ PersÜN nach einem charakteristischen Merkmal.

Grummet – *Chunr. Grumat* (1370; RUB II, 888). ▲ Mhd. *grüenmât* stN. ‚Grummet, Gras, welches grün (unreif) gemäht wird, nicht reif wie Heu' (Lexer, 1, Sp. 1098f.; vgl. Schmeller, 1, Sp. 1001 s. v. *Das Gruenmâd, Gruemat*). Vgl. auch *Gruomatsack* als Bauernname in den Fastnachtspielen (Arndt: *Die Personennamen der deutschen Schauspiele,* S. 80). ♣ BerÜN (etwa für einen Bauern, einen Mäher). ⬍ Der Beruf des NT ist aus dem Kontext nicht ersichtlich.

Grünsklee – *umb Heinr. den Grunschle* (1339; RUB I, S. 739). ▲ Zu mhd. *grüene* Adj. ‚grün' und mhd. *klē* stM. ‚Klee, mit Kleeblumen bestandener Rasen' (Lexer, 1, Sp. 1097f., Sp. 1609). Auffällig ist das Neutrum (*Gruns-chle* < *grüenes klē*), das an ein Kleeblatt, eventuell an eine einzelne Kleepflanze denken lässt (vgl. DWB, 11, Sp. 1061: „mhd. auch ‚ein klê', eine einzelne kleepflanze"). Mhd. *klē* meint in der Regel den mit buntem Klee gezierten Rasen. Zwar ist an flächenmäßigen Kleeanbau nicht vor dem 18. Jh. zu denken, dennoch ist *Kleefelt* schon 1370 in Nürnberg als BN bezeugt (Scheffler-Erhard: *Alt-Nürnberger Namenbuch*, S. 185), wobei es sich um den Bezug auf ein ungepflegtes, vielleicht verwüstetes Feld handeln dürfte (vgl. DWB, 11, Sp. 1060). Jedenfalls wäre daher für unseren NT ein WN möglich. Andererseits ist der „grüne Klee" stehender volkstümlicher und auch poetischer Ausdruck. So kann die Tätigkeit des Dichters als *singen von dem grüenen klê* bezeichnet werden (DWB, 11, Sp. 1061; vgl auch Linsberger: *Wiener Personennamen,* S. 362) und ist der „grüne Klee" „zum Inbegriff des Frischen und Lebensvollen und des kräftig Gedeihenden" geworden (Röhrich, 2, S. 852). ♣ Vieldeutiger PersÜN oder WN.

Grünskräutel – *umb den Gruͤnschraͤutel* (1339; RUB I, S. 737); *Luch und Reynel die Gruͤnschrautel* (1339; RUB I, S. 739). ▲ Zu mhd. *grüene* Adj. ‚grün' und mhd. *krūt* stN. ‚kleinere Blätterpflanze, Kraut, Gemüse, bes. Kohl' + *-l*-Suffix (Lexer, 1, Sp. 1097f., Sp. 1758f.; Kompositum in Lexer nicht belegt). Nach DWB, 9, Sp. 955 bezeichnet *Grünkraut* „im collectiven gebrauch ‚grünes kraut' allgemein, im besonderen ‚eszbares grüngemüse, grünzeug, suppenkraut'". Der BN *Grunskreutil* ist in der zweiten Hälfte des 14. Jh.s im Olmützer Stadtbuch belegt (s. Schwarz: *Sudetendeutsche Familiennamen,* S. 120). ♣ BerÜN für den Gemüsebauer oder PersÜN. ⬍ Der Beruf der NT ist aus dem Kontext nicht ersichtlich.

Grutsch – *unter Ulreichen dez Gruͤtzschen haus, unter Hainreichen dez Grutzschen haus* (1347; RUB I, 1184, Reg.); *daz weylent der Gruͤtzschinne was* (1367; RUB II, 725, Reg.). ▲ Mhd. *grutsch* M. ‚Hamster', fnhd. *grutsch* ‚ein hamster- oder wieselähnliches Nagetier' (+ Movierungssuffix *-inne*) (Lexer, 1, Sp. 1108; FnhdWB, 7, Sp. 617; vgl. Matzel/Riecke/Zipp, S. 119: *gruͤtschein* ‚aus Hamsterfell'). Die Regensburger Bürgerin *Elspet Sträwnin* hinterläßt in ihrem Testament *Gawten der Chaͤmlerinn* ein *gruͤtzeinpeltz* (1375; RUB II, 1095, Reg.). ♣ BerÜN für einen Kürschner oder PersÜN nach der Kleidung. ⬍ Der Beruf der NT ist aus dem Kontext nicht ersichtlich.

Guffe – *deu Guffe huͤbscherinn* (nach 1334; RUB I, S. 731). ▲ Mhd. *goffe, guffe* swstF. ‚Hinterbacke' (Lexer. 1, Sp. 1043; vgl. Schmeller, 1, Sp. 875: „*Die Goffe*, ä. Sp., Hinterbacke"; Bahlow, S. 176 s. v. *Goffe, Guffe*). ♣ PersÜN nach einem körperlichen Merkmal.

Gurr – *der Gurr* (1362; RUB II, 506). ▲ Mhd. *gurre* swF. ‚schlechte Stute, schlechtes Pferd' (Lexer, 1, Sp. 1124f.). ♣ BerÜN (Viehhändler, Fuhrmann) oder PersÜN nach einem metaphorischen Vergleich. ⬍ Der Beruf des NT ist aus dem Kontext nicht ersichtlich.

Gurrhahn – *Laͤutel Guͤrrhan* (1343; RUB I, S. 751). ▲ Zu mhd. *gurren* swV. ‚den Laut gur gur hervorbringen' und mhd. *han(e)* swM. ‚Hahn' (Lexer, 1, Sp. 1125, Sp. 1164f.). Das zugrunde liegende Appellativ ist weder in Lexer noch im DWB belegt, wo aber *Gurrengauch* für ‚Sumpfschnepfe' erscheint (DWB, 9, Sp. 1167) ♣ PersÜN nach einem metaphorischen Vergleich.

Gürter – *Dem Chuͤrtter 4 lb* (1357; RUB II, S. 482). ▲ Nom. ag. auf *-er* zu mhd. *gürten, gurten* swV. ‚gürten, umgürten; dem Pferd den Gurt anlegen' (Lexer, 1, Sp. 1126f., TWB, S. 78): ‚jemand, der (um)gürtet'. Zu >ch< für mhd. >g< vgl. Kohlheim: *Regensburger Rufnamen,* S. 140 und die Belege *Liupoldus dictus Cumprecht* (1311; RUB I, 265, Reg.) und *Camoretus* (= Gahmuret) *in ampla strata* (1314; RUB I, 295). Noch im Haupt- und Handlungsbuch der Runtinger (1383–1407) steht *suntag nach Kally* neben *Gally* (Reiffenstein: *Zur Schreibsprache des Runtingerbuches,* S. 209). ♣ Wohl BerÜN für jemanden, der mit Pferden zu tun hatte. ⬍ Der Beruf des NT ist aus dem Kontext nicht ersichtlich.

Gut – *der gut Hainreich* (1370; RUB II, 906). ▲ Mhd. *guot* Adj. ‚tüchtig, brav, gut, vornehm, freundlich' (Lexer, 1, Sp. 1121f.). ♣ PersÜN für einen als vorbildlich empfundenen Menschen.

Gutbrot – *umb Heinr. Gutbrad den losser* (1346; RUB I, S. 757) = *Heinr. der alt Gutbrat* (ebd.). ▲ Eher als von mhd. *guot* Adj. ‚gut' und mhd. *brāte* swM. ‚Fleisch, Braten' (Lexer, 1, Sp. 1121f., Sp. 342) ist von einer umgekehrten (hyperkorrekten) Schreibung von mhd. *guot* Adj. ‚gut' und mhd. *brōt* stN. ‚Brot' (Lexer, 1, Sp. 359f.) auszugehen (zu umgekehrter Schreibung von mhd. >o< und mhd. >ō< in Regensburg s. Kohlheim/Kohlheim: *Zur Rekursion von Zunamen,* S. 100f.). ♣ BerÜN für einen Bäcker oder PersÜN. ⬍ Aus dem Erstbeleg (s. o.) geht hervor, dass der NT als *losser* (‚Aderlasser') tätig war.

H

Habansland – *umb Ulr. Habanslant […] umb R. Habanslant* (1340; RUB I, S. 745). ▲ Möglicherweise ÜN in Satzform zu mhd. *haben* swV. ‚halten, haben' + mhd. *an* Präp. ‚an' + Artikel + mhd. *lant* stN. ‚Land' (Lexer, 1, Sp. 1131–1134, Sp. 76, Sp. 1822): etwa ‚halte [dich] ans Land', ‚halt aufs Land zu'. ♣ BerÜN für einen Schiffer. ⬍ Der Beruf der NT ist aus dem Kontext nicht ersichtlich.

Haberl – *Rudger Haberl* (1366; RUB II, 663, Reg.). ▲ Zu mhd. *haber(e)* swstM. ‚Hafer' + *-l*-Suffix (Lexer, 1, Sp. 1134) Im Mittelalter spielte Hafer (z. B. als Haferbrei, Haferbrot) eine wichtige Rolle in der Ernährung. ♣ Mehrdeutiger BerÜN (Bauer, Getreidehändler) oder PersÜN nach dem Lieblingsgericht. ⬍ Der Beruf des NT ist aus dem Kontext nicht ersichtlich.

Haft – *der Haft* (1338; RUB I, 806). ▲ Mhd. *haft* stM. ‚was festhält, Band, Halter, Fessel' (Lexer, 1, Sp. 1140; vgl. Schmeller, 1, Sp. 1064f.: *Der Haften* ‚die Stecknadel, der Haken, das Häklein, bes. an Kleidern'; Matzel/Riecke/Zipp, S. 120: *hafftel* ‚Kleiderspange'). ♣ BerÜN für den Benutzer oder den Hersteller. ⬍ Aufgrund der Zeugenreihen von RUB I, 806 und 982 ist es wahrscheinlich, dass *der Haft* Schneider von Beruf war. Ein weiterer NT, *Heinr. der Haft der sneider,* ist i. J. 1339 im *Wundenbuch* belegt (RUB I, S. 737). Die Annahme eines berufsmotivierten ÜN für den Benutzer wird durch den Kontext gestützt.

Haken – *der Hokchen enynchel* (1336; RUB I, 768, Reg., Gen.). ▲ Mhd. *hāke, hāken* swstM., Nbf. *hocken* ‚Haken' (Lexer, 1, Sp. 1145f.; vgl. Schmeller, 1, Sp. 1070: *Der Hâgken* ‚Haken', fig. ‚die Schwierigkeit'; DWB,10, Sp. 179: „der *haken* [ist] das bild nicht nur des hindernisses, widerstandes […], sondern auch der […] bedenklichkeit"). ♣ PersÜN nach einem metaphorischen Vergleich.

Halbmetze – *Ulr. Halpmezz* (1371; RUB II, 939). ▲ Zu mhd. *halbmetze* ‚Trockenmaß, etwa 10–15 Liter' (DRW, 4, Sp. 1458), vgl. mhd. *halp* Adj. ‚halb' und mhd. *metze, mezze* swM. ‚kleineres Trocken- und Flüssigkeitsmaß, Metze' (Lexer, 1, Sp. 1151, Sp. 2127). Zu *Metze* als Getreidemaß in Regensburg s. Eikenberg: *Das Handelshaus der Runtinger,* S. 286, als Flüssigkeitsmaß s. RUB I, 392. ♣ BerÜN für den Hersteller oder Benutzer. ⬍ Der Beruf des NT ist aus dem Kontext nicht ersichtlich.

Hämel – *Walchûn Hœmel* ([ca. 1200]; RUB I, 46, Reg.);[49] *datz dem Hemmlein dem smit* (1325; RUB I, S. 733); *umb Håmmlein den vischer* (1329; RUB I, S. 742). ▲ Zu mhd. *ham(e)* swM. ‚Haut, Hülle Kleid' (Lexer, 1, Sp. 1162), ‚beutelförmiges, an einem Reif aufgespanntes, mit einem Stiel versehenes Netz zum Fischfang' (FnhdWB, 7, Sp. 980) oder zu mhd. *ham(e)* swM. ‚Angelrute, Angelhaken' + *-l*-Suffix (Lexer, 1, Sp. 1162; vgl. Schwarz: *Die Personennamengebung in Regensburg,* S. 33). ♣ BerÜN. ⬍ Der Beruf des ersten NT ist nicht bekannt, doch stützen die Berufsangaben (*smit, vischer*) bei den späteren Belegen die Annahme eines BerÜN für den Hersteller bzw. den Benutzer von Angelhaken oder Fangnetzen.

Hammer – *her Albreht der Hamer* (1327; RUB I, 527). ▲ Mhd. *hamer* stM. ‚Hammer' (Lexer, 1, Sp. 1163). Der ÜN *Hammer* wird generell als metonymischer BerÜN für den Schmied gedeutet, was Belege wie *Meyster hemer der smit* (Reichert: *Die deutschen Familiennamen nach Breslauer Quellen,* S. 131), *Haemerl segensmid* [‚Sensenschmied'] (Eitler: *Münchner Familiennamen*, S. 414), *Hensel Hemerl faber* (Schwarz: *Sudetendeutsche Familiennamen,* S. 128) durchaus nahelegen. Angesichts der Tatsache, dass obiger Namensträger Geistlicher und *maister der acht průderscheft* war, also kein Handwerk ausübte, darüber hinaus ein weiterer Regensburger Träger des BN *Hamer* mit Sicherheit (RUB I, 737: *Ulrich Hamer*) und ein anderer mit großer Wahrscheinlichkeit den Beruf des Bäckers ausübten (*Ott Hamer* wird in der Zeugenreihe von RUB II, 316 im Anschluss an den *Rokkinger pechk* [Bäcker] und *Strawbinger pechk* genannt), ist grundsätzlich auch an einen metaphorischen PersÜN für einen kämpferischen, kriegerischen Menschen zu denken. Angefangen von Donar, der sich beim Streit seines Hammers bediente, bis hin zu den Bauern des 17. Jh.s konnte der Hammer auch als Waffe verwendet werden (vgl. DWB, 10, Sp. 315), und daher bezeichnete dieser BN von Karl Martell an, der als *egregius bellator* seinen BN ‚Hammer' im 9. Jh. erhielt (LexMa, V, Sp. 955), bis Molotov (zu russ. *molót* ‚Hammer'), der sich seinen *nom de guerre* selbst zulegte, nicht nur Handwerker, sondern auch kriegerische Menschen. ♣ BerÜN für den Hersteller oder Benutzer bzw. PersÜN für einen kämpferischen Menschen.

Hase: → Hose.

Häubelhut – *Chunr. der Håubelhuet* (1340; RUB I, 921, Reg.). ▲ Mhd. *hiubelhuot* stM. ‚Haubenhut, eine Art Helm' (Lexer, 1, Sp. 1308; vgl. Nölle-Hornkamp: *Mittelalterliches Handwerk,* S. 265: „*hiubelhuot [...],* eine Mischform zwischen Haube und Hut, kann sowohl eine zivile Kopfbedeckung aus textilem Material darstellen als auch einen eng am Kopf anliegenden Schutzhelm"). ♣ BerÜN für den Hersteller oder PersÜN für den Träger. ⬍ Der Beruf des NT ist aus dem Kontext nicht ersichtlich.

[49] Codex latinus Monacensis 21560 f. 86'.

Hebdenstreit – *Item der Hefdenstrit*[50] (nach 1334; RUB I, S. 730). ▲ ÜN in Satzform zu mhd. *heben* stV. ‚heben, erheben, anfangen' + Artikel + mhd. *strīt* stM. ‚Streit' (Lexer, 1, Sp. 1199f.; 2, Sp. 1239f.), etwa ‚fang [wieder] den Streit an'. Als Eigenname begegnet *Hebenstrīt* bereits in einem unechten Lied Neidharts (DWB 10, 732). In den Fastnachtspielen ist *Hebenstreit* Name von rauflustigen Bauern (Arndt: *Die Personennamen der deutschen Schauspiele*, S. 71), wird aber auch appellativisch verwendet (DWB, 10, Sp. 732). ♣ PersÜN nach einem charakterlichen Merkmal (Streitsucht).

Hehl – *datz dem Haͤl dem chuffer auf den Stoͤchen* (1339; RUB I, S. 738). ▲ Mhd. *hæl(e)* Adj. ‚verhohlen, verborgen; dunkel, rätselhaft; schlüpfrig, glatt' (Lexer, 1, Sp. 1148). ♣ PersÜN nach einem charakterlichen Merkmal (Heimtücke).

Helbling – *Pertolt Helblin [...] und Ulrich Helblinch* (1339; RUB I, S. 744). ▲ Mhd. *helb(e)linc* stM. ‚Münzstück im halben Werte des jeweiligen Pfennigs' (Lexer, 1, Sp. 1228; dies trifft auch für den Regensburger Helbling zu, s. Eikenberg: *Das Handelshaus der Runtinger,* S. 283), fnhd. *helbling* metaphorisch ‚zur Kennzeichnung der Geringwertigkeit' (FnhdWB, 7, Sp. 1620f.), ‚Schwächling' (Götze, S. 119). ♣ RelÜN nach einer Abgabe oder PersÜN nach ärmlichen Lebensverhältnissen bzw. nach einem körperlichen oder charakterlichen Merkmal.

Held – *Chunrat der Helt* (1369; RUB II, 861, Reg.). ▲ Mhd. *helt* stM. ‚Held' (Lexer, 1, Sp. 1244). ♣ PersÜN nach einem charakterlichen Merkmal (Mut).

Herbsleben – *der Haͤrbsleben* (1340; RUB I, S. 748); *Chunr. Herbsleben* (1356; RUB II, 191) = *Chunr. Harbsleben* (1357; RUB II, 246), *des Harssleben tochter* (1363; RUB II, 549, Anm.). ▲ Zu mhd. *har(e), her(e), harb, herb* Adj. ‚herb, bitter' und mhd. *lëben* stN. ‚Leben' (Lexer, 1, Sp. 1182f., Sp. 1251, Sp. 1847). Mit Hoffrichter: *Echonamen,* S. 76 einen Echonamen zu der (nicht belegten) Äußerung „herb ist das Leben" anzunehmen, besteht kein Anlass; vgl. unten den komplementären ÜN → *Sanftleben.* ♣ PersÜN nach den Lebensumständen.

Hering – *Hartweig dem Hæring* (1326; RUB I, 503, Reg.) = *Hærtel Haͤrinch* (1338; RUB I, 806) = *Hartel der Hærinch* (1340; RUB I, S. 770) = *Hartel der Harinch* (1340; RUB I, S. 773) = *Hertel Herinch* (1352; RUB II, 67); *Seifrit dem Haͤrinkch* (1369; RUB II, 855, Reg.). ▲ Mhd. *herinc* stM. ‚Hering' (Lexer, 1, Sp. 1257; vgl. DWB, 10, Sp. 1106: „einen dürren menschen vergleicht das volk einem *hering*"). Der BN<BB *Haͤringer* ‚Heringsverkäufer' ist ebenfalls im RUB belegt (Kohlheim: *Regensburger Beinamen,* S. 67). ♣ BerÜN für einen Heringsverkäufer oder PersÜN nach einem metaphorischen Vergleich. ⬍ Der erste NT (s. o.) trieb Handel mit Böhmen (s. RUB I, S. 770).

Herrschäftel – *Heinricus Herschæftel* (1262; RUB I, 99). ▲ Zu mhd. *hērschaft* stF. ‚Herrenwürde, Herrenmacht; Stolz, Hochmut; Recht und Besitzung eines Herrn, Herrschaft' (Lexer, 1, Sp. 1261f.), fnhd. auch ‚Lehnsherr, Gutsherr, Standesperson' (FnhdWB, 7, Sp. 1877–1885) + *-l*-Suffix; vgl. den ÜN *Herscheftlein* bei Linsberger: *Wiener Personennamen*, S. 305). ♣ RelÜN nach einem Abhängigkeitsverhältnis oder PersÜN nach einem charakterlichen Merkmal (Angeberei, Stolz, Hochmut).

[50] In der Hs. durchstrichen.

Herzog – *Aͤlbel Hertzog* (1340; RUB I, S. 749). ▲ Mhd. *herzoge* swM. ‚der dem Heere Voranziehende, Heerführer, Herzog' (Lexer, 1, Sp. 1277). ♣ RelÜN nach einem Abhängigkeitsverhältnis oder PersÜN nach einem charakterlichen Merkmal (Angeberei, Stolz, Hochmut).

Heumückel – *Dietreich der Haͤumuͤkel* (1320; RUB I, 608) = *Dietreich Haͤmůkel* (1334; RUB I, 737); *Chunr. Haͤmukel* (ebd.); *Dietreich Hæmuͤkel* (1338; RUB I, 806); *umb ewr purger die Haͤmuͤkkel* ([ca. 1338]; RUB I, 824);[51] *hern D. dez Hamuͤkkels tohtter* (nach Weihnachten 1339; RUB I, 881) = *Dietr. Hamuͤkel* (1342; RUB I, 982); *her Hainreich der jung Hæmuͤkel* (1344; RUB I, 1066, Reg.); *Seytz Haͤmukkel* (1347; RUB I, 1185); *Dietr. Hemuͤkel* (1349; RUB I, 1250); *Dietr. Hemůkel* (1351; RUB II, 20); *Dietrich des Haaͤmuͤklins hausfrau* (1355; RUB II, 137, Reg.); *an Seytzen dem Haͤmůkklein* (1356; RUB II, 195, Reg.); *der Heinr. Haůmukkel* (1356; RUB II, 221); *Fridel der jung Haůmuͤkkel* (1357; RUB II, 273); *Chunr. des Hemuͤkklein chinden* (1357; RUB II, S. 482); *Heinreich der Haumuͤkkel* (1358; RUB II, 281, Reg.). ▲ Zu mhd. *höuwe, houwe* stN., verkürzt *höu, hou, heu* ‚Heu, Gras' und mhd. *mücke, mucke* swF. ‚Mücke, Fliege' + *-l*-Suffix (Lexer, 1, Sp. 1357, Sp. 2211). Gemeint ist wohl die Heuschrecke (vgl. FnhdWB, 7, Sp. 2013). Eine Flur *Am Heumückenberge* existiert in Wahnhausen, Gemeinde Fuldatal, Landkreis Kassel, doch ist das Bestimmungswort dieses Flurnamens bislang nicht gedeutet. ♣ Wohl spöttischer BerÜN für einen Bauern oder Mäher. Vgl. unten die Deutung von → *Heuschmeck*.

Heuraufel – *Ott der alt Haͤurauffel der nodlaͤr* (1326; RUB I, S. 734). ▲ Zu mhd. *höuwe, houwe* stN., verkürzt *höu, hou, heu* ‚Heu' und mhd. *roufe* swF. ‚Heuraufe' + *-l*-Suffix (Lexer, 1, Sp. 1357; 2, Sp. 515). Das Kompositum wird von Matzel/ Riecke/Zipp, S. 138 als ‚Stange mit eisernen Widerhaken, um aus einem Heuschober Heu herausziehen zu können, (kleine) Heuraufe' aufgefasst. ♣ BerÜN für den Hersteller oder Benutzer. ♦ Die Berufsangabe *nodlaͤr* ‚Nadelmacher' (s. o.) spricht für einen festen BerÜN oder einen AkzÜN.

Heuschmeck – *Ortlib Hausmechk* (1340; RUB I, S. 767); *Ch. Haͤsmech* (1342; RUB I, 982); *verkauft [...] frawn Perchten der Hæusmechkin an der Port* (1334; RUB I, 1095, Reg.); *Ortliben dem Hæsmechen* (nach Weihnachten 1344 [1345?]; RUB I, 1099) = *Ortlib Hesmech* (1345; RUB I, 1127) = *Ortlieb dem Hæusmekhen* (1346; RUB I, 1147, Reg.) = *herm Ortliep dem Haͤusmekchen* (1346; RUB I, 1148, Reg.); *Chunr. Hasmekch* (1356; RUB II, 221); *Chunr. jung Hesenmekch* (ebd.); *Chunr. Haͤsmekch* (1357; RUB II, 267); *frawen Getrauten der Haͤusmekchinn* (1358; RUB II, 290); *Hainreich der Hausmekch* (1358; RUB II, 308, Reg.); *Chůnr. Hasmech* (1358; RUB II, 316) = *Chunr. Hesmekch* (1359; RUB II, 329); *Hansel Hasmekchin* (1359; RUB II, S. 475); *Agnes Hesmekchin* (1359; RUB II, S. 476), *Ann Hausmekchin* (ebd.); *Ch. Haͤzmech* (1360; RUB II, 397) = *Chunr. Haͤzmechk* (1361; RUB II, 448); *jung Hasmek* (1368; RUB II, 801). ▲ Am ehesten zu bair. *Heuschneck* M. ‚Heuschrecke' (Schmeller, 1, Sp. 1029), wobei wohl das Verb mhd. *smecken* ‚schmecken, kosten, genießen' in die an sich sinnlose Bildung *Heu-schneck* eingedeutet wurde. Die dem ÜN zugrunde liegende Tierbezeichnung wäre dann zu interpretieren als Nom. ag. zu mhd. *höuwe, houwe* stN., verkürzt *höu, hou, heu* ‚Heu' und mhd. *smecken* swV. (Lexer, 1, Sp. 1357; 2, Sp.

[51] Kopie ca. 1340.

1003f.): ‚[Tier,] das das Heu kostet, genießt'. ♣ Mehrdeutiger, unsicher bleibender BN: Metaphorischer PersÜN oder BerÜN für einen Bauern. ⬍ Da *Ortlib Hausmechk* Handel mit Venedig und Böhmen (s. RUB I, S. 770) trieb, ist eher an das Vorliegen eines PersÜN zu denken.

Heuß – *Wernherus Hiuzzo* (1251; RUB I, 81) = *Wernherus Håuzzo* = *Wernherus Hauzzo* (1302; RUB I, 206). ▲ Mhd. *hiuȝe* Adj. ‚munter, frech' (Lexer, 1, Sp. 1311). ♣ PersÜN nach einem charakterlichen Merkmal.

Hintenhöchel – *umb daz Hintenhôchel* (1339; RUB I, S. 744). ▲ Zu mhd. *hinden* Adv. ‚hinten' und mhd. *hōch* Adj. ‚hoch, groß, stark' + *-l*-Suffix (Lexer, 1, Sp. 1292, Sp. 1312f.; vgl. Brechenmacher, 1, S. 720: „1349 ist zu Augsburg ein Kürschner ‚der Hindanhoch'" belegt). ♣ PersÜN nach einem äußerlichen Merkmal.

Hirschel – *H. Hiersel* (1340; RUB I, S. 747). ▲ Zu mhd. *hirȝ* stM. ‚Hirsch + *-l*-Suffix (Lexer, 1, Sp. 1305f.; vgl. auch die Schreibungen *Hiers, Hierss* bei Schwarz: *Sudetendeutsche Familiennamen,* S. 142). ♣ BerÜN für einen Jäger oder PersÜN nach einem metaphorischen Vergleich. ⬍ Der Beruf des NT ist aus dem Kontext nicht ersichtlich.

Höllendampf – *Chunradus Helletamph* ([1170]; RUB I, 36, Reg.);[52] *Chunr. Heltan* (1338; RUB I, 806) = *der Helltampf* (1342; RUB I, 982; Siegel: CHVNRAT. HELLTAMPF). ▲ Mhd. *helletamph* stM. ‚Höllendampf' (Lexer, 1, Sp. 1238). Dieser ÜN ist neben *Tiůvel* und *diabolus* in bayerischen Traditionen des 12. Jh.s bezeugt (Baumann: *Die Spitznamen*, S. 42). Er dürfte einen wilden, rücksichtslosen Menschen bezeichnet haben (vgl. Brechenmacher, 1, S. 297 s. v. *Teufel*). ♣ PersÜN nach dem Verhalten.

Holzapfel – *Chunrat Holzapfel der Madår von Alwårnrewt* (1375; RUB II, 1089b, Reg.). ▲ Mhd. *holzapfel* stM. ‚Holzapfel' (Lexer, 1, Sp. 1329). Typisch für diese Wildapfelart ist der säuerliche, herbe Geschmack. ♣ PersÜN nach einem metaphorischen Vergleich.

Hornuss – *Ch. Hurnuss der chůrsner* (1340; RUB I, S. 745). ▲ Mhd. *hornuȝ* stM. ‚Hornisse' (Lexer, 1, Sp. 1342). ♣ PersÜN nach einem metaphorischen Vergleich, etwa für einen lästigen, unruhigen oder aggressiven Menschen.

Hose – *dem Hosen datz der pfærr* (1341; RUB I, 975). ▲ Zu mhd. *hose* swF. ‚Bekleidung der Beine (vom Schenkel oder erst vom Knie an) samt den Füssen; Hose oder Strumpf' (Lexer, 1, Sp. 1344f.; vgl. LexMA, V, Sp. 131: „Zur Ausbildung der eigentlichen H[ose] kommt es nach 1500 durch die Trennung der Beinkleider in eine oberschenkellange H[ose] und in Strümpfe, die unterhalb des Knies vom Strumpfband gehalten wurden oder an die H[ose] angenestelt bzw. angenäht waren"; *zway par newe hosen, ains grůn, daz ander praun* gehören zum Nachlass des Regensburger Domherrn Konrad von Pressat, RUB II, 441) oder zu mhd. *hase* swM. ‚Hase, Feigling' (Lexer, 1, Sp. 1192; *hasen* gehörten im mittelalterlichen Regensburg zu den häufigen Abgaben; vgl. RUB I, 460, 718, 742, 1113, 1207, RUB II, 519; von *zwo hosen und 1 lb. pfeffers* ist in RUB I, 1310 die Rede). ♣ Mehrdeutiger ÜN: BerÜN für den Hersteller von Hosen oder PersÜN für den Träger bzw. PersÜN nach einem metaphorischen Vergleich (Feigheit. Ängstlichkeit) oder RelÜN nach einer Abgabe.

[52] Bernhard Pez: Thesaurus anecdotorum novissimus [...], Bd. 3, 780. Augsburg 1721.

⬍ Der NT war ein Geistlicher, dem die Patrizierin Diemut Lœblin *30 d* hinterließ, damit er ihr eine *selmesse dar umb spreche* (RUB I, 975).

Hösel – *Chunr. Hoͤsel* (1362; RUB II, 507). ▲ Mhd. *hoselīn* stN., Dim. zu *hose* swF. ‚Bekleidung der Beine (vom Schenkel oder erst vom Knie an) samt den Füssen; Hose oder Strumpf' (Lexer, 1, Sp. 1344f.). ♣ BerÜN für den Hersteller von Hosen oder PersÜN für den Träger. ⬍ Der Beruf des NT ist aus dem Kontext nicht ersichtlich.

Hössel – *Hoͤssel der messer* (1339; RUB I, S. 742); *Ch. Hossel* (1348; RUB I, S. 762). ▲ Nom. ag. auf *-el* (< ahd. *-il*) zu mhd. *hossen* swV. ‚schnell laufen' (Lexer, 1, Sp. 1345). ♣ PersÜN nach der Gangart.

Hübsch – *Fridr. Hoͤbsch* (1370; RUB II, 906). ▲ Mhd. *hövesch, hövisch* Adj. ‚hofgemäß, fein gebildet und gesittet, unterhaltend' (Lexer, 1, Sp. 1367). ♣ PersÜN nach dem Verhalten.

Hufeisen – *umb Ch. Huͤfeisen* (1350; RUB I, S. 763). ▲ Mhd. *huofīsen* stN. ‚Hufeisen' (Lexer, 1, Sp. 1391). ♣ BerÜN für den Hufschmied. ⬍ Der Beruf des NT ist aus dem Kontext nicht ersichtlich.

Humse – *Eberhart Hums der schreiber* (1340; RUB I, 921, Reg.). ▲ Nom. ag. auf *-e* (apokopiert) (< ahd. *-o*) zu einem lautmalenden Verb *humsen* ‚brummen (von der Hummel)', das allerdings erst fnhd. belegt ist (Götze, S. 126). Vgl. nhd. (17. Jh.) *Humse* ‚Hummel' (DWB, 10, Sp. 1910). ♣ PersÜN nach dem Verhalten.

Hupf-auf-Gans – *umb Haintzlein Hupf auf gans* (1340; RUB I, S. 746). ▲ ÜN in Satzform zu mhd. *hupfen, hüpfen* swV. ‚hüpfen', mhd. *ūf* Präp. ‚auf' und mhd. *gans* stF. ‚Gans' (Lexer, 1, Sp. 1395; 2, Sp. 1687; 1, Sp. 736): etwa ‚hüpfe auf [die] Gans'. ♣ AkzÜN oder PersÜN für einen Vielfraß (Schwarz: *Die Personennamengebung in Regensburg,* S. 35).

Hupfer – *Ruͤdel Hupfer* (1340; RUB I, S. 745); *dez Huppfer wegen* (1374; RUB II, S. 489). ▲ Nom. ag. auf *-er* zu mhd. *hupfen, hüpfen* swV. ‚hüpfen' (Lexer, 1, Sp. 1395). ♣ PersÜN nach einem charakteristischen Merkmal.

Huphersame – *Rudgerus Huphersame* ([1170]; RUB I, 36, Reg.).[53] ▲ Unklare Etymologie. Die Erklärung als imperativischer Satzname zu mhd. *hupfen, hüpfen* swV. ‚hüpfen' und mhd. *hērsam* Adj. ‚herrlich' (Lexer, 1, Sp. 1395, Sp. 1261): ‚hüpf herrlich' ist unwahrscheinlich.

Hürnen – *umb Hůrnein chuͤrsner* (1350; RUB I, S. 763). ▲ Mhd. *hürnīn, hurnīn* Adj. ‚aus Horn, mit Hornhaut überzogen' (Lexer, 1, Sp. 1396f.), fnhd. *hürnein* ‚aus Horn' (Götze, S. 126). Vgl. Schmeller, 1, Sp. 1165: „der *hürnen* Sigfrid, *hürnein* Seyfrid, *hürlein* Seyfrid, der in den Sagen der deutschen Vorzeit und namentlich in einem bis auf unsre Tage herabgekommenen Volksromane vielgerühmte *Recke* Sigfrid [...], der sich badete in dem Blute des *‚lintrachen'* [...]. R. A. [Redensart] *Er ist ein rechter Hörlein Seyfrid*, d. h. ‚ein Kerl, der überall angehet, der sich aus nichts etwas macht'". ♣ PersÜN nach einem äußerlichen Merkmal oder nach dem Verhalten bzw. BerÜN (etwa für den Hornverarbeiter). ⬍ Die Berufsangabe *chuͤrsner* ‚Kürschner' spricht eher für das Vorliegen eines PersÜN.

Hütel – *Ulrich der Huͤtel* (1307; RUB I, 233) = *der Huetel* ([1329]; RUB I, 589). ▲ Mhd. *hüetelīn, hüetel* stN., Dim. zu *huot* stM., ‚Hütchen, Mützchen' (Lexer, 1, Sp. 1375). ♣

[53] Bernhard Pez: Thesaurus anecdotorum novissimus [...], Bd. 3, 780. Augsburg 1721.

BerÜN für den Hersteller oder PersÜN für den Träger. ♦ Die Berufsangabe *zolner* (s. RUB I, 433) spricht eher für das Vorliegen eines PersÜN.

I

Igel – *[...], Igel milites* (1287; RUB I, 144). ▲ Mhd. *igel* stM. ‚Igel; auch eine Art Belagerungsmaschine' (Lexer, 1, Sp. 1418). ♣ Metaphorischer PersÜN nach dem Aussehen (Haartracht) oder dem abweisenden, „stachligen" Charakter bzw. metonymischer BerÜN. ♦ Der NT erscheint in einer Zeugenreihe von bischöflichen Ministerialen, denen der Eintritt in das Regensburger Patriziat geglückt war (vgl. Morré: *Ratsverfassung und Patriziat in Regensburg,* S. 22, S. 40). Aufgrund der Angabe *miles* ‚Ritter' könnte ein metonymischer BerÜN vorliegen.

J

Jeus – *Frid. Jeus* (1326; RUB I, S. 734); *hern Friderich des Geusen* (1334; RUB I, 726, Reg.); *ein haymsuchung hintzm Rudel Jusen* (1347; RUB I, S. 759); *Ruͤdger Jeuͤs* (1354; RUB II, 125); *Cecilig Jeuͤsinn* (1370; RUB II, 906); *Osann die Jeuͤsinne* (1372; RUB II, 975, Reg.). ▲ Möglicherweise zu fnhd. *geuse,* mhd. *goufe* swF., Nbf. *gausz* ‚hohle Hand' (+ Movierungssuffix *-inne*) (FnhdWB 6, Sp. 1774; Lexer 1, Sp. 1058). In der Mundart des Aargaus steht *geüss* für ‚der Schrei' (Hunziker, S. 103), bei Luther ist *die geusse* im Sinne von ‚Überfluss' belegt (FnhdWB, 6, Sp. 1774). ♣ Vieldeutiger PersÜN.

Judenkönig – *Stephan des Judenchuͤnikch* (1366; RUB II, 660, Reg.). ▲ Mhd. *judenkünic* stM. ‚Judenkönig' (Lexer, 3, Nachtr., Sp. 264; das Kompositum erscheint nicht im DWB). Der ÜN geht zurück auf die deutsche Übersetzung des Kreuzestitels I.N.R.I. (*Iesvs Nazarenvs Rex Ivdaeorum* ‚Jesus von Nazareth der Juden König bzw. Judenkönig'). Der Anlass der Namengebung war sicherlich die Rolle des Christus in einem Osterspiel. Der heute wohl nicht mehr existierende Name war nicht ganz vereinzelt; bekannt ist z. B. der Lautenspieler und Instrumentalist *Hans Judenkünig*, geb. um 1450 in Schwäbisch Gmünd, gest. 1526 in Wien. ♣ AkzÜN nach einer Spielrolle.

K

Kagermäusel – *umb Chagermaͤusel den lechner* (1344; RUB I, S. 752); *Seidel Chagermeusel* (1345; RUB I, S. 755) = *umb Seitlein den Chagermaisslin* (1348; RUB I, S. 762) = *umb Seytlein den Chagermeussellein* (ebd.). ▲ Nach Wiesinger/Reutner: *Die Ortsnamen des politischen Bezirkes Schärding,* S. 155 handelt es sich bei dem bairischen Lexem *die Kager* um eine „alte, nur mehr propriale Flurbezeichnung, die wohl Bezug nimmt auf ein Gelände mit niedrigem Gebüsch oder mit Unkräutern, die vor allem im Herbst Strünke zurücklassen [...]." Das Wort ist nach Prinz: *Regensburg–Straubing–Bogen,* S. 240 zurückzuführen auf das abair. Kollektivum **chagara,* das sich „tentativ mit ‚Gestrüpp' oder ‚Reisig' paraphrasieren" lässt. Das vorliegende Kompositum mit mhd. *miuselīn* stN., Dim. zu mhd. *mūs* stF., ‚kleine Maus, Mäuschen' (Lexer, 1, Sp. 2192, TWB, S. 143) zeigt jedoch, dass das Appellativ im 14. Jh. noch gebräuchlich war. Da BN-Komposita mit Ortsnamen als Bestimmungswort in

Regensburg nicht üblich waren, kommt ein direkter Bezug auf das seit 1924 eingemeindete Dorf Kager nicht in Betracht. Das Kompositum ist zu verstehen als ‚Busch-, Heckenmäuschen' (vgl. unten → *Staudigel*) und dürfte einen schüchternen, ängstlichen, unauffälligen Menschen bezeichnet haben. ♣ Metaphorischer PersÜN nach einem charakterlichen Merkmal.

Kaiser – *Chunrat der Chaiser* (1313; RUB I, 281, Reg.).[54] ▲ Mhd. *keiser* stM. ‚Kaiser' (Lexer, 1, Sp. 1536f.). ♣ PersÜN nach einem charakterlichen Merkmal (Angeberei, Stolz, Hochmut).

Kälbel – *dem Chelblein datz den predigern* (1341; RUB I, 975). ▲ Mhd. *kelbelīn* stN., Dim. zu *kalp* stN. ‚Kalb, bildl. auch Bezeichnung für einen dummen Menschen' (Lexer, 1, Sp. 1539, Sp. 1498). ♣ Eher PersÜN nach einem geistigen Merkmal (Dummheit) als BerÜN (z. B. für den Fleischer). ⬍ Der Zusatz *datz den predigern* (Dominikanern) stützt die Annahme eines PersÜN.

Kalbfell – *Heinr. Chalpfel* (1356; RUB II, 191) = *Heinz Chalpvel* (1357; RUB II, 246) = *Chalppfel schreiber* (1358; RUB II, 316) = *Heinr. Chalppvel* (1359; RUB II, 344). ▲ Mhd. *kalpvël* stN. ‚Kalbfell' (Lexer, 1 Sp. 1498). ♣ Mehrdeutiger BerÜN. ⬍ Wenn ein Schreiber *Chalppfel* heißt (s.o.), so wird es sich hierbei um einen BerÜN handeln, der auf dessen Umgang mit Pergament hinweist.

Kalbfleisch – *dez Chalpflaische ayden* (1348; RUB I, 1209); *Fridreich Chalpflaisch* (1348; RUB I, 1213). ▲ Mhd. *kalpvleisch* stN. ‚Kalbfleisch' (Lexer, 1, Sp. 1498; vgl. DWB, 11, Sp. 58: „überhaupt oft von ungebändigter oder ungewitzigter jugend"). ♣ Mehrdeutiger BN: BerÜN für den Fleischer, PersÜN nach dem Lieblingsgericht, vielleicht auch für einen unreifen, unerfahrenen Menschen (vgl. Brechenmacher, 2, S. 4). ⬍ Der Beruf der NT ist aus dem Kontext nicht ersichtlich.

Kalbsbauch – *der Chalbspauchinne sun* (1339; RUB I, S. 740); *umb Chunrat den Chalbspauch den fragner* (1340; RUB I, S. 744). ▲ Zu mhd. *kalp* stN. ‚Kalb' und mhd. *buoc* stM. ‚bei Tieren das obere Gelenk des Vorderbeines, der Bug', mhd. *kelberbūch* stM. , Kalbskeule' (+ Movierungssuffix *-inne*) (Lexer, 1, Sp. 1498, Sp. 385; Sp. 1539; vgl. Schmeller, 1, Sp. 196: „*Der Buech, Buch, Bauch,* der Schlägel, die Keule von einem Rinde, Kalbe, Lamm [...]"), fnhd. *kalbsbauch* ‚Kalbsschlegel', eine übliche Abgabe an die Herrschaft (FnhdWB, 8, Sp. 483). ♣ BerÜN für den Fleischer oder RelÜN nach einer Abgabe.

Kämmel – *umb Hainreich den Chæmel den muͤlnerchneht* (1339; RUB I, S. 741); *Chunrat Chaͤml* (1364; RUB II, 592, Anm.). ▲ Zu mhd. *kamp, kam, kambe, kamme* swFM. ‚Haarkamm, Woll-, Weberkamm, Kamm am Mühlrad' + *-l*-Suffix (Lexer, 1, Sp. 1505f.). ♣ Mehrdeutiger BerÜN, etwa Hersteller von Haarkämmen, Wollkämmer, Weber, Müller). ⬍ Die Berufsangabe (*muͤlnerchneht*) stützt die Annahme eines BerÜN nach dem Kamm am Mühlrad für den ersten NT (vgl. Brechenmacher, 2, S. 9 s. v. *Kamprat[h]:* „Müller-ÜN < mhd. kamprat = Kammrad [in der Mühle]. [...] Das Kammrad ist auch altes Müllerwappen").

Kanzler – *Hans der Chantzler* (1375; RUB II, 1084a, Reg.). ▲ Mhd. *kanzelære, -er* stM. ‚Kanzler, cancellarius' (Lexer, 1, Sp. 1511). Die Amtsbezeichnung bezieht sich im

[54] Abschr. Anf. 19. Jh. (zum Jahr 1330!). Das nicht mehr auffindbare Or. (mit Siegel des Ausstellers) befand sich im R. Domkapitelarchiv.

RUB seit dem 12. Jh. (vgl. RUB 40) auf den kaiserlichen bzw. königlichen Kanzler. Als Inhaber dieses Amtes begegnen uns Bischöfe (vgl. RUB I, 48, 50, 62, 69; RUB II, 441, 451) und Adlige (vgl. z. B. RUB II, 1156). Als städtisches Amt ist *Chantzler* nicht bezeugt. ♣ RelÜN, der auf Beziehungen zu einem Amtsinhaber hinweist, oder ironischer PersÜN.

Karg – *Hanr. Chargo in Oriente* (1244; RUB I, 69); *Perchtoldus Khargo* (1266; RUB I, 103); *Perhtolt Charge* (1278; RUB I, 117); *Chunr. Charg* (1338; RUB I, 806); *Pernolt Charig* (1356; RUB II, 191); *Heinr. Karg* (1358; RUB II, 316); *vermacht [...] Agnes der Chaͤrginn* (1364; RUB II, 590, Reg.). ▲ Mhd. *karc* Adj. ‚klug, listig, schlau, hinterlistig; knauserig' (+ Movierungssuffix *-inne*) (Lexer, 1, Sp. 1517). ♣ PersÜN nach einem charakterlichen oder geistigen Merkmal (Geiz, Schläue, Hinterlist).

Kärgel – *in manus Ulric[i] Chargil* ([ca. 1170]; RUB I, 37); *Růpertus Kærgel* (1213; RUB I, 49); *her Reichker der Kaͤrgel* (1366; RUB II, 679, Reg.). ▲ Zu mhd. *karc* + *-l*-Suffix (→ *Karg*).

Karpfe – *Chunrat der Chærpfe* (1325; RUB I, 496, Reg.); *dez Chaͤrpfen haus* (1347; RUB I, 1184, Reg.). ▲ Mhd. *karpfe* swM. ‚Karpfen' (Lexer, 1, Sp. 1521). ♣ BerÜN für einen Fischer oder PersÜN nach der Lieblingsspeise. ⬍ Der Beruf der NT ist aus dem Kontext nicht ersichtlich.

Käs – *Werndel mit dem Chaͤs, der muͤlchneht* (1340; RUB I, S. 745). ▲ Mhd. *kæse* stM. ‚Käse' (Lexer, 1, Sp. 1525f.). ♣ AkzÜN oder PersÜN nach der Lieblingsspeise.

Kastraun – *umb Chunrat den Gastraͤun* (1340; RUB I, S. 744). ▲ Mhd. *kastrūn* stM. ‚Hammel, kastrierter Widder' (Lexer, 1, Sp. 1529; vgl. Schmeller, 1, Sp. 1306: *Der Castrôn, Castraun* ‚kastrierter Widder', ä. Spr. ‚Hammelfleisch'; DWB, 2, Sp. 609: *Castraun* ‚Hammel'). ♣ BerÜN (Bauer, Viehhändler, Fleischer) oder PersÜN nach einem metaphorischen Tiervergleich. ⬍ Der Beruf des NT ist aus dem Kontext nicht ersichtlich.

Katz – *Uͤll Catz* (?) (1350; RUB I, S. 763). ▲ Mhd. *katze* swF. ‚Katze' (Lexer, 1, Sp.1531). ♣ PersÜN nach einem metaphorischen Tiervergleich.

Kätzel – *Hauch Chetzel* (1326; RUB I, 509) = *der Hauch Chaͤtzel* (1326; RUB I, 517); *Dyemut di Chatzzlynn* (1370; RUB II, 906). ▲ Zu mhd. *katze* swF. + *-l*-Suffix (+ Movierungssuffix *-inne*) (→ *Katz*).

Keck – *Nycla der Chekch* (1375; RUB II, 1084c, Reg.). ▲ Mhd. *këc, quëc* Adj. ‚lebendig, frisch, munter, mutig' (Lexer, 1, Sp. 1534; 2, Sp. 318f). ♣ PersÜN nach dem Verhalten (Lebendigkeit, Munterkeit).

Kerrer – *Ott Cherrær* (1328; RUB I, 552). ▲ Nom. ag. auf *-er* zu mhd. *kërren* stV. ‚einen grellen Ton von sich geben, schreien, keifen, wiehern, grunzen, knarren, rauschen' (Lexer, 1, Sp. 1557; vgl. Schmeller, 1, Sp. 1283: *kerren, kirren* ‚durchdringend schreien, tönen'). ♣ PersÜN nach dem Verhalten.

Kiesling – *umb Cheslinch den swertfuͤrben* (1325; RUB I, S. 733); *Chuͤntzel dez Chislings dez swertfuͤrben chneht* (1340; RUB I, S. 746); *Ch. der Chislinginne bruder* (ebd.); *umb Chyslinch swertfuͤrb* (1346; RUB I, S. 757) = *Chislinch swertfuͤrb* (ebd.); *dez Chislingz sun* (1348; RUB I, S. 762). ▲ Mhd. *kis(e)linc* stM. ‚Kiesel, Kieselstein' (+ Movierungssuffix *-inne*) (Lexer, 1, Sp. 1589). ♣ PersÜN nach einem metaphorischen Vergleich (Strenge. Härte).

Kittel – *Ch. im Chittel* (1344; RUB I, S. 752). ▲ Mhd. *kit(t)el* stM. ‚Kittel, leichtes Oberhemd für Männer wie Frauen' (Lexer, 1, Sp. 1590). Im *Runtingerbuch* ist *chitteltůch* ‚(derbe) Leinwand zur Herstellung von Kitteln' bezeugt (Matzel/Riecke/Zipp, S. 162). ♣ PersÜN nach der Kleidung.

Klaffschinke – *Heinr. Clafschinke* (1156; RUB I, 31, Reg.). ▲ Zu mhd. *klaffen* swV. ‚schallen, tönen, klappern, sich öffnen, klaffen' und mhd. *schinke* swM. ‚Schenkel, Schinken' (Lexer, 1, Sp. 1597; 2, Sp. 752). Nach Grünert: *Die altenburgischen Personennamen*, S. 377 liegt hier möglicherweise ein „ÜN für einen Menschen mit einem Holzbein, das beim Auftreten schallende Töne von sich gab", vor. Finsterwalder: *Tiroler Namenkunde,* S. 24, Anm. 63 denkt an die Anspielung auf eine offene Wunde am Bein. Aber auch einem Menschen mit O-Beinen könnte dieser ÜN gegeben worden sein. ♣ PersÜN nach einem äußerlichen oder körperlichen Merkmal.

Klausner – *Ott der stainmaissel der chlosner* (1339; RUB I, S. 740); *auf Peters der Chlosnerin 3 lb 80* (1350; RUB II, S. 474); *vermacht [...] Chůngůnden der Chlosnerynn* (1378; RUB II, 1217, Reg.). ▲ Mhd. *klōsenære, -er* stM. ‚Klausner, Einsiedler' (+ Movierungssuffix *-inne*) (Lexer, 1, Sp. 1630). Scheffler-Erhard: *Alt-Nürnberger Namenbuch,* S. 185 denkt an einen metaphorischen ÜN für einen zurückgezogen Lebenden oder an einen ÜN nach einer Spielrolle. ♣ Eher PersÜN nach der Lebensweise als AkzÜN (Spielrolle). ⬍ Aufgrund der Berufsangabe (*stainmaissel* ‚Steinmetz') kann beim ersten NT ausgeschlossen werden, dass der BN wörtlich zu verstehen ist.

Kleban – *Ott Chleban* (1180–83; RUB I, 39a).[55] ▲ ÜN in Satzform zu mhd. *klёben* swV. ‚kleben, haften' und mhd. *an(e)* Präp. ‚an, auf, in, gegen' (Lexer, 1, Sp. 1609f., Sp. 57; vgl. auch fnhd. *anklebelikeit* ‚Anhänglichkeit', Götze, S. 10). Für den Beleg *Michael Cleban* erwägt Schwarz: *Sudetendeutsche Familiennamen,* S. 164 die Möglichkeit eines ÜN für einen zudringlichen Menschen. ♣ Eher PersÜN für einen anhänglichen Menschen als BerÜN nach einem Arbeitsvorgang. ⬍ Der Beruf des NT ist aus dem Kontext nicht ersichtlich.

Klein – *Frid. Parvus* (1156; RUB I, 31, Reg.); *dez chlain Chůntzleins hausfrawe* (1340; RUB I, S. 747); *umb Chunr. den Chlain den chůrsner* (1345; RUB I, S. 754). ▲ Mhd. *klein(e)* Adj. ‚rein, niedlich, zierlich, fein, schmächtig, zart, mager, klein' (Lexer, 1, Sp. 1613ff.). ♣ PersÜN nach dem Aussehen.

Kleinfleisch – *Hainreich der Chlainsflaisch* (1337; RUB I, 797, Reg.) = *Heinr. Chlainflaisch* (1338; RUB I, 806); *fraw Margret di Chlainflaischinn* (1366; RUB II, 706, Reg.). ▲ Zu mhd. *klein(e)* Adj. ‚rein, niedlich, zierlich, fein, schmächtig, zart, mager, klein' und mhd. *vleisch, fleisch* stN. ‚Fleisch des tierischen oder menschlichen Körpers' (+ Movierungssuffix *-inne*) (Lexer, 1, Sp. 1613ff.; 3, Sp. 394f.): etwa ‚zartes/mageres Fleisch'. ♣ BerÜN für den Fleischer. ⬍ Der Beruf des NT ist aus dem Kontext nicht ersichtlich.

Klingsohr – *der Chlingsor*[56] (nach 1334; RUB I, S. 730). ▲ Nach dem Zauberer *Chlinschor/Klingsor* aus dem *Parzival* oder der *Wartburgsage* (vgl. die Belege *Chlingsor, Clingsor* bei Schwarz: *Sudetendeutsche Familiennamen,* S. 166, *Klingsorin* bei Arneth: *Die Familiennamen des ehemaligen Hochstifts Bamberg,* S. 227). *Klingsohr* als Bezeichnung für das Ohrenklingen ist erst 1527 bezeugt. Sie ist „wol nur anlehnung an den sagenhaften *Klingsor*, dessen namen man sich so ausdeuten

[55] Codex latinus Monacensis 21560 f. 79.

[56] In der Hs. durchstrichen.

mochte“ (DWB, 11, Sp. 1194). ♣ Mehrdeutiger PersÜN oder BerÜN (etwa für einen Spielmann). ⬍ Der Beruf des NT ist aus dem Kontext nicht ersichtlich.

Klobschink – *Ulreich der Chlobschench* (1324; RUB I, 469, Reg.). ▲ Zu mhd. *klobe* swM. ‚gespaltenes Holzstück zum Klemmen, Festhalten: als Fessel, Fußfessel, bes. gespaltenes Holzstück zum Vogelfangen, überhaupt etwas Klemmendes, Festhaltendes‘ und mhd. *schinke* swM. ‚Schenkel, Schinken‘ (Lexer, 1, Sp. 1628f.; 2, Sp.752). ♣ PersÜN für einen Menschen mit einem Holzbein.

Klösterl – *dez Chloͤsterlin* (1376; RUB II, S. 495). ▲ Mhd. *klōster* stN. ‚Kloster‘ + *-l*-Suffix (Lexer, 1, Sp. 1631). Dieser ÜN wird als ‚Untertan, Höriger, Zinsbauer eines Klosters‘ (Brechenmacher, 2, S. 66; Gottschald, S. 293; Heintze/Cascorbi, S. 298; Schwarz: *Sudetendeutsche Familiennamen des 15. und 16. Jh.s,* S. 166) oder als ‚wohnhaft bei einem Kloster‘ (Scheffler-Erhard: *Alt-Nürnberger Namenbuch,* S. 186f.) aufgefasst. ♣ RelÜN oder WN.

Knebel – *der Knebl* (1375; RUB II, S. 491). ▲ Mhd. *knebel* stM. ‚Knebel; grober Geselle, Bengel; Penis‘ (Lexer, 1, Sp. 1644; vgl. fnhd. *knebel, knöbel* ‚Knöchel, Knorren, Würfel, Grobian‘, Götze, S. 137; DWB, 11, Sp. 1377: „roher, plumper gesell, wie bengel, flegel, klotz […]“). ♣ PersÜN nach dem groben Verhalten.

Knoblauch – *Chunradus Chnoflauch* (1287; RUB I, 144) = *Chunrad der Chnoblauch* (1290; RUB I, 151). ▲ Mhd. *klobe-, knobelouch* stM. ‚Knoblauch‘ (Lexer, 1, Sp. 1629). Knoblauch wurde nicht nur in der Küche gebraucht, sondern fand auch als Medizin vielfältige Verwendung (LexMA, V, Sp. 1751). Daher erscheint *Knoflach, Knoblach* als Name von Ärzten im mittelalterlichen Schauspiel (Arndt: *Die Personennamen der deutschen Schauspiele,* S. 95). ♣ Mehrdeutiger BerÜN oder PersÜN nach dem Lieblingsgewürz. ⬍ Der Beruf des NT ist aus dem Kontext nicht ersichtlich.

Knödel – *Der Chnoͤdel* (1364; RUB II, 536). ▲ Mhd. *knödel* stN., Dim. zu *knode* swM. ‚Knoten am menschlichen Körper und an Pflanzen, künstlicher Knoten an einem Faden, einer Schnur‘, auch ‚Kloß als Speise‘ (Lexer, 1, Sp. 1650f.). ♣ PersÜN nach dem groben Verhalten, eventuell auch nach dem Aussehen oder nach der Lieblingsspeise.

Knüttel – *schaff […] miner dyenærinne Cecilien der Chnuͤttlinne* (1327; RUB I, 524). ▲ Mhd. *knüt(t)el* stM. ‚Knüttel als Waffe; Kolben als Bauernwaffe, als Hirtenstab, als Prügel zum Züchtigen; Steinmetzschlegel‘ + Movierungssuffix *-inne* (Lexer, 1, Sp. 1656f.; vgl. Schmeller, 1, Sp. 1356: „*Der Knüttel* […] knotiges Scheit Holz“). *Knuttel* war auch der Name eines ungeschlachten Bauern in einem Fastnachtspiel (Arndt: *Die Personennamen der deutschen Schauspiele,* S. 70). ♣ Eher PersÜN nach einem groben Wesen oder Verhalten als BerÜN.

Köfferl – *dez Choͤferleinz haus* (1347; RUB I, 1184, Reg.); *der Choͤfferl* (1348; RUB I, S. 761); *Ulreich Choferlein* (1350; RUB II, S. 475); *die Choferll* (1358; RUB II, 316); *Ortel und Ottl die Choferl* (1359; RUB II, 344); *Oettel und Heinr. Choͤferl* (1362; RUB II, 507). ▲ Zu mhd. *koffer* stMN.? ‚Kiste, Truhe, Geldkasten‘, eine seit dem 14. Jh. nachweisbare Entlehnung aus frz. *coffre,* + *-l*-Suffix (Lexer, 1, Sp. 1662; TWB, S. 112; Kluge, S. 511; vgl. Matzel/Riecke/Zipp, S. 167 s. v. *chuffer*) oder zu mhd. *koberen* stN. ‚Hazardspiel‘ + *-l*-Suffix (Lexer, 1, Sp. 1659; vgl. RUB II, 1205, a. 1378: *Allez choffern mit dem wuͤrffl oder mit der chugl und allez wetten daz verpieten mein herren;* Schmeller, 1, Sp. 1230 s. v. *koffern* ‚spielen‘ sowie die Nürnberger Belege *Köverlin, Köverlein* bei Scheffler-Erhard: *Alt-Nürnberger Namenbuch,* S. 188). ♣ BerÜN für den Hersteller bzw. PersÜN für den Benutzer von Kisten, Truhen oder

Geldkästen oder auch PersÜN für einen Spieler. ⬍ Der Beruf der NT ist aus dem Kontext nicht ersichtlich.

Kolb – *der Cholbinn haus* (1352; RUB II, 43, Reg.).[57] ▲ Mhd. *kolbe* swM. ‚Kolbe, Keule als Waffe; Hirtenkeule; Kolbe des Narren (urspr. seine Waffe, dann sein wesentlichstes Abzeichen nebst der Kappe)', fnhd. *kolbe* ‚kurzgeschnittenes Haar, bes. der Narren und Unfreien; Haarschopf' + Movierungssuffix *-inne* (Lexer, 1, Sp. 1663f.; Götze, S. 138; FnhdWB, 8, Sp. 1264; vgl. DWB, 11, Sp. 1602–1609; Hellfritzsch: *Personennamen Südwestsachsens,* S. 139 s. v. *Kolbe*). *Ulein Kolb* ist der Name eines Narren in einem Fastnachtspiel (Arndt: *Die Personennamen der deutschen Schauspiele,* S. 65). ♣ Eher PersÜN nach dem Verhalten (Grobheit, Derbheit, Narrheit, Torheit) als nach der Haartracht.

König – *Karl bey der Judenburg, Kunig genannt* (1225; RUB I, 52);[58] *Karolus Rex* (1229; RUB I, 55); *Kunich bei sand Chilian* (1342; RUB I, 982). ▲ Mhd. *künic, künec* stM. ‚König' (Lexer, 1, Sp. 1774f.). ♣ Mehrdeutiger ÜN: PersÜN nach einem charakterlichen Merkmal (Angeberei, Stolz, Hochmut), RelÜN nach einem Dienstverhältnis oder AkzÜN (Spielrolle, Schützenkönig).

Kopp – *Nykel Chopp* (1340; RUB I, S. 748); *fraw Dyemut die Choͤpinne* ([ca. 1345/46]; RUB I, 1130);[59] *Alhait die Choͤppin* (1362; RUB II, 487, Reg.). ▲ Zu mhd. *koppe* swM. ‚Rabe' (Lexer, 1, Sp. 1677; vgl. Schmeller, 1, Sp. 1271: „*Der Koppe*, ä. Sp., Rabe"; Linsberger: *Wiener Personennamen,* S. 372 s. v. *Kopp*) oder zu mhd. *koppe, kappe* swM. ‚Kapaun' (+ Movierungssuffix *-inne*) (Lexer, 1, Sp. 1677, Sp. 1513f.; vgl. Schmeller, 1, Sp. 1271: „*Der Kópp, das Köpplein*, junges Huhn männlichen Geschlechts, Hahn, besonders ein verschnittener, Capaun [...]. Im Scherz sagt man in Nürnberg von einem Manne, der in kinderloser Ehe lebt, man werde ihn ins *Koppenbuch* schreiben"; Schwarz: *Sudetendeutsche Familiennamen,* S. 172 s. v. *Koppe*). Noch heute liegt Regensburg im Zentrum eines weiträumigen Gebiets, in dem der FN *Kopp* recht häufig ist (vgl. Klausmann, S. 14, der den Namen aber fälschlich zu *Jakob* stellt). ♣ Mehrdeutiger PersÜN nach einem metaphorischen Vergleich. ⬍ Ein BN<RN scheidet aus, da die KF von *Jacob* in Regensburg nicht von der zweiten Silbe des Namens gebildet werden (vgl. Kohlheim: *Regensburger Rufnamen,* S. 61).

Körbel – *umb Wernher den Choͤrbel den hantschůster dort Westen* (1345; RUB I, S. 754). ▲ Mhd. *körbelīn, korbel* stN. ‚Körbchen' (Lexer, 1, Sp. 1679). ♣ BerÜN für den Hersteller oder PersÜN für den Träger. ⬍ Die Berufsangabe *hantschůster* ‚Handschuhmacher' spricht eher für das Vorliegen eines PersÜN.

Kornbauch – *dem Chornpauche* (1240; RUB I, 65, Reg.).[60] ▲ Zu mhd. *korn* stN. ‚Fruchtkorn; Getreidekörner; Getreidepflanze' und mhd. *būch* stM. ‚Bauch, Magen' (Lexer,1, Sp. 1680f.; Sp. 376). ♣ Eher PersÜN für einen dicken Menschen als BerÜN (Bauer, Getreidehändler).

Kossel – *Cossel sweber an dem March* (1348; RUB I, S. 762); *H. Coͤssel* (ebd.). ▲ Nom. ag. auf *-el* (< ahd. *-ilo*) zu mhd. *kōsen* swV. ‚ein Gespräch führen, sprechen, plaudern'

[57] Kopie 15. Jh.

[58] Dt. Übersetzung aus dem Anf. des 15. Jh.s.

[59] Kopie ca. 1345/46.

[60] Kopie 18. Jh.

oder mhd. *kōse, kœse* stFN., Nbf. *kōȥ* stM. ‚Rede, Gespräch, Geschwätz' + *-l*-Suffix (Lexer, 1, Sp. 1686, Sp. 1699; vgl. Schmeller, 1, Sp. 1302: *kôsen* ‚reden, plaudern, schwätzen'). Auch Scheffler-Erhard: *Alt-Nürnberger Namenbuch,* S. 190 stellt den Beleg *Conrat Koss* zu mhd. *kōse* ‚Rede, Gespräch, Geschwätz'. Möglicherweise auch zu mhd. *kos* stN., Nbf. zu mhd. *kus* stM. ‚Kuss' + *-l*-Suffix (Lexer, 1, Sp. 1686, Sp. 1800).♣ PersÜN nach dem Verhalten (Geschwätzigkeit) oder AkzÜN.

Kotz – *Ott Chotz* (1348; RUB I, S. 761). ▲ Mhd. *kotze* swM. ‚grobes, zottiges Wollenzeug, Decke oder Kleid davon' (Lexer, 1, Sp. 1691). ♣ BerÜN für den Hersteller oder PersÜN für den Träger. ⬍ Der Beruf des NT ist aus dem Kontext nicht ersichtlich.

Kraghals – *Der Chraghals* (1340; RUB I, S. 746); *H. Chraghols* (1345; RUB I, S. 754). ▲ Zu mhd. *krage* swM. ‚Hals' und mhd. *hals* stM. ‚Hals' (Lexer, 1, Sp. 1702f.; Sp. 1154f.). Eine an die Paarformeln der mittelalterlichen Rechtssprache erinnernde pleonastische Bildung, wie sie z. B. in der *Virginal* als *durch den kragen unde hals* (Lexer, 1, Sp. 1703) auftritt. ♣ PersÜN nach einem körperlichen Merkmal.

Kranewitvogel – *Perchtolt der Chronbitvogel* (1331; RUB I, 658, Reg.) = *maister Perhtolt der Chranwitvogel* (1333; RUB I, 712) = *der Chrambitvogel* (1334; RUB I, 737) = *maister Perchtolt der Chronwîtvogel* (1338; RUB I, 816) = *Chranwidvogel* (1342; RUB I, 982) = *Perchttolt Chramwidvogel* (1347; RUB I, 1185). ▲ Mhd. *kranewitvogel* stM. ‚Krammetsvogel, Wacholderdrossel' (Lexer, 1, Sp. 1710; vgl. Schmeller, 1, Sp. 1371: *Der Kranewit-Vogel*). ♣ Man kann hierbei an einen BerÜN für den Vogelsteller oder an einen PersÜN nach dem Lieblingsgericht denken (vgl. Scheffler-Erhard: *Alt-Nürnberger Namenbuch,* S. 193; Brechenmacher, 2, S. 103 s. v. *Krammetsvogel*). ⬍ Da unser NT u. a. in RUB I, 737 als *stainmaizzel* bezeugt ist, dürfte es sich eher um einen PersÜN handeln.

Kranzagel – *Der Chronzogel der messaͤr* (1339; RUB I, S. 744). ▲ Zu mhd. *krane* swM., *kran(e)ch* stM. ‚Kranich' und mhd. *zagel* stM. ‚Schwanz, Schweif' (Lexer, 1, Sp. 1709; 3, Sp. 1019f.). ♣ PersÜN nach einem metaphorischen Vergleich.

Krätzel – *Chraͤtzel der messer* (1340; RUB I, S. 748). ▲ Zu mhd. *kraz* stM. ‚einmaliges Kratzen und dadurch entstehende Schramme, Wunde' (Lexer, 1, Sp. 1713) oder zu mhd. *kratze* swF. ‚Werkzeug zum Kratzen, Scharren' + *-l*-Suffix (Lexer, 1, Sp. 1713; vgl. den Regensburger BN *Chratzœr* ‚Wollkratzer', Kohlheim: *Regensburger Beinamen,* S. 45f.). ♣ PersÜN nach einem körperlichen Merkmal oder BerÜN. ⬍ Die Berufsangabe *messer* ‚(städtischer) Messer, Messbeamter' (vgl. Kohlheim: *Regensburger Beinamen,* S. 87) spricht eher für einen PersÜN. Das Vorliegen eines BN<RN (< *Pankraz*) ist unwahrscheinlich. Im mittelalterlichen Regensburg gab es zwar Kirchenpatrozinien zu Ehren des hl. Pankratius (s. Lehner: *Die mittelalterlichen Kirchenpatrozinien,* S. 48), doch fand dieser Heiligenname bis a. 1378 keinen Eingang in die RN-Gebung (s. Kohlheim: *Regensburger Rufnamen,* S. 58–63; vgl. auch die Feststellung Buchbergers, *Beiträge zur Volkskunde,* S. 71 hinsichtlich der RN-Gebung Altbayerns und der Oberpfalz: *Pankraz* „kann erst gegen Ende des 14. Jh.s [...] nachgewiesen werden; häufig ist [...] [er] nie geworden").

Kratzmann – *Datz dem Gratzman* (1370; RUB II, 906). ▲ Denominale Ableitung zu mhd. *kraz* stM. ‚einmaliges Kratzen und dadurch entstehende Schramme, Wunde' + Suffixoid *-man* (Lexer, 1, Sp. 1713). Hellfritzsch: *Personennamen Südwestsachsens,* S. 178 fasst *Nas(e)man* als ÜN für einen Menschen „mit ausgeprägter Nase" auf.

Daneben kann auch an das Vorliegen eines Synonyms zu mhd. *kratzhart* stM. ‚Wucherer, Geizhals' (Lexer, 1, Sp. 1713) gedacht werden. ♣ PersÜN für einen Menschen mit einer auffälligen Wundnarbe oder PersÜN nach einem charakterlichen Merkmal. ⬍ Gegen eine Auffassung des BN *Gratzmann* als ‚Wollkratzer, -krempler, -kämmer' spricht das relativ seltene Vorkommen von BerN auf *-man* im untersuchten Corpus (s. Kohlheim: *Regensburger Beinamen,* S. 183f.). Ein BN<RN (zu *Gratz* < *Pankratius*, vgl. Huber: *Rätisches Namenbuch,* III, 1, S. 401) ist hierbei nicht anzunehmen (vgl. → *Krätzel*).

Krautschüssel – *Fridel Chrautschůssel der abzieher vor prukk* (1340; RUB I, S. 747). ▲ Zu mhd. *krût* stN. ‚Kraut, Gemüse, bes. Kohl, auch das bereitete Gericht' und mhd. *schüȥȥel(e)* stswF. ‚Schüssel' (Lexer, 1, Sp. 1758f.; 2, Sp. 838; vgl. fnhd. *kraut* ‚Inbegriff kärglicher Kost', Götze, S. 141). ♣ PersÜN nach den ärmlichen Lebensumständen.

Krebs – *umb Ch. den Chrebssen* (1325; RUB I, S. 732); *Chrebs messer* (1340; RUB I, S. 748); *umb Chrevssen den messer* (1346; RUB I, S. 758). ▲ Mhd. *krëbeȥ(e)* stswM. ‚Krebs', auch ‚Brustharnisch in Plattenform' (Lexer, 1, Sp. 1714f.). Der Beruf des Krebsfängers, *chrebser*, ist a. 1340 im *Wundenbuch* (RUB I, S. 745) belegt. Die um 1320 entstandenen Ratsverordnungen sehen folgende Regelung für den Verkauf vor: *Dehein vrowe schol niht chrebzzen chauffen weder undern turn noch under toren noch in chelern noch in hǎusern, wan an dem rehten pǔhel, pi xxx pfennigen [...]* (RUB I, S. 718). ♣ PersÜN nach einem metaphorischen Vergleich (rötliche Hautfarbe) bzw. BerÜN für den Krebsfänger oder den Hersteller von Brustharnischen. ⬍ Aufgrund der Berufsangabe *messer* ‚(städtischer) Messer, Meßbeamter' ist jedoch eher von einem PersÜN auszugehen.

Krempel – *Heinricus cognomine Chrempel* ([13. Jh. Mitte]; RUB I, 77).[61] ▲ Zu mhd. *krempel* stMN., Dim. zu *krampe* swM. ‚Spitzhaue' oder mhd. *krempel* stMN. ‚Kralle, Häkchen' (Lexer, 1, Sp. 1720, Sp. 1706; vgl. Schmeller, 1, Sp. 1369f.: *Der Krampen, der, das Krämpel* ‚gekrümmter Zacken; Spitzhaue, Pickel; Kralle, Vogelkralle'; Kappus: *Die Zunamen in den ältesten Urkunden von Freising und Regensburg,* S. 57). ♣ BerÜN für den Hersteller oder Benutzer einer Spitzhaue oder PersÜN nach einem körperlichen Merkmal. ⬍ Der Beruf des NT ist aus dem Kontext nicht ersichtlich.

Kren – *di Chreninne* (1356; RUB II, 202, Reg.). ▲ Zu mhd. *krēn(e)* M. ‚Meerrettich' (Lexer, 1, Sp. 1720; vgl. Schmeller, 1, Sp. 1371f.) oder aufgrund des Movierungssuffixes *-inne* umgelautete Form von mhd. *krane* swM., *kran(e)ch* stM. ‚Kranich' (Lexer, 1, Sp. 1709; vgl. DWB, 11, Sp. 2017f. s. v. *Kran, Krahn,* Sp. 2020-2022 s. v. *Kranich*). ♣ Mehrdeutiger ÜN: BerÜN für einen Gemüsebauern, Gemüsehändler oder Gewürzkrämer, PersÜN für einen Liebhaber des Gewürzes bzw. in übertragenem Sinn für eine bissige Person oder PersÜN nach einem metaphorischen Vergleich mit dem Vogel. Sprichwörtlich sind der stolze Gang des Kranichs und seine Magerkeit.

Kribbel – *Wernhardus Chrybel* (1248; RUB I, 73). ▲ Rückbildung aus mhd. *kribeln* swV. ‚das Gefühl des Kribbelns, Juckens spüren' (vgl. Lexer, 1, Sp. 1724). Der durch Mutterkorn im Brot entstehende Ergotismus wurde nach dem diese Krankheit

[61] Codex latinus Monacensis 22237 f. 2 (gleichzeitiger Eintrag).

begleitenden juckenden Gefühl, dem sog. „Ameisenkriechen“, auch *Kriebel-, Kribbelkrankheit* genannt (DWB , 11, Sp. 2205; LexMA, VI, Sp. 976). Der ÜN könnte sich daher auf einen von dieser Krankheit Befallenen beziehen. Vgl. auch die Belege *Kribl, Cribil, Kribel* bei Schwarz: *Sudetendeutsche Familiennamen,* S. 177. ♣ PersÜN.

Krönel – *Woͤlfel der Chroͤnel muͤllner chneht* (1339; RUB I, S. 738). ▲ Zu mhd. *krōn(e)* stswF. ‚Kranz, Krone; bildl. das Höchste, Vollendetste seiner Art; geschorene Glatze‘ + *-l*-Suffix (Lexer, 1, Sp. 1746f.). ♣ Mehrdeutiger PersÜN. ⬍ Ein Hausname **Zur Krone* ist im RUB nicht belegt.

Kropf, Kröpfel – *dati sunt [...] Chropfoni carnifici Rat.* (1291–93; RUB I, 156); *Ůlrich Chropf* (1317; RUB I, 346); *Heintzel der Chropf* = *Haintzel der Chroͤppfel* (1338; RUB I, S. 732); *Elspet die Chropfin* (1353; RUB II, 77, Reg.). ▲ Zu mhd. *kropf* stM. ‚Auswuchs am Halse des Menschen; Mensch, der einen Kropf hat‘ (+ *-l*-Suffix) (+ Movierungssuffix *-inne*) (Lexer, 1, Sp. 1749). ♣ PersÜN nach einem körperlichen Merkmal.

Kruckner – *Fridreich Chruchenær* (1338; RUB I, 806) = *Frid. auf der Chrůchen* (1342; RUB I, 982) = *Fridr. Chruchner* (1349; RUB I, 1250) = *Fridr. Chrůchner* (1354; RUB II, 125) = *Fridreich der Chrukchnaͤr* (1355; RUB II, 133); *der Chrukchner* (1357; RUB II, 246); *Joͤrg der Chruͤkchner* (1370; RUB II, 902, Reg.). ▲ Nom. ag. auf *-er* zu mhd. *krucken* swV. ‚auf Krücken gehen‘ (TWB, Nachtr., S. 419). ♣ PersÜN nach einem äußerlichen Merkmal.

Kummer, Kummerl – *umb Frid. den Chumerel den flaischauer* (1326; RUB I, S. 734); *Ulr. der Chuͤmmerl der flaigshauær* (1326; RUB I, S. 735); *Ulreich der Chůmmer* (1368; RUB II, 758, Reg.) = *Ulr. Chuͤmerl* (1370; RUB II, 906); *Datz dem Chumer* (ebd.); *Ulr. Chůmer* (1371; RUB II, 939). ▲ Zu mhd. *kumber, kum(m)er* stM. ‚Schutt, Unrat; bildl. Belastung, Bedrängnis, Mühsal, Not, Kummer‘ (+ *-l*-Suffix) (Lexer, 1, Sp. 1766f.). ♣ PersÜN nach den Lebensumständen.

Kürzel – *Heinr. Churtzel* (1356; RUB II, 191); *Heinreich der Chuͤrtzl* (1370; RUB II, 889a, Reg.). ▲ Zu mhd. *kurz* Adj. ‚kurz‘ + *-l*-Suffix (Lexer, 1, Sp. 1797f.). ♣ PersÜN nach der Körpergröße.

Küttfraß – *Walther der Kitfros B. z. R.* (1318; RUB I, 352, Reg.);[62] *[...] schulden Hartman dem Chyetfraz B. z. R.* (1312; RUB I, 673, Reg.) = *Hartman Chuͤtfras* (1338; RUB I, 806); *Dietr. Chuͤtfraz* (1342; RUB I, 982); *dez Chietfras sun* (1346; RUB I, S. 758); *Hartman Chůtfras* (1351; RUB II, 9); *Dietr. Chietfraz* (1356; RUB II, 191). ▲ Zu bair. *das/die Kütt,* dessen Grundbedeutung wohl ‚große Menge von etwas‘ ist (vgl. Unger-Khull, S. 418: *Kutte, Kütte* f. ‚Herde, Schar, große Menge, in der Weidmannsprache auf Rebhühner beschränkt‘; Schmeller, 1, Sp. 1312: „von jagdbaren Vögeln, besonders Rebhühnern: die Brut, d. h. die Jungen sammt den Alten“) und mhd. *vrāȥ* stM. ‚Fresser, Vielfraß, Nimmersatt‘ (Lexer, 3, Sp. 492f.): ‚Vielfraß‘. ♣ PersÜN nach den Essgewohnheiten.

Kuttner – *Hanns der Chuttner* (1376; RUB II, 1112, Reg.).[63] ▲ Mhd. *kuttener* stM. ‚Kuttenträger, Mönch‘ (Lexer, 1, Sp. 1804; TWB, S. 120; vgl. DWB, 11, Sp. 2892: „Die *kutte* ist, ähnlich oder gleich dem *kittel,* ein einfaches, möglichst form- und

[62] Kopie 15. Jh.

[63] Kopie 15. Jh.

kunstloses, umfassendes gewand“, nicht nur des Mönchs, sondern z. B. auch des Narren oder des Bauern). ♣ Mehrdeutiger BN: PersÜN für den Träger des Kleidungsstückes, evtl. RelÜN (dienstliche oder andere Beziehungen zu einem Mönch) oder BerN für den Hersteller von Kutten.

L

Lang – *Cuntz Lanng* (1225; RUB I, 52);[64] *Chunr. Longus* (1244; RUB I, 69); *her Herwich Lang* (1312; RUB I, 277); *Der long Oͤttel in dez Nothafts haus* (1326; RUB I, S. 735); *umb Ernsten den Longen* (1339; RUB I, S. 743); *der Laͤnginn haus* (1361; RUB II, 414, Reg.).[65] ▲ Mhd. *lanc, -ges* Adj. ‚lang‘ (+ Movierungssuffix *-inne*) (Lexer, 1, Sp. 1818). ♣ PersÜN nach der Körpergröße.

Langmann – *von vern Eysalen der Lanchmaninne* (1308; RUB I, 239, Reg.); *hern Frideriches des Lanchmannes witib* (1312; RUB I, 274); *Haimeran der Langman* (1342; RUB I, 1006) = *Haymmran der Lonchman* (1342; RUB I, 1006, Anm.); *Katerey Lonchmanin* (1359; RUB II, S. 477). ▲ Mhd. *lancman* stM. ‚langer Mann‘ (+ Movierungssuffix *-inne*) (Lexer, 1, Sp. 1819). ♣ PersÜN nach der Körpergröße.

Langvorfuß – *Ulr. Lankerfüz* (1338; RUB I, 806); *Lonch vor dem fuͤzz, schuster in Prukk strazz* (1340; RUB I, S. 737); *Ulr. Lankerfuͤz* (1342; RUB I, 982) = *Ulreich der Lanchvorfuz* (1343; RUB I, 1044, Reg.) = *Ulreich der Lanchenfuzze der schůster* (1344; RUB I, 1070, Reg.). ▲ Zu mhd. *lanc, -ges* Adj. ‚lang‘ und mhd. *vürvuoȥ* stM. ‚Socke‘ (Lexer, 1, Sp. 1818; 3, Sp. 617; vgl. DWB, 4, Sp. 728 s. v. *Fürfusz:* „der blosze fusztheil des strumpfes, der untere theil des strumpfes bis zum knöchel oder auch etwas über diesen, eine socke“). Nach DWB, 26, Sp. 1052 bezeichnet *Vorfusz* ursprünglich eine bis zum Knöchel reichende Socke und den vorderen Teil des Strumpfes, dann – nach einem mittelniederdeutschen Beleg von a. 1399 – auch den Vorderteil des Schuhs. ♣ Mehrdeutiger BerÜN (etwa Hersteller von Socken oder Strümpfen; Schuster). ⬍ Da unsere NT aufgrund des Kontextes (RUB I, S. 737, RUB I, 1070) den Schusterberuf ausübten, ist hier von einem BerÜN für den Schuster auszugehen.

Lapper – *Otten des Lappaͤr* (1366; RUB II, 660, Reg.). ▲ Nom. ag. auf *-er* zu mhd. *lappen, laffen* stV. ‚schlürfen, lecken‘ (Lexer, 1, Sp. 1834, Sp. 1812; vgl. mhd. *lappe* swM. ‚einfältiger Mensch, Laffe‘, Lexer, 1, Sp. 1833; Schmeller, 1, Sp. 1496: *Der Lapp* ‚blödsinnige, taubstumme Person‘, *lappen* ‚trinken mit der Zunge, wie der Hund; schlürfen; in kleinen Zügen trinken‘). ♣ PersÜN nach einem geistigen Merkmal, evtl. nach einer charakteristischen Art zu trinken.

Lässel – *Heinr. dez Laͤzzleins sun* (nach Weihnachten 1339; RUB I, 881); *umb Uͤllein den Lazzlein* (1346; RUB I, S. 757). ▲ Zu mhd. *laȥ* Adj. ‚matt, träge‘ + *-l*-Suffix (Lexer, 1, Sp. 1841f.; vgl. Schmeller, 1, Sp. 1504: *laß, läßig* ‚nicht angestrengt, unfleißig, träge‘). ♣ PersÜN nach einem charakterlichen Merkmal.

Leche – *Perhtoldus Lecho [...], Ulricus Lecho* (1287; RUB I, 144); *Perhtolt der Leche* (1290; RUB I, 151); *schaffe [...] der Lechinn [...] II lb* (1308; RUB I, 240); *nach*

[64] Dt. Übersetzung aus dem Anf. des 15. Jh.s.

[65] Or. Nürnberg, German. Museum.

Verzicht [...] Offemie dicte Leching (!) ([ca. 1295–1314]; RUB I, 300, Reg.);[66] *Ůlrich der Lech* (1317; RUB I, 346); *Heinr. Lechke* (1359; RUB II, 344); *Katrey die Lechinne* (1362; RUB II, 488, Reg.); *schaff [...] meiner swester tochter, der Lechynn zu dem heiligen Chraͤwtz, 2 lb* (1378; RUB II, 1216, Reg.). ▲ Nom. ag. auf (apokopiertes) *-e* (< ahd. *-o*) zu mhd. *lëchen* swV. ‚austrocknen, lechzen, verschmachten' (+ Movierungssuffix *-inne*) (Lexer, 1, Sp. 1849f.; vgl. Schmeller, 1, Sp. 1421 s. v. *lechen, lechnen, lechezen*; DWB, 12, Sp. 472: *Lecher* ‚Dürstender, Lechzender'). ♣ Mehrdeutiger PersÜN oder AkzÜN.

Lederl – *Ruͤger der Lederl* (1356; RUB II, 197, Reg.). ▲ Zu mhd. *lëder* stN. ‚Leder' + *-l*-Suffix (Lexer, 1, Sp. 1854). Der BN<BB *lederaͤr* (‚Gerber') ist im spätmittelalterlichen Regensburg bezeugt (s. Kohlheim: *Regensburger Beinamen,* S. 80f.). ♣ BerÜN für den Lederhersteller oder -verarbeiter. ⬍ Der Beruf des NT ist aus dem Kontext nicht ersichtlich.

Leerdennapf – *Ulraich der Lardennapf* (1340; RUB I, S. 771). ▲ ÜN in Satzform zu mhd. *læren* swV. ‚leer machen' + Artikel + mhd. *napf* stM. ‚hochfüßiges Trinkgefäß, Trinknapf, Speisenapf' (Lexer, 1, Sp. 1835; 2, Sp. 33f.). Als Appellativ ist *lærennapf* ‚leere den Napf' im *Renner* Hugos von Trimberg bezeugt: *swer trinket der ist ein lærennapf* (Lexer, 1, Sp. 1835). ♣ PersÜN nach einem charakteristischen Verhalten.

Leidel – *Fridel Laidel* (1370; RUB II, 906); *Nyclas Laidel* (ebd.). ▲ Zu mhd. *leit* Adj. ‚betrübend; böse; widerwärtig, unlieb, verhaßt' (Lexer, 1, Sp. 1871f.) oder zu mhd. *leide* stF. ‚Leid, Schmerz, Betrübnis' (Lexer, 1, Sp. 1863) + *-l*-Suffix. ♣ PersÜN nach einem charakterlichen Merkmal.

Leidgast – *der alt Laikast* (1278; RUB I, 117); *Ulrich Laykast* (ebd.). ▲ Zu mhd. *leit* Adj. ‚betrübend; böse; widerwärtig, unlieb, verhaßt' und mhd. *gast* stM. ‚Fremder, Gast', etwa ‚unlieber Gast' (Lexer, 1, Sp. 1871f., Sp. 742; so auch Schwarz: *Die Personennamengebung in Regensburg,* S. 22; zur Assimilation von >tg< zu >k< s. Kohlheim: *Regensburger Rufnamen,* S. 102; vgl. auch die komplementären ÜN *Liebgast* bei Bahlow, S. 312 s. v. *Leitgast* sowie *Lindegast* bei Hellfritzsch: *Personennamen Südwestsachsens,* S. 159). ♣ PersÜN. ⬍ Die von Nölle-Hornkamp: *Mittelalterliches Handwerk,* S. 615 vorgelegte Deutung obiger Regensburger Belege als BerÜN (zu mhd. *leie* stF. ‚Schieferstein, Platte' und mhd. *kaste* swM. ‚Kasten, Behälter', also ‚Behältnis zur Aufbewahrung oder Transport der Schieferplatten') für einen Dachdecker, der mit Schiefer deckte, ist nicht zuletzt deshalb wenig überzeugend, weil Regensburg nicht in einer Gegend liegt, wo Schiefer abgebaut wurde und der Transport dieses Materials vor dem 19. Jh. sehr kostspielig war. Gedeckt wurde im Mittelalter mit Stroh, Holzschindeln oder Ziegeln. – Aus dem Kontext von RUB I, 117 ist der Beruf der NT nicht zu erschließen.

Leihenwürfel – *Hirman Leihnwuͤrffel* (1370; RUB II, 906). ▲ ÜN in Satzform zu mhd. *līchen* swV. ‚eben, glatt machen, polieren' + Artikel + mhd. *würfel* stM. ‚Würfel' (Lexer, 1, Sp. 1898; 3, Sp. 1006): etwa ‚mach den Würfel glatt'. Der BN<BB *Wuͤrflær* (‚Würfelmacher') ist im spätmittelalterlichen Regensburg bezeugt (s. Kohlheim: *Regensburger Beinamen,* S. 146). In Nürnberg ist a. 1392 der ÜN *Leychenwürffel*

[66] Schenkungsbuch von Rohr, fol. 22'.

belegt (s. Scheffler-Erhard: *Alt-Nürnberger Namenbuch,* S. 205f.). ♣ BerÜN für den Würfelmacher. ⬍ Der Beruf des NT ist aus dem Kontext nicht ersichtlich.

Leinen – *der Hans Leinein* (1326; RUB I, 517); *Percht. Leynein* (1342; RUB I, 982). ▲ Zu mhd. *līnīn* Adj. ‚weich, schwächlich, träge' oder zu mhd. *līnīn* Adj. ‚leinen' bzw. substantivisch ‚leinenes Tuch' (Lexer, 1, Sp. 1927). ♣ PersÜN nach einem charakterlichen Merkmal oder BerÜN (Leinweber). ⬍ Der Beruf der NT ist aus dem Kontext nicht ersichtlich.

Leiner – *Nyclas Lainaͤr* (1370; RUB II, 906). ▲ Nom. ag. auf *-er* zu mhd. *leinen* swV. ‚lehnen; anwenden; sich zur Ruhe begeben; auflehnen; anschmiegen' (Lexer, 1, Sp. 1868f.; vgl. Schmeller, 1, Sp. 1477: *Der Lainer* ‚herumlehnender, träger Mensch'). ♣ PersÜN nach dem Verhalten (Trägheit).

Lichtrauch – *dez Lichtrochen sun* (1326; RUB I, S. 735); *Frid. dictum Liehtrucche* (1327; RUB I, 525; s. S. 778: Berichtigungen); *Jung Liehtroch* (nach 1334; RUB I, S. 731). ▲ Zu mhd. *lieht* stN. ‚einzelnes Licht, Kerze' und mhd. *rouch* stM. ‚Rauch' (Lexer, 1, Sp. 1906f.; 2, Sp. 512f.). ♣ BerÜN für den Hersteller/Verkäufer von Kerzen. ⬍ Der Beruf der NT ist aus dem Kontext nicht ersichtlich.

Listl – *Heinr. Listl* (1370; RUB II, 888). ▲ Zu mhd. *list* stM. ‚Weisheit, Klugheit, Schlauheit; weise, kluge, schlaue Absicht oder Handlung; Wissenschaft, Kunst; Zauberkunst' + *-l*-Suffix (Lexer, 1, Sp. 1936). ♣ PersÜN nach einem geistigen Merkmal.

Listmar – *Leůtwinus Listinar* ([12. Jh. Mitte]; RUB I, 28a).[67] ▲ Verschrieben für *Liutwinus Listmar* (1135; TE, Nr. 792). Zu mhd. *list* stM. ‚Weisheit, Klugheit, Schlauheit; weise, kluge, schlaue Absicht oder Handlung; Wissenschaft, Kunst; Zauberkunst' und mhd. *mære* Adj. ‚bekannt, berühmt' (Lexer, 1, Sp. 1936, Sp. 2045; vgl. Sp. 1937 *listerīche* Adj. ‚klug, kunstreich', Sp. 1938 *listsinnic* Adj. ‚klug, kunstreich'): etwa ‚klug, kunstberühmt' (vgl. auch Schwarz: *Die Personennamengebung in Regensburg,* S. 21). ♣ PersÜN nach einem geistigen Merkmal.

Löffel – *Albr. Loͤffel* (1371; RUB II, 939). ▲ Mhd. *leffel, löffel* stM. ‚Löffel', auch als Schelte verwendet (Lexer, 1, Sp. 1856, Sp. 1952).Vgl. DWB, 12, Sp. 1120 s. v. *Löffel:* „narr, thor, gauch u. ähnl., in der ältern schreibung *leffel,* weiterbildung von *laffe* [...]; ein früher zumal im oberdeutschen sprachgebiete geläufiges scheltwort: ineptum hominem vulgo vocant *ein läffel*"; FnhdWB, 9, Sp. 604 s. v. ^{2}*leffel,* ^{2}*löffel:* „zu ^{2}*laffe* und *laffen.* – In den Belegen mehrfach wortspielerischer Bezug auf ^{1}*leffel.*" Vgl. auch Hellfritzsch: *Personennamen Südwestsachsens,* S. 161 s. v. *Löffel.* Als Name eines Narren begegnet *Löffel* in einem Fastnachtspiel (Arndt: *Die Personennamen der deutschen Schauspiele,* S. 65). ♣ BerÜN für den Löffler oder PersÜN nach einem geistigen Merkmal. ⬍ Der Beruf des NT ist aus dem Kontext nicht ersichtlich.

Lohn – *Frid. Loͤn* (1370; RUB II, 906). ▲ Mhd. *lōn* stMN. ‚Lohn, Belohnung, Vergeltung; Fracht, Frachtgut' (Lexer, 1, Sp. 1953). Nach Schwarz: *Sudetendeutsche Familiennamen,* S. 196 kann dieser BN „für einen Taglöhner oder Fuhrmann stehen". ♣ Mehrdeutiger BerÜN. ⬍ Da der Name des hl. Apollonius im Regensburger RN-Inventar fehlt (vgl. Kohlheim: *Regensburger Rufnamen,* S. 58–63) und in der Namen-

[67] Schenkungsbuch des Klosters Rohr fol. 3'.

gebung Altbayerns und der Oberpfalz bis z. J. 1500 nur einmal im 15. Jh. nachzuweisen ist (vgl. Buchberger: *Beiträge zur Volkskunde,* S. 72), ist das Vorliegen eines BN<RN unwahrscheinlich. ⬍ Der Beruf des NT ist aus dem Kontext nicht ersichtlich.

Longus: → Lang.

Lösel – *Losel* (1326; RUB I, 509); *her Liebhart der Loͤsel* (1326; RUB I, 517); *verleiht [...] Agnesen der Loͤslinne* (1339; RUB I, 838, Reg.); *Chunr. Loͤsl* (1359; RUB II, S. 478); *des alten Loͤsleins chellnerin* (ebd.). ▲ Zu mhd. *lōs* Adj. ‚frei, ledig', übertragen ‚mutwillig, fröhlich, freundlich, anmutig; locker, leichtfertig; durchtrieben, verschlagen, frech' + *-l*-Suffix (+ Movierungssuffix *-inne*) (Lexer, 1, Sp. 1956). ♣ PersÜN nach einem charakterlichen Merkmal. ⬍ Gegen die Annahme eines BN<RN zu *Nikolaus* (vgl. Nied: *Heiligenverehrung und Namengebung,* S. 12) spricht das Fehlen dieser Kurzform im Regensburger RN-Inventar des Spätmittelalters (vgl. Kohlheim: *Regensburger Rufnamen,* S. 62f.).

Lösdennapf – *Ulr. der Losdennapf* (1340; RUB I, S. 776) = *Ulr. Losenapf* (1342; RUB I, 982); *Chunrat der Loͤsenapf* (1351; RUB II, 20) = *Chunr. Losenlapf* (1356; RUB II, 191); *der Losennapf* (1358; RUB II, 316) = *der Loͤsennapf* (1360; RUB II, 397) = *der Loͤsennapph* (1362; RUB II, 506); *der Loͤsennapfin Tochter* (1364; RUB II, 594, Reg.); *Di Losnappfinne* (1370; RUB II, 888). ▲ ÜN in Satzform zu mhd. *lœsen, lōsen* swV. ‚erlösen, befreien; mit Geld lösen, bezahlen für, loskaufen' + Artikel + mhd. *napf, naph* stM. ‚hochfüßiges Trinkgefäß, -napf, Speisenapf' (+ Movierungssuffix *-inne*) (Lexer, 1, Sp. 1958; 2, Sp. 33f.; Schmeller, 1, Sp. 1517: *„außlœsen Einen,* ä. Sp., im Gasthause für ihn bezahlen"): etwa ‚bezahle für den Napf'. Der BN *Lösennapf* ist auch a. 1369 in München belegt (Eitler: *Münchner Familiennamen,* S. 441). ♣ Mehrdeutiger PersÜN oder AkzÜN.

Lot – *hern Hansen dem Lot* (1356; RUB II, 201, Reg.). ▲ Mhd. *lōt* stN. ‚Blei, gießbares Metall; Metallgemisch zum Löten; aus Metall (Blei) gegossenes Gewicht' (Lexer, 1, Sp. 1961; zu *lot* als Gewicht s. RUB I, 315, 1282; RUB II, 1140; Eikenberg: *Das Handelshaus der Runtinger,* S. 286). ♣ Mehrdeutiger BerÜN. ⬍ Der Beruf des NT ist aus dem Kontext nicht ersichtlich.

Luscus: → Schiller.

M

Machenschalt – *umb Ulr. Machenschalt den pechenchneht* (1340; RUB I, S. 747). ▲ ÜN in Satzform zu mhd. *machen* swV. ‚machen' + Artikel + mhd. *schalt* stM. ‚Stoß, Schwung' (Lexer, 1, Sp. 2001ff.; 2, Sp. 646; vgl. DWB, 14, Sp. 2099 s. v. *Schalt*): ‚mach den Stoß'. ♣ BerÜN für einen Bäcker nach einem Arbeitsvorgang, dem Stoßen/Schieben der Brote in den Backofen. ⬍ Die Annahme eines BerÜN wird durch die Berufsangabe *pechenchneht* ‚Bäckergeselle' gestützt.

Macher – *Fridel Macher* (1326; RUB I, S. 735); *umb Seidlein den Mocher* (1343; RUB I, S. 752). ▲ Mhd. *macher* stM. ‚Macher, Bewirker, Schöpfer' (Lexer, 1, Sp. 2003, TWB, S. 132). Im Gegensatz zu Frankfurt a. M. (vgl. Bücher: *Die Berufe,* S. 11f.), wo Berufsnamenbildungen auf *-macher* häufig waren, ist im mittelalterlichen Regensburg lediglich *moltzmocher* (s. Kohlheim: *Regensburger Beinamen,* S. 88) zu belegen. Dies spricht gegen das Vorliegen eines verkürzten BerN. Linsberger: *Wiener*

Personennamen, S. 421 denkt bei *Macher* an einen ÜN „für einen tatkräftigen Menschen“. ♣ PersÜN, etwa für jemanden, der schöpferisch ist, etwas bewirkt.

Machsgescheid – *der Chunr. Maxeid, der Ott Maxeid* (1312; RUB I, 277); *Chunradus Maxeide* (1314; RUB I, 295); *Chunrat und Ott die Maxeiden* (1316; RUB I, 320); *Johans der Magseid* (1322; RUB I, 439, Reg.); *Ott Maxeit* (1326; RUB I, 509) = *Ott der Maxseide* (1329; RUB I, 573, Reg.) = *Ott der Magxeid* (1329; RUB I, 576) = *Ott der alt Magseyde* (1342; RUB I, 1006); *her Ott der Maxseyd* (1349; RUB I, 1237, Reg.); *der Machseid* (1355; RUB II, 133); *Chunr. Maxseyde* (1356; RUB II, 191) = *Chunr. Maxseid* (1356; RUB II, 221) = *Chůnr. Maxeyd* (1361; RUB II, 448). ▲ ÜN in Satzform zu mhd. *machen* swV. ‚machen‘, mhd. *ëȝ* Pron. ‚es‘ und mhd. *geschīde* Adj. ‚gescheit, schlau‘ (Lexer, 1, Sp. 2001ff., Sp. 717, Sp. 901f.; vgl. Schmeller, 2, Sp. 374: „*Gscheidə*’ Weis, auf vernünftige Art, im Ernst“): etwa ‚mach es gescheit‘. Die Formen *Maxeid/Maxeit* haben sich wohl über _*Machsgscheid_ > _*Machgscheid_ > *Magseid* entwickelt. Die Schreibung >gs< für >sch< (*figser* ‚Fischer‘, *rostaugser* ‚Roßtauscher‘) ist im *Wundenbuch* mehrmals belegt (s. hierzu Matzel/Riecke/Zipp, S. 247–250). Einen vergleichbaren Satznamen verzeichnet Schwarz: *Sudetendeutsche Familiennamen des 15. und 16. Jh.s*, S. 198: Die Belege *Machsfleiss, Maxflaß, Maxflaiß* werden als ‚mache es sorgfältig‘ aufgefasst und zu mhd. *vlīȝe* ‚eifrig, sorgfältig‘ gestellt. Hoffrichter: *Echonamen*, S. 122 sieht in Namen wie *Mach(s)gut(h)* und *Maxguth* Echonamen „nach Ausdrücken aus dem zwischenmenschlichen Umgangsbereich“, wie sie im heutigen „Mach’s gut!“ noch fortleben (S. 128). Vgl auch *Machsguth* a. 1428 in Schlesien (Brechenmacher, 2, S. 223). ♣ PersÜN nach einer Redensart.

Mädel – *Merwot der Moͤdel* (1339; RUB I, S. 738); *Ch. Medel* (1339; RUB I, S. 739).▲ Zu mhd. *made* swM. ‚Wurm, Verwesungswurm, Made‘, mhd. *medel* stN., Dim. zu *made*, ‚Würmchen‘ (Lexer, 1, Sp. 2004, Sp. 2068; vgl. Bahlow, S. 344 s. v. *Mödl*). Da unsere Belege Umlaut aufweisen, ist eine Ableitung von mhd. *model* stN. M. ‚Maß, Form, Vorbild, Modell‘ (Lexer, 1, Sp. 2193; Matzel/Riecke/Zipp, S. 208 s. v. *model* verzeichnen auch die Bedeutung ‚Backform, Gußform‘) unwahrscheinlich. ♣ PersÜN nach einem metaphorischen Vergleich.

Magerl – *Perhttolt der Maͤgerll der chrauter* (1339; RUB I, S. 739). ▲ Zu mhd. *mager* Adj. ‚mager‘ + *-l*-Suffix (Lexer, 1, Sp. 2007). ♣ PersÜN nach der äußeren Erscheinung.

Mai – *May der riemer* (1345; RUB I, S. 755). ▲ Mhd. *meie, meige* swM. ‚der Monat Mai; Maibaum‘ (Lexer, 1, Sp. 2072). Nach Grünert: *Die altenburgischen Personennamen,* S. 398 s. v. *Meye* kommt der ÜN möglicherweise „aus dem Bereich des mittelalterlichen Abgabewesens, aber auch die Feste und Bräuche können bei der Namengebung eine Rolle gespielt haben“. ♣ RelÜN, AkzÜN oder WN.

Maienblüt – *Heinr. der Mayenpluͤd der trager* (1325; RUB I, S. 732). ▲ Mhd. *meienbluot* stMF. ‚Maienblüte‘ (TWB, Nachtr., S. 426; vgl. DWB, 12, Sp. 1476 s. v. *Maienblüte*: „blüte, die im mai vorhanden ist, einzelne wie gesamtheit derselben“). Der ÜN *Maienblut* ist auch im spätmittelalterlichen Nürnberg bezeugt (Scheffler-Erhard: *Alt-Nürnberger Namenbuch*, S. 215f.). Der Name eines Ritters in einem Fastnachtspiel lautet *Maienplan*. Durch derartige Namen soll die Schönheit des NT mit „der Blumenpracht einer Aue im Frühling verglichen werden“ (Arndt: *Die Personennamen der deutschen Schauspiele,* S. 41), wie ja auch schon der von Pretzel in den

Nachträgen zum TWB beigebrachte Beleg metaphorisch auf etwas Schönes, Erfreuliches verweist: *daz mære wirt im ein meinbluot.* ♣ Metaphorischer PersÜN für einen schön aussehenden Menschen.

Mäntlein – *Ulr. im Mœntlein zimerman von Geisenvelt* (1346; RUB I, S. 758). ▲ Mhd. *mantellīn, mentellīn* stN. ‚Mäntelchen' (Lexer, 1, Sp. 2039; vgl. LexMA, VI, Sp. 203f.). ♣ PersÜN für den Mantelträger.

Maul – *Ulr. Maul* (1370; RUB II, 906). ▲ Mhd. *mūl* stN. ‚Maul, Mund' (Lexer, 1, Sp. 2220f.). ♣ PersÜN nach einem körperlichen Merkmal, evtl. auch für eine geschwätzige Person.

Meisterl – *umb Uͤllein den chursner den Maisterlein* (1340; RUB I, S. 745). ▲ Zu mhd. *meister* stM. ‚Meister, Handwerksmeister' + *-l*-Suffix (Lexer, 1, Sp. 2085). ♣ PersÜN oder Standesname. ⬍ Bei unserem Beleg lässt sich nicht eruieren, was der Namengeber mit dem *-l*-Suffix zum Ausdruck bringen wollte, etwa das jugendliche Alter des NT oder seine wohlwollende oder auch geringschätzige Haltung gegenüber dem Benannten (vgl. Bach: *Die deutschen Personennamen,* 1, §154).

Melder – *Albertus Meldær* (1287; RUB I, 144); *daz weilent der Meldern waz* (1325; RUB I, 481, Reg.); *der alt Meldaͤr* (1334; RUB I, 737), *dez Melders witib* (1336; RUB I, 770); *F. des Meldar aidem* (1340; RUB I, S. 765); *her Albrecht der Mellder* (1342; RUB I, 985, Reg.); *für hern Albrecht den Melldaͤr B. z. R.* (1348; RUB I, 1225, Reg.); *Ann Melderin* (1359; RUB II, S. 476). ▲ Mhd. *mëlde* stF. ‚Verrat, Angeberei, Verleumdung, Gerücht, allgemeines Gerede', mhd. *mëldære* stM. ‚Verräter, Angeber' (+ Movierungssuffix *-inne*) (Lexer, 1, Sp. 2093; vgl. Schmeller, 1, Sp. 1592: „*Die Melde,* ä. Sp., Angeberei, Verrath"). ♣ PersÜN nach dem Verhalten.

Metz – *der Metzz* (1371; RUB II, 964, Reg.). ▲ Mhd. *metze, mezze* swM. ‚kleineres Trocken- und Flüssigkeitsmaß, Metze' (Lexer, 1, Sp. 2127; zu *Metze* als Getreidemaß in Regensburg s. Eikenberg: *Das Handelshaus der Runtinger,* S. 286, als Flüssigkeitsmaß s. RUB I, 392). ♣ BerÜN für den Hersteller oder Benutzer. ⬍ Der Beruf des NT ist aus dem Kontext nicht ersichtlich.

Meutz – *Chunrat der Maͤutze B. z. R.* (1314; RUB I, 299, Reg.); *des Maͤutzen haus* (1323; RUB I, 460, Reg.); *Herman Maͤut* (1326; RUB I, 509) = *Herman Meutz* (1338; RUB I, 806) = *Herman Maͤutz* (1342; RUB I, 982) = *Herman dem Mœutzen* (RUB I, 1309a, Reg.);[68] *Ortlieb der Meuͤtz* (1351; RUB II, 9); *der Maͤutzz* (1354; RUB II, 125); *Herman der Maͤutzz* (1355; RUB II, 157); *Ortlieb Maͤutz* (1356; RUB II, 191) = *Ortlieb Mautz* (1357; RUB II, 246); *der Maͤutzin jartag* (1358; RUB II, S. 481); *der Meutzz* (1362; RUB II, 506). ▲ Mhd. *meutze,* Nbf. zu *mutsche* FM. ‚ein feineres Bäckerbrot?' (+ Movierungssuffix *-inne*) (TWB, S. 147; Lexer, 1, Sp. 2128, 2259f.). Im 14 Jh. sind die BN *Mevtz, Meutz* auch in Nürnberg belegt (Scheffler-Erhard: *Alt-Nürnberger Namenbuch,* S. 225). ♣ BerÜN für einen Bäcker. ⬍ Eine Beziehung der NT zum Bäckergewerbe ist aus dem Kontext nicht ersichtlich.

Minner – *Minnær* (1326; RUB I, 509); *Heinr. Minner* (ebd.); *der Minnerinn chneht* (1326; RUB I, S. 734); *Minnar* (1340; RUB I, S. 765); *Hainreich der alt Minnaͤr* (1355; RUB II, 133); *Margret Minnerin* (1359; RUB II, S. 476). ▲ Mhd. *minnære* stM.

[68] Undatiert; Kopie ca. 1357.

‚Liebender, Liebhaber, unkeuscher Mensch, Buhler, Hurer‘ (+ Movierungssuffix -*inne*) (Lexer, 1, Sp. 2144). ♣ PersÜN nach dem Verhalten.

Mischer – *Heinricus Mischêr* (1229; RUB I, 55); *Leo Muͤscher* (1312; RUB I, 274); *Tuͤnchel Muscher* (ebd.); *der Leo Muͤschaͤr* (1312; RUB I, 277) = *Leo Muschaͤr* (1320; RUB I, 386, Reg.); *Agnes Muͤscherin* (1359; RUB II, S. 477). ▲ Nom. ag. auf *-er* zu mhd. *mischen,* Nbf. *müschen, muschen* swV. ‚mischen, mengen, zusammensetzen, zusammenfügen‘ (+ Movierungssuffix *-inne*) (Lexer, 1, Sp. 2160; TWB, Nachtr., S. 428; Lexer, 3, Nachtr., Sp. 318 verzeichnet das Substantiv *mischer* stM., das im *Ackermann aus Böhmen*, 15. Jh., belegt ist). ♣ Mehrdeutiger BerÜN nach einem Arbeitsvorgang. ⬍ Der Beruf der NT ist aus dem Kontext nicht ersichtlich.

Mitis: → Senft.

Möltel – *Domus Heinr. des Moͤltel* (1370; RUB II, 888; s. RUB II, S. 663, Berichtigungen: „Moͤltel statt Moͤlterel“). ▲ Zu mhd. *molte* stswF., *molt* stM. ‚Staub, Erde, Erdboden‘ + *-l*-Suffix (Lexer, 1, Sp. 2195; vgl. Schmeller, 1, Sp. 1594: *„Der Molt, Molten, Molter; die Molt, Molten,* zu Mulm, Pulver Zerriebenes, besonders Erde, Staub“). ♣ Vieldeutiger BN: BerÜN nach einer mit Staub einhergehenden Berufstätigkeit, AkzÜN für jemanden, der schwer verwundet im Staub lag (s. Lexer, 1, Sp. 2195) oder WN (vgl. Brechenmacher, 2, S. 279). ⬍ Der Beruf des NT ist aus dem Kontext nicht ersichtlich.

Moltenschalk – *Chunrat der Moltenschalkch* (1365; RUB II, 646, Anm., Reg.). ▲ Zu mhd. *molte* stswF., *molt* stM. ‚Staub, Erde, Erdboden‘ und mhd. *schalc, schalch, schalk* stM. ‚Leibeigener, Knecht, Diener, Mensch von niedrigem Stand; Mensch von knechtischer, ungezogener Art; böser, ungetreuer, arg-, hinterlistiger, loser Mensch‘, fnhd. *schalk* ‚Bösewicht‘ (Lexer, 1, Sp. 2195; 2, Sp. 640f.; Götze, S. 184; vgl. Schmeller, 1, Sp. 1594: *„Der Molt, Molten, Molter; die Molt, Molten,* zu Mulm, Pulver Zerriebenes, besonders Erde, Staub“). ♣ Vieldeutiger PersÜN (vgl. → *Möltel*).

Mönch – *Lyebhart des Muͤnichs weingartten* (1366; RUB II, 692, Reg.). ▲ Mhd. *münech, münich* stM. ‚Mönch‘ (Lexer, 1, Sp. 2229f.). ♣ Mehrdeutiger RelÜN (Dienstverhältnis, frühere Zugehörigkeit zu einem Kloster, uneheliche Herkunft) oder auch PersÜN nach der Wesensart.

Möstel – *umb Chunr. den Moͤstlein* (1326; RUB I, S. 735) = *Chůnrat der Moͤstel* (1326; RUB I, S. 736) = *Ch. Mostel* (1348; RUB I, S. 761). ▲ Zu mhd. *most* stM. ‚Weinmost, Obstwein‘ + *-l*-Suffix (Lexer, 1, Sp. 2209f.). ♣ BerÜN für den Mostbereiter bzw. -wirt oder PersÜN nach dem Lieblingsgetränk. ⬍ Die NT übten nicht die zu erwartenden Berufe aus: *Albrecht der Moͤstel* war *tuchpraiter* (‚Tuchbereiter, -appretierer, -walker‘, s. RUB I, S. 747), zwei weitere NT, *Chůnrat der Moͤstel* (s. o.) und *Wernher Moͤstel* (RUB I, S. 748), waren möglicherweise auch im Textilgewerbe tätig.

Mühlich – *Chunr. Muͤleich* (1334; RUB I, 737); *der Mulaich* (1340; RUB I, S. 775); *des Muͤlaich swager* (ebd.); *Chunr. der Muͤlich* (1344; RUB I, 1056, Reg.) = *Chůnr. Můlich* (1358; RUB II, 316) = *Chunr. Mulich* (1359; RUB II, 344); *Christein di Muleichin* (1359; RUB II, S. 476); *Chunr. Můleich* (1360; RUB II, 397). ▲ Mhd. *müelich* Adj. ‚Mühe verursachend, beschwerlich, mühsam, lästig, schwer umgänglich‘ (+ Movierungssuffix *-inne*) (Lexer, 1, Sp. 2214; vgl. Skála: *Das Regensburger und das Prager Deutsch,* S. 91: „ein mulicher herre ‚mürrischer Herr‘“). ♣ PersÜN nach einem charakterlichen Merkmal.

Mund – *Fridr. mit dem munde* ([ca. 1180–83]; RUB I, 39a);[69] *in manus Friderici Ratisponensis cognomento Mundes* ([ca. 1180–83]; RUB I, 39b).[70] ▲ Mhd. *munt* stM. ‚Mund' (Lexer, 1, Sp. 2232ff.). ♣ PersÜN nach einem körperlichen Merkmal.

Mündel – *umb Chunr. den Mündel den trager* (1326; RUB I, S. 734). ▲ Zu mhd. *mündelīn, mündel* stN. ‚Mündchen' (Lexer, 1, Sp. 2228f.), kaum zu mhd. *munt* stMF. ‚Schutz, Bevormundung' + *-l*-Suffix (Lexer, 1, Sp. 2234). Gegen das Vorliegen eines BN<RN spricht das Fehlen einer solchen KF im Regensburger RN-Inventar des Spätmittelalters (vgl. Kohlheim: *Regensburger Rufnamen,* S. 29–45). Nhd. *Mündel* ‚der dem Schutz eines anderen befohlen ist' ist fernzuhalten, da dieses Wort aus dem Niederdeutschen und Friesischen vordrang; der oberdeutsche Term hierfür ist *Mündling* (DWB, 12, Sp. 2685, Sp. 2691; Schmeller, 1, Sp. 1624). ♣ PersÜN nach einem körperlichen Merkmal.

Murr – *Herman Murr under den schilttern* (1339; RUB I, S. 737). ▲ Rückbildung zu mhd. *murren* swV. ‚murren' (Lexer, 1, Sp. 2254; hiervon bair. *die Murren* ‚krummes, verdrießliches Maul', Schmeller, 1, Sp. 1642; nhd. *Murre* ‚krummes Gesicht', DWB, 12, Sp. 2723) oder zu mhd. *murr* Adj. ‚stumpf' in Bezug auf die Nase (Lexer, 1, Sp. 2254; TWB, Nachtr., S. 430: *murrot* Adj. ‚stumpfnasig'). ♣ Eher PersÜN für einen mürrischen Menschen als PersÜN nach einem körperlichen Merkmal (stumpfnasig).

Murrot – *umb den Murroten Ulr. den vischer* (1339; RUB I, S. 740). ▲ Mhd. *murrot* Adj. ‚stumpfnasig' (TWB, Nachtr., S. 430), vgl. daneben das nur als BN bezeugte Adjektiv *murrecht* ‚mürrisch' (Schwarz: *Sudetendeutsche Familiennamen,* S. 214), nhd. *murricht* ‚mürrisch' (DWB, 12, Sp. 2726). ♣ PersÜN nach einem körperlichen oder charakterlichen Merkmal.

Muskopf – *Chunradus Mûschoph* (1276; RUB I, 110, Reg.);[71] *gibt [...] Walthero Muschopfo* (1279; RUB I, 119, Reg.); *mariti mei C. Muscopfi* (1279; RUB I, 122);[72] *C. Muschopf* (ebd.); *bruder Walther dem Muschoppfe* (1308; RUB I, 240); *domum Waltheri Müschopfi* ([1295– 1324]; RUB I, 300, Reg.);[73] *Gozwin Mostchopf* (1317; RUB I, 344); *Ruger der Muzchopf* (1319; RUB I, 373); *Gozwein der Muschoph* (1320; RUB I, 386, Reg.);[74] *Perhtolt und Göswein di Moschöpf* (1324; RUB I, 474) = *her Perchtolt und her Göswein di Muschöpf* (1328; RUB I, 544) = *Perhtolt und Gözwein die Müschöpf* (1328; RUB I, 545); *Rudger Müschoph* (1328; RUB I, 552) = *Rüger der Müschopf* (1330; RUB I, 608); *Perhtolt der Mûschopf* (1330; RUB I, 609, Reg.); *Perhtolt und Göswein di Moschöpff* (1335; RUB I, 764); *her Perhtolt der Moschopf* (1341; RUB I, 964). ▲ Zu mhd. *muos* stN. ‚Essen, Mahlzeit, Speise, bes. breiartige Speise, Gemüse' und mhd. *kopf, koph* stM. ‚Trinkgefäß, Becher; Hirnschale, Kopf' (Lexer, 1, Sp. 2240, Sp. 1676). Nach DWB 11, Sp. 1745 konnte *kopf* im 14. Jh. das „gefäsz überhaupt" bezeichnen, sodass mit einem *muschopf* zunächst eine Schale oder Schüssel gemeint sein konnte, aus der das Mus, das als ärmliche Kost galt, gegessen

[69] Codex latinus Monacensis 21560 f. 79.

[70] Ebd.

[71] Kopie 14. Jh.

[72] Kopie 18. Jh.

[73] Schenkungsbuch von Rohr fol. 22'.

[74] Kopie 14. Jh.

wurde. So fassen Dammel/Schmuck: *Der Deutsche Familiennamenatlas,* S. 80 den niederdeutschen Namen *Moskopp* als von einer „Bezeichnung für Geschirr" abgeleiteten ÜN auf. Metonymisch konnte der ÜN dann für einen Menschen stehen, der sich hauptsächlich von Brei ernährte (vgl. Schmeller, 1, Sp. 1676: „*Der Mueser, [...]* junger Laffe, der gleichsam noch Brey ißt, sonst auch *Muesbauch, Muesfraß, Muesgesicht*"; DWB, 12, Sp. 2730 s. v. *Musbauch:* „schimpfwort für einen verzehrer ärmlicher kost: *der můszbauch, groszer fraasz der gemeinen kost*", 16. Jh.). Andererseits fand der Bedeutungswandel von *kopf* zu ‚Haupt' bereits seit mhd. Zeit statt; die frühesten Belege hierfür stammen sogar aus dem 11./12. Jh. (DWB, 11, Sp. 1747). Möglicherweise war also ein *Muskopf* jemand, dessen Kopf mit Mus statt mit Hirn gefüllt war. ♣ PersÜN für jemanden, dessen Hauptnahrung aus Brei bestand, vielleicht auch für einen jungen, unerfahrenen Menschen oder für einen Toren.

Musser – *Chunr. dez Musser haus* (1370; RUB II, 906). ▲ Nom. ag. auf *-er* zu mhd. *muoȝen* swV. ‚freie Zeit haben, zur Ruhe kommen', mhd. *muoȝe* stF. ‚Muße, Bequemlichkeit, Untätigkeit' (Lexer, 1, Sp. 2249) ♣ PersÜN nach dem Verhalten (Trägheit, Untätigkeit).

Müßigsbrot – *Dietel Mussigsprot* (1346; RUB I, S. 758). ▲ Zu mhd. *müeȝec, müeȝȝic* Adj. ‚Muße habend oder sich nehmend, unbeschäftigt, untätig, müßig' und mhd. *brōt* stN. ‚Brot' (Lexer, 1, Sp. 2216; Sp. 359f.; vgl. Bahlow, S. 351: „Müßigbrod: der sein Brot in Muße ißt"). ♣ PersÜN für einen wenig arbeitsamen Menschen.

N

Nagel – *Perchtolt Nagel der messar* (1353; RUB II, 88, Reg.). ▲ Mhd. *nagel* stM. ‚Nagel an Händen und Füßen; Nagel oder Schraube aus Holz oder Metall; Gewürznelke; ein Nürnberger Gewicht', fnhd. *nagel* auch ‚Bindehautentzündung, Flecken im Auge' (Lexer, 2, Sp. 15f.; Götze, S. 165); auch obszön für ‚Penis' (DWB, 13, Sp. 263). ♣ BerÜN bzw. PersÜN nach einem körperlichen Merkmal oder dem Verhalten. ◆ Die Berufsangabe *messar* ‚(städtischer) Getreidemesser, Meßbeamter' (Matzel/Riecke/Zipp, S. 205f.) spricht gegen die Auffassung unseres Belegs als BerÜN für den Nagelschmied. Dass *nagel* im Sinne von ‚ein Nürnberger Gewicht' die sprachliche Grundlage eines BerÜN für einen Getreidemesser darstellt, ist wenig wahrscheinlich. Möglicherweise liegt ein obszöner PersÜN vor, vgl. den folgenden Eintrag im *Gelben Stadtbuch* (RUB II, S. 496): *Der Nagel mezzer ist verpoten* [aus der Stadt verbannt], *er und sein slofweib* [Beischläferin], *ein gantzes jar; dez hat er gesworn.*

Nam(en)los – *Umb den Namloz* (1376; RUB II, S. 495). ▲ Mhd. *namelōs* Adj. ‚namenlos; wesenlos' (Lexer, 2, Sp. 32). In Breslau ist a. 1361 *Heinrich ane czunamen* belegt (Reichert: *Die deutschen Familiennamen nach Breslauer Quellen,* S. 43), ein Anzeichen dafür, dass ein BN dort um diese Zeit bereits die Regel war. Demgegenüber erscheint unser NT ohne RN, ist also lediglich unter dem BN *Namloz* bekannt. Offensichtlich hat er seinen *namen* verloren, d. h., er ist ohne Rang und Würde (vgl. Lexer, 2, Sp. 30f.: *name, nam* swM. auch ‚Rang, Würde, Stand allgem.'). ♣ PersÜN nach den Lebensumständen.

Napf – *Albl Napf* (1374; RUB II, S. 490). ▲ Mhd. *napf* stM. ‚hochfüssiges Trinkgefäss, Trinknapf, Speisenapf; (Regensburger) Flüssigkeitsmaß' (1/16 Eimer)' (Lexer, 2, Sp.

33f., Matzel/Riecke/Zipp, S. 214f.). ♣ BerÜN für den Hersteller. ⬍ Der Beruf des NT ist aus dem Kontext nicht ersichtlich.

Narrhähnel – *Narrhænel der protferchauffer* (1348; RUB I, S. 761). ▲ Zu mhd. *narren* swV. ‚knurren' und mhd. *han(e)* swM. ‚Hahn' + *-l*-Suffix (Lexer, 2, Sp.36; 1, Sp. 1164f.; vgl. auch → *Gurrhahn*). Ein Lexem *Narrhahn ist nicht belegt. Das DWB, 11, Sp. 1355 verzeichnet *Knarrhuhn* ‚Trompetenvogel'. Hierunter sind allerdings zwei Vogelarten bezeichnet, die aus Südamerika bzw. Nordafrika stammen (Krünitz, 188, S. 651-655). ♣ PersÜN nach einem metaphorischen Tiervergleich. ⬍ Da eine KF **Hænel* < *Johannes* im spätmittelalterlichen Regensburg nicht nachweisbar ist (vgl. Kohlheim: *Regensburger Rufnamen,* S. 58–63), ist ein Kompositum mit diesem RN nicht anzunehmen.

Naschet – *umb Woͤlfel Nachschad* (1340; RUB I, S. 748). ▲ Wohl eine Adjektivbildung zu mhd. *naschen* swM. ‚Leckerbissen genießen, naschen; verbotene Liebesfreuden genießen', vgl. mhd. *nascher* stM. ‚Näscher, bes. Ehebrecher, Wollüstling' (Lexer, 2, Sp. 37; Matzel/Riecke/Zipp, S. 248.). Die Schreibung >chsch< für mhd. >sch< findet sich auch bei dem Beleg *Vichschel* (vgl. oben → *Fischel*). ♣ PersÜN nach dem Verhalten.

Natterzagel – *der Naterzogel ir ruͤffian* (nach 1334; RUB I, S. 731). ▲ Mhd. *nāternzagel* stM. ‚Natterschwanz' (Lexer, 2, Sp. 40). ♣ Obszöner PersÜN nach einem bildlichen Vergleich. ⬍ Die Motivation des ÜN ergibt sich aus dem Beruf des Namensträgers: *ruͤffian* ‚Hurenwirt, Zuhälter'.

Naufahrt – *Ch. Nauvert* (1362; RUB II, 506). ▲ Mhd. *nouvart* stF. ‚die Fahrt stromabwärts, Talfahrt, der Fahrweg im Strom' (Lexer, 2, Sp. 117; vgl. Schmeller, 1, Sp. 3: „*Die Nâufart,* die Fahrt stromabwärts; Wasserfahrt überhaupt"). Eine weitere Bedeutung (‚Fischerkahn, Zille') ist von Matzel/Riecke/Zipp, S. 216 aus den Regensburger Ratsverordnungen (RUB I, S. 718) erschlossen worden. ♣ BerÜN für einen Schiffer, Flößer oder Fischer. ⬍ Der Beruf des NT ist aus dem Kontext nicht ersichtlich.

Nebelkrähe – *Wernel Nebelchra* (1346; RUB I, S. 758). ▲ Mhd. *nëbelkrā* swF. ‚Nebelkrähe' (Lexer, 2, Sp. 45; vgl. DWB, 13, Sp. 484: *Nebelkrähe* ‚die asch- oder nebelgraue Krähe'). ♣ PersÜN nach einem metaphorischen Vergleich für einen grauhaarigen Menschen.

Neidhard – *Ch. Neithart von Aystet* (1350; RUB II, S. 475). ▲ Mhd. *nīthart* ‚eine (von Neidhart oder nach seiner Art gedichtete) Tanzweise, Tanz; neidischer und missgünstiger Mensch; Teufel', fnhd. *neidhart* ‚der Neid in Person, Missgönner' (Lexer, 2, Sp. 87; Götze, S. 166; vgl. Schmeller, 1, Sp. 1727: „*Der Neidhart,* neidischer Mensch"). ♣ PersÜN nach einem charakterlichen Merkmal (Neid). ⬍ Zwar ist der RN *Nidhart* in TE mehrmals bezeugt (ab TE, Nr. 6, a. 791 bis TE, Nr. 947; a. 1180/81), doch spielt er in der spätmittelalterlichen RN-Gebung keine Rolle mehr. Lediglich die KF *Neydlein* ist für einen NT in der zweiten Hälfte des 14. Jh.s im RUB belegt (s. Kohlheim: *Regensburger Rufnamen,* S. 330, S. 398). Daher ist das Vorliegen eines BN<RN unwahrscheinlich.

Niemandsgenoss – *herren Perchtolden den Niemptzgenoz von Eglolfsheim* (1358; RUB II, 307) = *Perchtolt Niemtzgenoz* (1358; RUB II, 316) = *Perhtolt Niemtzgnos* (1359; RUB II, 329) = *Perchtolt Niemtzgenos* (1359; RUB II, S. 480) = *Perchtolt Niemptzgenos* (1360; RUB II, 397) = *her Perchtolt der Nyemantzgnoz* (1370; RUB II, 892, Reg.). ▲ Zu mhd. *nieman, niem(p)t* Pronominalsubstantiv ‚niemand' und mhd. *genōȥ* stwM. ‚Genosse, Gefährte' (Lexer, 2, Sp. 75f.; 1, Sp. 861f.; vgl. Brechenmacher, 2, S. 320: „Niemandsgnoß, ÜN des Ungeselligen"). ♣ PersÜN nach einem charakterlichen Merkmal (Ungeselligkeit).

Nießel – *Chunrat Niezzl, pader auf dem Graben* (1373; RUB II, 1027b, Reg.). ▲ Entweder zu mhd. *nieȥ* stM. ‚das Genießen, der Genuss' + *-l*-Suffix oder Nom. ag. auf *-el* (< ahd. *-ilo*) zu mhd. *nieȥ(ȥ)en* stV. ‚inne haben, gebrauchen, benutzen, genießen (bes. vom Liebesgenuss); als Nahrung brauchen, essen und trinken, verzehren' (Lexer, 2, Sp. 80f.; vgl. Schwarz, *Sudetendeutsche Familiennamen,* S. 321 s. v. *Nießel:* „Wohl = *Nießer* ‚Genießer'"). ♣ Mehrdeutiger PersÜN. ⬍ Das Vorliegen einer KF von *Dionysius* ist wegen der Seltenheit des RN in Altbayern und der Oberpfalz im 14./15. Jh. (Buchberger: *Beiträge zur Volkskunde,* S. 75) und seines Fehlens im Regensburger RN-Inventar des Spätmittelalters (vgl. Kohlheim: *Regensburger Rufnamen,* S. 58–63) unwahrscheinlich. Eine solche Ableitung lehnt auch Scheffler-Erhard: *Alt-Nürnberger Namenbuch*, S. 238 für die Nürnberger Belege *Niezel, Niezzel, Niessel* ab.

Niger: → Schwarz.

Nindertheimer – *Ludw. Niderntheimerium* (1321; RUB I, 411) = *Ludwico de Nindertheim* (1321; RUB I, 428)[75] = *herm Ludweig dem Nindertheimer* (1322; RUB I, 434) = *Der Ludwig von Nindertheim* (1324; RUB I, 466);[76] *Chunr. Ninndertheimer* (1326; RUB I, 509); *Ninnderthaimer* (1328, RUB I, 552); *Ninnderhaimer chramer* (ebd.); *Thomas der Ninderthaimer* (1330; RUB I, 608); *Chůnrat der Nynderthaimar* (1331; RUB I, 656, Reg.); *hern Ch. dez Ninderthaymer haus* (1333; RUB I, 711, Anm.); *auf irr tohter leib der Ninderthaimerinne* ([Vor 1336]; RUB I, 766); *Chunr. Nyndertheimer* (1338; RUB I, 806); *Heinrichen den Nyendertheimmer* (1341; RUB I, 975); *Ann die Nynderthaimerinn* (1350; RUB I, 1273, Reg.); *Elspet Nindertheimerin* (1359; RUB II, S. 476); *Thomlein dem Nynderthaymer 5 lb* (1361; RUB II, 407); *vermacht [...] der Nyndertheimerin [...] ½ lb* (1364; RUB II, 594, Reg.). ▲ Zu mhd. *niener, niender, nindert* Adv. ‚nirgend' und mhd. *heime* Adv. ‚zu Hause, daheim' + *-er*-Suffix (+ Movierungssuffix *-inne*) (Lexer, 2, Sp. 77; 1, Sp. 1216). Da *Nirgendheim* und *Nirgendsheim* auch noch bei Fischart und Rückert als spöttische Bezeichnungen für einen nicht Sesshaften, Heimatlosen gebraucht werden (DWB 13, Sp. 854, Sp. 855), ist Schwarz: *Die Personennamengebung in Regensburg,* S. 27 zuzustimmen, wenn er meint, es handle sich hierbei „nicht um einen bisher nicht nachgewiesenen, auch unglaubhaften Ortsnamen ‚Nirgendheim', sondern offenbar um einen Spottnamen ‚Nirgends daheim' für eine wanderlustige Familie, die auch in Budweis (1396 Jax Nindertheim) und Prag (1361 Henricus Nyndertheymer) auftritt." Ein weiterer Beleg, *nyenderhaimer gurtler* (a. 1393), stammt aus München (Eitler: *Münchner Familiennamen,* S. 116). ♣ PersÜN nach dem Verhalten.

Noll – *Andre Nöll* (1370; RUB II, 906). ▲ Zu bair. *der Nollen* ‚kurzer, dicker Mensch' (Schmeller, Sp. 1737; vgl. DWB, 11, Sp. 1467: „[...] östr. *ein knoll* oder *dicker noll* [...] von einem dicken, kurzen Menschen"). Vgl. Lexer, 2, Sp. 99: *nol* ‚mons Veneris'.

[75] Joseph Emler, Regesta diplomatica nec non epistolaria Bohemiae et Moraviae, Bd. 3, Prag 1890, 305 (nach Prager Stadtbuch).

[76] Ebd., 375 (nach Prager Stadtbuch).

♣ PersÜN nach der äußeren Gestalt (vgl. Scheffler-Erhard: *Alt-Nürnberger Namenbuch,* S. 238 s. v. *Noll*).

Notangst – *Ott Notangst* (1338; RUB I, 806); *bei dem Not-und-angst* (1339; RUB I, S. 740); *Dietreich Notundangst* (1358; RUB II, 316); *Perchtolt des Notongst* (†) *[...] Tochter* (1359; RUB II, 322, Reg.). ▲ Zusammenrückung aus mhd. *nōt* stF. ‚Drangsal, Mühe, Not' und mhd. *angest* stF., stM. ‚Bedrängnis, Angst, Furcht, Besorgnis' (Lexer, 2, Sp. 103f.; 1, Sp. 71; vgl. auch den BN *Angstundnot* a. 1493 in Freiburg im Üchtland bei Hoffrichter: *Echonamen,* S. 86). ♣ PersÜN nach einer Redensart, evtl. nach den Lebensumständen.

Notscherf – *Heinr. Notscherf* (1338; RUB I, 806); *di Notscherffynn* (1370; RUB II, 888); *die Niclin Notscherffin* (1370; RUB II, 890, Reg.); *der Notscherffinn swester* (1370; RUB II, 906); *dez Notscherff scheffart* (1374; RUB II, S. 489). ▲ Zu mhd. *nōt* stF. ‚Drangsal, Mühe, Not' und mhd. *schër(p)f* stN. ‚kleinste Münze, Scherflein' (+ Movierungssuffix *-inne*) (Lexer, 2, Sp. 103f., Sp. 711). Zwar erscheint *Scherf* als Münzbezeichnung weder im RUB noch in Eikenbergs Abhandlung über Regensburger Münzen, Maße und Gewichte (vgl. Eikenberg: *Das Handelshaus der Runtinger,* S. 272–293), doch zeigt unser Beleg einmal mehr, dass, entgegen früherer Meinung (vgl. Kluge/Mitzka, S. 644 s. v. *Scherflein*), das Wort auch im oberdeutschen Bereich bekannt war (vgl. auch → *Scherfbeutel*). Das Kompositum *Notscherf* ist bei Lexer und im DWB nicht nachgewiesen, doch stellt es sich neben *Nothgroschen, Nothpfennig* und *Nothschilling* und meint das für den Notfall zurückgelegte Geld, das *Nothgeld* (DWB, 13, Sp. 937f., Sp. 948, Sp. 950). Als ÜN dürfte es den in Sachen Finanzen besonnen handelnden Menschen bezeichnen. ♣ PersÜN für einen Sparsamen. ⬍ Die Deutung wird durch den wirtschaftlichen Aufstieg der *Notscherf* gestützt: Zunächst (1360; RUB II, 397) als *chramer* bezeugt, trieben sie in den 80er Jahren des 14. Jh.s bereits Handel donauabwärts und gehörten im 15. Jh. zu den bedeutenden Regensburger Geschlechtern (Morré: *Ratsverfassung und Patriziat in Regensburg,* S. 99).

Nüschel – *Eberhart der Nůschel* (1351; RUB II, 12. Reg.).[77] ▲ Mhd. *nusche* stswF., *nüschel* stM. ‚Spange, Schnalle, die den Mantel um den Hals festhält' (Lexer, 2, Sp. 122f.; vgl. Schmeller, 1, Sp. 1766: *„Die Nusche, Nuschel,* ä. Sp., fibula, Spange, Schnalle"). ♣ BerÜN für den Hersteller oder PersÜN für den Träger. ⬍ Der Beruf des NT ist aus dem Kontext nicht ersichtlich.

O

Obeinander – *umb Heinr. Obeinander* (1339; RUB I, S. 741). ▲ Zu mhd. *ob(e)* Präp. ‚über, oberhalb, auf' und mhd. *einander* ‚dem andern, einander' (Lexer, 2, Sp. 128ff.; 1, Sp. 521f.; vgl. DWB, 13, Sp. 1065: *obeinander* ‚über einander, zusammen, beisammen'). ♣ PersÜN nach einer Redensart (vgl. Scheffler-Erhard: *Alt-Nürnberger Namenbuch,* S. 241) oder WN nach der erhöhten Lage der Wohnstätte (vgl. Linsberger: *Wiener Personennamen,* S. 465).

[77] Kopie 15. Jh.

Öbsel – *Mårchel der Ôbsel* (1340; RUB I, S. 748). ▲ Zu mhd. *obeȥ* stN. ‚Baumfrucht, Obst' + *-l*-Suffix (Lexer, 2, Sp. 137). Der BN<BB *Obser* ist im 14. Jh. im RUB belegt (Kohlheim: *Regensburger Beinamen,* S. 92). ♣ BerÜN für einen Obstgärtner, Obsthändler oder PersÜN nach einer besonderen Vorliebe für Obst. ⬍ Der Beruf des NT ist aus dem Kontext nicht ersichtlich.

Ochs – *umb Ôrtlein den Ohssen den trager* (1326; RUB I, S. 733). ▲ Mhd. *ohse* swM. ‚Ochse' (Lexer, 2, Sp. 149). Vgl. DWB, 13, Sp. 1131: „da der *ochse* sprichwörtlich als grob und (wie kalb, kuh) als dumm gilt, so wird auch ein grober, dummer, tölpelhafter mensch *ochs* genannt". ♣ PersÜN nach einem groben Verhalten bzw. nach einem geistigen Merkmal (Dummheit) oder BerÜN (Bauer, Viehhändler). ⬍ Die Berufsangabe *trager* ‚Lastenträger' (vgl. Kohlheim: *Regensburger Beinamen,* S. 131) spricht eher für das Vorliegen eines ÜN für einen dummen oder groben Menschen.

Ofenwisch – *Fritz der ofenwisch der Sarburch* (1340; RUB I, S. 749). ▲ Mhd. *ovenwisch* stM. ‚Ofenwisch' (Lexer, 2, Sp. 195; vgl. DWB, , Sp. 1163: *Ofenwisch* ‚langstieliger Kehrwisch für den Backofen'). Der BN *Ofenwisch* ist auch im mittelalterlichen Nürnberg belegt (Scheffler-Erhard: *Alt-Nürnberger Namenbuch,* S. 243). ♣ PersÜN nach einem metaphorischen Vergleich oder BerÜN für einen Ofenheizer oder Bäcker. ⬍ Bei unserem Beleg handelt es sich um einen PersÜN. Der NT war ein Mitglied der Familie *Sarburch.* Dieses Geschlecht gehörte in der ersten Hälfte des 14. Jh.s „zu den angeseheneren Kaufleutefamilien der Stadt [...]. Der Name bezeichnet das [...] Gewerbe des Sarwürkers, d. h. des Waffenschmiedes schlechthin. [...] Das Gewerbe selbst hat im 14. Jahrhundert vielleicht nicht mehr gelebt [...], und die Träger des Namens haben es nicht mehr geübt, wie denn Nycla Sarburch 1342 als Kürschner nachzuweisen ist, auch sein Vater war schon Kürschner gewesen" (Heimpel: *Das Gewerbe der Stadt Regensburg*, S. 142; vgl. auch Kohlheim: *Regensburger Beinamen,* S. 110f.).

Öhrl – *Chunrat des Oerl* (1368; RUB II, 790a, Reg.). ▲ Mhd. *orelīn, œrelīn, œrel* stN., Dim. zu *ōre* stN., ‚Öhrchen' (Lexer, 2, Sp. 164). ♣ PersÜN nach einem körperlichen Merkmal.

P

Panzer – *Elsbetis uxor Rudgeri dicti Panzier* (1262; RUB I, 99). ▲ Mhd. *panzier, panzer* stN. ‚Panzer' (Lexer, 2, Sp. 202). ♣ BerÜN für den Hersteller oder PersÜN für den Träger. ⬍ Der Beruf des NT ist aus dem Kontext nicht ersichtlich.

Pappelkern – *Heinr. der sneider der Popelchern vor Purch* (1339; RUB I, S. 742). ▲ Zu mhd. *papele, papel* swF. ‚Malve' und mhd. *kërne, kërn* swstM. ‚Kern' (Lexer, 2, Sp. 203; 1, Sp. 1555f.; DWB, 13, Sp. 1443 zitiert Konrad von Megenberg: *malva haiȥt papel*). Die Malve oder Rosspappel wurde (ebenso wie der Holunder) vielseitig medizinisch verwendet (LexMA, V, Sp. 102f.; VI, Sp. 181). Vgl. auch die Zusammenstellung *holermûs und papelchern*, die in den *Erlauer Osterspielen* ein Salbenkrämer anpreist (Handschrift des 15. Jh.s, zitiert in DWB, 13, Sp. 1444 s. v. *Papelkern*). ♣ PersÜN, AkzÜN oder BerÜN (Apotheker). ⬍ Durch unseren Beleg (*Heinr. der sneider*) wird die Deutung als BerÜN nicht gestützt.

Parvus: → Klein.

Pauternel – *Jordan der Pauternel der chursner* (1326; RUB I, S. 734). ▲ Bei diesem einmaligen Beleg aus dem *Wundenbuch* ist die Etymologie unklar.

Pechlauerl – *deu Guffe huͤbscherinn und Wolfel Pechlurel ir ruͤffian* (nach 1334; RUB I, S. 731). ▲ Zu mhd. *bëch, pëch* stN. ‚Pech' und mhd. *lūre* swM. ‚schlauer, hinterlistiger Mensch', fnhd. *lauer* ‚Bösewicht, betrogener Schelm' + *-l*-Suffix (Lexer, 1, Sp. 137, Sp. 1990; Götze, S. 147; vgl. Schmeller, 1, Sp. 1499 s. v. *Der Laur, Lauer*). Der BN gehört zu der selten vertretenen Gruppe der Kopulativkomposita, „die sich z. T. noch nahe an die Determinativkomposita anlehnt, in denen das erste Glied zur Vergleichung dient" (Henzen: *Deutsche Wortbildung*, S. 78). Vgl. vom Typ her das Wort *Goldkäfer,* inhaltlich die *Pechmarie* aus dem Grimmschen Märchen *Frau Holle.* ♣ PersÜN für einen Menschen von dunkler Komplexion.

Pelz – *Hartwicus Peltz* (1242; RUB I, 67); *maister Chunrat der Pelitz* (1333; RUB I, 712). ▲ Mhd. *bellīʒ, belleʒ* stM., verkürzt *belz, pelz* ‚Pelz' (Lexer, 1, Sp. 174). Dass Pelze „sehr teuer und gewöhnlich den Wohlhabenden und Ratsherren vorbehalten" waren (Schwarz: *Sudetendeutsche Familiennamen,* S. 229), zeigt auch deren Erwähnung in Regensburger Testamenten aus dem 14. Jh. (vgl. RUB I, 240; RUB II, 364, 594, 1134). In den *Nürnberger Polizeiordnungen* (12.–15. Jh.) „wird das Tragen allzu teuren Pelzwerks gerügt" (Scheffler-Erhard: *Alt-Nürnberger Namenbuch,* S. 55). ♣ BerÜN für den Kürschner oder PersÜN nach der Kleidung. ♦ Der Beruf des ersten NT ist unbekannt, der zweite NT, *maister Chunrat der Pelitz,* war kein Kürschner, sondern nach dem Kontext von RUB I, 712 ein Steinmetz.

Pfaff – *her Heinrich der Pfoff* (1300; RUB I, 196); *Marchart Pfaff* (1348; RUB I, S. 761).[78] ▲ Mhd. *phaffe, pfaff(e)* swM. ‚Geistlicher, Weltgeistlicher, Priester allgem.' (Lexer, 2, Sp. 220). ♣ RelÜN, der auf Beziehungen zu einem Geistlichen oder zur Kirche (etwa entlaufener Priester, unehelicher Sohn eines Geistlichen, zinspflichtiger Bauer) zurückgeht.

Pfäffel – *umb Haintzel den Pfaͤfflein* (1339; RUB I, S. 743); *Pfaͤffel schreiber* (1340; RUB I, S. 748); *Frid. der Pfaffel* (1342; RUB I, S. 750). ▲ Mhd. *pheffelīn* stN., Dim. zu *phaffe, pfaff(e)* (→ *Pfaff*).

Pfannenstiel – *des Pfonstiles aydem* (1336; RUB I, 778). ▲ Mhd. *phannenstil* stM. ‚Pfannenstiel', auch Flurname (Lexer, 2, Sp. 226; 3, Nachtr., Sp. 338), fnhd. *pfannenstil* ‚Schwanzmeise' (Götze, S. 31; vgl. DWB, 13, Sp. 1617; Schmeller, 1, Sp. 428). ♣ BerÜN (Pfannenschmied, Koch), PersÜN oder WN. ♦ Der Beruf des NT ist aus dem Kontext nicht ersichtlich.

Pfarrel – *dez Pfaͤrrlein aidem* (1340; RUB I, S. 749). ▲ Mhd. *pharre* swM. ‚Pfarrer' + *-l*-Suffix (Lexer, 2, Sp. 228f.). ♣ RelÜN, der auf Beziehungen zu einem Pfarrer hinweist.

Pfau – *Chůnrat der Pfawe* (1327; RUB I, 527); *der Pfob* (1338; RUB I, 806). ▲ Mhd. *phāwe, phā* swM., Nbf. *pfāw(e)* ‚Pfau' (Lexer, 2, Sp. 231). Vgl. DWB, 13, Sp. 1627: „oft vergleichend [...] in bezug auf die schönheit und reinlichkeit sowie auf den stolz, die hoffart und eitelkeit des pfauen, die durch einen einzigen blick auf seine häszlichen beine gedemütigt werden kann." ♣ PersÜN nach einem metaphorischen Vergleich.

[78] Hs.: fpaff.

Pfeffer – *Piper* (1287; RUB I, 144); *deu iezů auf der Pfefferinn vor prukke leib stet* (1324; RUB I, 475); *Chunrat der Pfeffer* (1330; RUB I, 608); *Chuͤnr. Pfoͤffer* (1358; RUB II, 316) = *Chuͤnr. Pfeffer* (1359; RUB II, 329) = *Ch. Pfoffer* (1361; RUB II, 448). ▲ Mhd. *phëffer* stM. ‚Pfeffer, Pfefferbrühe' (Lexer, 2, Sp. 232f.), fnhd. *pfeffer* ‚gewürzte Sauce' (+ Movierungssuffix *-inne*) (Götze, S. 31). ♣ Mehrdeutiger BerÜN (Pfefferhändler, Gewürzkrämer, Koch, Gastwirt/Kellner) bzw. PersÜN nach dem Lieblingsgewürz oder auch für einen Menschen mit bissigem Charakter. ⬍ Ein BerÜN liegt wohl bei *Ulr. Pfeffer* (1346; RUB I, S. 758) vor, der *uftrager* (‚Diener, Wirt oder Kellner in einem Gasthaus', s. Kohlheim: *Regensburger Beinamen,* S. 38; Matzel/Riecke/Zipp, S. 316) von Beruf war. Der ÜN dürfte eine Anspielung auf das Auftragen stark gewürzter Speisen enthalten. Der Beruf der übrigen NT konnte z. T. nicht ermittelt werden (vgl. RUB I, 144, 608, RUB II, 316, 329), z. T. handelte es sich um Fischer (RUB I, S. 758), um einen Diener (RUB II, 906) bzw. um die Inhaberin der *padstuben vor prukke* (RUB I, 475).

Pinapt – *umb Ulr. dez Pinaptz sun* (1326; RUB I, S. 735). ▲ Bei diesem einmaligen Beleg aus dem *Wundenbuch* ist die Etymologie unklar.

Piper: → Pfeffer.

Plättel – *Ewerhart Plœttel* (1348; RUB I, S. 760). ▲ Zu mhd. *blate, plate* swF. ‚Platte, eiserne Brustbedeckung, Mann in Brustharnisch; geschorene Glatze der Geistlichen und dann geradezu Geistlicher, Mönch' + *-l*-Suffix (Lexer, 1, Sp. 299). ♣ BerÜN oder PersÜN. ⬍ Bei unserem Beleg kann es sich um einen BerÜN für den Hersteller des Plattenpanzers handeln, da der NT zusammen mit *Hnr. smit* als Bürge im *Wundenbuch* auftritt. Die BN<BB *plotner, plattensloher* und *plattensmit* sind ebenfalls im 14. Jh. im RUB bezeugt (s. Kohlheim: *Regensburger Beinamen,* S. 99).

Pleuel: → Bleuel.

Ploderl – *Ottel der Ploderl der trager an der Prunlait* (1340; RUB I, S. 746); *umb Ewerlein den stainmaizzel den Ploͤderlein* (1348; RUB I, S. 760). ▲ Rückbildung zu mhd. *blōdern, plōdern* swV. ‚rauschen, plaudern, ausplaudern' (TWB, S. 23), fnhd. *ploderen* ‚ein Geräusch machen, schwatzen, brummen', fnhd. *ploderer* ‚Schwätzer' + *-l*-Suffix (Götze, S. 36; vgl. auch DWB, 13, Sp. 1927: *Plauder* f. ‚das Plaudern'). Stark flektierte Formen von Adjektiven sind unter den Regensburger ÜN sehr selten, sodass bei einer Ableitung von mhd. *blœde* Adj. ‚zerbrechlich, schwach, zart, zaghaft' (TWB, S. 23) + *-l*-Suffix die Formen **Plodel/Ploͤdel* zu erwarten gewesen wären. Der BN *Ploderlinus* ist bei Schwarz: *Sudetendeutsche Familiennamen des 15. und 16. Jh.s,* S. 58 belegt. ♣ PersÜN nach dem Verhalten (Geschwätzigkeit).

Pochner – *der Pochner* (1334; RUB I, 737); *Pachner* (1342; RUB I, 982); *der Pochnerinn sun* (1371; RUB II, 939). ▲ Nom. ag. auf *-er* zu mhd. *bochen* swV. ‚pochen, trotzen', fnhd. *pocher* ‚Schmäher, Prahler' (+ Movierungssuffix *-inne*) (Lexer, 1, Sp. 320; FnhdWB, 4, Sp. 707). ♣ PersÜN nach dem Verhalten (Prahlerei).

Pollex: → Daum.

Polster – *F. Polster* (1242; RUB I, 67). ▲ Mhd. *bolster, polster* stM. ‚Polster' (Lexer, 1, Sp. 324.) Vgl. Matzel/Riecke/Zipp, die mehrere Komposita mit *-polster* verzeichnen: *pankpolster* ‚Sitzkissen für die Bank' (S. 27), *parchant polster* ‚mit Barchant bezogenes Kissen' (S. 29), *hauppolster* ‚Kopfkissen' (S. 137), *seydenpolster* ‚mit Seide bespanntes Kissen, Polster' (S. 277). ♣ BerÜN für den Hersteller. ⬍ Der Beruf des NT ist aus dem Kontext nicht ersichtlich.

Porrum – *et delegavit eandem aream manu Gotfridi Porri* ([ca. 1170]; RUB I, 37).[79] ▲ Zu lat. *porrum,* mhd. *phorre, porre* swM. ‚Lauch, Porree‘ (Lexer, 2, Sp. 260; vgl. Schmeller, 1, Sp. 403: „*Der Porri, Pori,* Lauch, allium porrum L.“; Bahlow, S. 390 verzeichnet den FN *Porr*). ♣ BerÜN für einen Gärtner/Gemüsehändler oder PersÜN nach der Lieblingsspeise. ⬍ Der Beruf des NT ist aus dem Kontext nicht ersichtlich.

Pranger – *der Pranger* (1342; RUB I, 982). ▲ Nom. ag. auf *-er* zu mhd. *brangen, prangen* swV. ‚prangen, prahlen, sich zieren‘ (Lexer, 1, Sp. 340; vgl. auch fnhd. *prangen* ‚Luxus treiben, stolz daherziehen‘, Götze, S. 39; Schmeller, 1, Sp. 469: „*prangen* [...] geschmückt, geziert seyn, besonders bey feyerlichen Anlässen, Hochzeiten [...]“; DWB, 13, Sp. 2067: *Pranger* ‚ostentator, jactator‘). ♣ PersÜN nach dem Verhalten (Prahlerei, Angeberei).

Prügel – *Heintzel Pruͤgel* (1360; RUB II, S. 483). ▲ Mhd. *brügel* stM. ‚Prügel, Knüttel‘ (Lexer, 1, Sp. 365). ♣ PersÜN nach dem groben Wesen und Verhalten oder BerÜN. ⬍ Aus dem Kontext von RUB II, S. 483 geht hervor, dass der NT als Wächter *hintz dem purchtor datz sand Jacob* tätig war.

R

Räckel – *Ulricus Ræckel* (1248; RUB I, 73); *Herman der Raͤkkel* (1330; RUB I, 608). ▲ Zu mhd. *rac* Adj. ‚straff, gespannt, steif‘, aber auch ‚rege, beweglich, los, frei‘ + *-l*-Suffix (Lexer, 2, Sp. 331; vgl. auch Schmeller, 2, Sp. 41: „*Der Rácker* [...] Benennung einer sich aus Habsucht abquälenden Person, [...] *sich ráckern,* sich durch niedrige Arbeit quälen, abmühen, schinden“) oder zu dem in TE häufig vorkommenden RN *Racco* (Erstbeleg TE, Nr. 73; [ca. 900], letzter Beleg TE, Nr. 799; [1138–42], insgesamt 25mal bezeugt). ♣ Mehrdeutiger PersÜN oder BN<RN.

Raidel – *umb Hnr. Raitlæn den schroder* (1347; RUB I, S. 759). ▲ Zu mhd. *reit, -des* Adj. ‚gedreht, gekräuselt, lockig‘ + *-l*-Suffix (Lexer, 2, Sp. 397; vgl. Schmeller, 2, Sp. 53: *raideln* ‚die Haare drehen, kräuseln, crispare‘, *raid* ‚crispus‘). Brechenmacher, 2, S. 367 verzeichnet die FN *Raid/Raidt* und *Raidle(in)*, Kunze, S. 141 u. a. kennen die FN *Reithaar, Reid(t), Reide.* ♣ PersÜN nach einem äußerlichen Merkmal.

Rand – *Ch. Raͤnt* (1371; RUB II, 939). ▲ Zu mhd. *rant* stM. ‚Einfassung, Rand, Schild‘ (Lexer, 2, Sp. 342; Schmeller, 2, Sp. 117 s. v. *Der Rand*; vgl. Bahlow, S. 406 s. v. *Randt*) oder zu mhd. *rënte* ‚Einkünfte, Ertrag, Vorteil, Gewinn‘ (Lexer, 2, Sp. 406; vgl. Schmeller, 2, Sp. 125: *Die Ränt* ‚Einkünfte von Grundstücken‘). Möglicherweise auch WN (vgl. Linsberger: *Wiener Personennamen*, S. 478). Das seltene Vorkommen von *Herrant,* der einzigen mit dem Stamm *-rant* gebildeten VF im Regensburger RN-Inventar, sowie das Fehlen von KF (vgl. Kohlheim: *Regensburger Rufnamen,* S. 38, S. 397) sprechen gegen das Vorliegen eines BN<RN. ♣ Mehrdeutiger ÜN: BerÜN für den Schildmacher, PersÜN für den Schildträger bzw. einen wohlhabenden Menschen (Bezieher von Einkünften) oder WN nach der Lage des Wohnsitzes. ⬍ Der Beruf des NT ist aus dem Kontext nicht ersichtlich.

Räschel – *Peter Raͤschel* (1342; RUB I, S. 750) = *Peter Regzzel* (1348; RUB I, S. 762). ▲ Zu mhd. *rasch* Adj. ‚schnell, hurtig, gewandt, kräftig‘ + *-l*-Suffix (Lexer, 2, Sp.

[79] Schenkungsbuch des Klosters Rohr fol. 8’.

343; zur Schreibung >gzz< für >sch< s. Matzel/Riecke/Zipp, S. 248). ♣ PersÜN nach dem Verhalten.

Ratgeb – *Perchtolt Radgeb von Saltzburch* (1350; RUB II, S. 474). ▲ Mhd. *rātgëbe* swM. ‚Ratgeber' (Lexer, 2, Sp. 349f.). Mit Brechenmacher, 2, S. 374 sind die FN *Ratgeb(er), Rathgeb(er)* im Sinne von ‚Berater, Helfer' aufzufassen. ♣ PersÜN.

Ratz – *Uͤll der Ratz* (1342; RUB I, S. 750). ▲ Mhd. *ratz, ratze* swM. ‚Ratte' (Lexer, 2, Sp. 353). Nach DWB, 14, Sp. 208f. bezeichnet *Ratz* auch andere Tiere wie die Haselmaus und den Iltis und erscheint in Redensarten wie *stehlen, schlafen, spielen wie ein Ratz* (vgl. auch Schmeller, 2, Sp. 193 s. v. *Der Ratz*). ♣ Mehrdeutiger PersÜN nach einem metaphorischen Vergleich. ⬍ Gegen die Annahme eines BN<RN (vgl. Scheffler-Erhard; *Alt-Nürnberger Namenbuch,* S. 247; Heintze-Cascorbi, S. 397 s. v. RÊDAS; Brechenmacher, 2, S. 375) spricht das Fehlen dieser Kurzform im Regensburger RN-Inventar des Spätmittelalters (vgl. Kohlheim: *Regensburger Rufnamen,* S. 29–45).

Rauber – *umb Nycla den Rauber* (1339; RUB I, S. 739). ▲ Mhd. *roubære, röubære, -er,* Nbf. *rauber* stM. ‚Räuber' (Lexer, 2, Sp. 510f.; vgl. Brechenmacher, 2, S. 376: „[...] so mag auch unser R[äuber] öfters den Sinn von ‚Beutemacher, gelegentlicher Schnapphahn' haben") oder (seltener) denominale Ableitung mit *-er*-Suffix von mhd. *roup, -bes, roub* ‚Ernte eines Feldes' (Lexer, 2, Sp. 516; vgl. ebenda: *er hāt die nächsten sechs jār die nutz und raub dar ab;* Schmeller, 2, Sp. 5: „*Der Râub [...]* Der Bestand eines Feldes an Früchten, die darauf eingeärntet werden können, oder eingeärntet sind"; Scheffler-Erhard: *Alt-Nürnberger Namenbuch,* S. 247f., Kohlheim, S. 529; Linsberger: *Wiener Personennamen,* S. 480). ♣ AkzÜN oder BerÜN für einen Bauern.

Rauch – *der Rauch* (1338; RUB I, 806); *Chunr. dez Rauchen pruder* (1339; RUB I, S. 741); *daz haus, daz etwenn dez Rauhen waz* (1359; RUB II, 322, Reg.). ▲ Zu mhd. *rūch* Adj. ‚haarig, struppig, zottig; rauh, wirsch, ungebildet' (Lexer, 2, Sp. 519f.), zu mhd. *riuhe, rūhe, rauch(e)* stF. ‚Pelzwerk' oder zu mhd. *rouch* stM. ‚Dampf, Dunst', übertragen ‚Feuerstelle, eigener Herd', ‚die vom Herd, Haus zu entrichtende Abgabe'. (Lexer, 2, Sp. 469; Sp. 512f.; Matzel/Riecke/Zipp, S. 244). ♣ Mehrdeutiger BN: PersÜN nach dem Aussehen oder Verhalten; BerÜN für den Kürschner oder PersÜN für den Träger eines Pelzes; BerÜN für den Schmied oder RelÜN nach einer Abgabe.

Raufer – *her Chunrat der Raͤuffaͤr* (1356; RUB II, 197, Reg.). ▲ Nom. ag. auf *-er* zu mhd. *roufen* swV. ‚raufen, ausreißen (bes. Haare), zücken' (Lexer, 2, Sp. 515; vgl. Schmeller, 2, Sp. 65 s. v. *râuffen:* „Statt des hchd. *sich raufen* (mit Einem) sagt der Dialekt blos *râuffen*, handgemein werden mit Einem [...]"; vgl. DWB, 14, Sp. 261 s. v. *Raufer*). ♣ PersÜN nach dem rauflustigen Verhalten.

Räumschäubel – *umb Haintzlein dem Raͤumschaupplein den chrauter* (1339; RUB I, S. 741). ▲ ÜN in Satzform zu mhd. *rūmen* swV. ‚räumen, auf-, wegräumen' und mhd. *schoup, schoub,* Nbf. *schaup* stM. ‚Bündel, bes. Strohbund' + *-l*-Suffix (Lexer, 2, Sp. 535f., Sp. 775f.): etwa ‚räum das Schäublein'. ♣ BerÜN für einen Dachdecker oder Bauern. ⬍ Letzterer Deutungsansatz wird durch die Berufsangabe (*chrauter* ‚Gemüsebauer', vgl. Matzel/Riecke/Zipp, S. 178) gestützt.

Rauscher – *Rauscher* (1362; RUB II, 507, Reg.); *Katerey Rauscherinn* (1370; RUB II, 906). ▲ Nom. ag. auf *-er* zu mhd. *rūschen, riuschen* swV. ‚Geräusch machen, rauschen, brausen, prasseln; eilig und mit Geräusch sich bewegen (bes. zu Pferde oder

Schiff), sausen, stürmen; flitzen' (+ Movierungssuffix *-inne*) (Lexer, 2, Sp. 555f.; TWB, Nachtr., S. 440). ♣ PersÜN nach dem Verhalten.

Rebstock – *Heinr. Rebstock* (1334; RUB I, 737); *[...] schaff [...] der Rebstöchin und iren chinden 2 lb* (1350; RUB I, 1286); *der Rebstokch* (1356; RUB II, 191). ▲ Mhd. *rëbestoc* stM. ‚Rebstock' (+ Movierungssuffix *-inne*) (Lexer, 2, Sp. 357). ♣ BerÜN für den Winzer. ⬍ In der Zeugenreihe von RUB I, 737 wird *Heinr. Rebstock* unter den *chüffern* aufgeführt.

Reich – *Hermannus cognomine Riche* (1237; RUB I, 62); *Hermannus Dives* (1314; RUB I, 295) = *Herman der Reich* (1316; RUB I, 318); *ver Chunegûnt di Reichinne* (1316; RUB I, 323); *herm Götfriden dem Reychen* (1324; RUB I, 467, Reg.) = *Gotfrit der Reiche* (1324; RUB I, 475) = *der Gotfrid der Raich* (1340; RUB I, S. 766); *[...] schaff [...] der Reychinne meinen vergulten chopf* (1341; RUB I, 960); *der Reichinn teiding* (1355; RUB II, 160); *di Reichin* (1356; RUB II, 193); *der Reychynn maltzhaus* (1366; RUB II, 662, Reg.); *der Reychinn Stadel* (1366; RUB II, 694, Reg.). ▲ Mhd. *rīch(e)* Adj. ‚von hoher Abkunft, vornehm, edel, mächtig, reich' (+ Movierungssuffix *-inne*) (Lexer, 2, Sp. 416f.). ♣ PersÜN nach den Vermögensverhältnissen. ⬍ Diese Deutung wird durch die Untersuchung von Morré: *Ratsverfassung und Patriziat in Regensburg,* S. 55, S. 84f. gestützt: „Die Reich sind, ihrem Namen Ehre machend, in der Tat bis in die zweite Hälfte des 14. Jahrhunderts die reichste Familie des Regensburger Patriziats gewesen."

Reider – *Ch. der Ryder* ([ca. 1342?]; RUB I, 1019, Reg.).[80] ▲ Nom. ag. auf *-er* zu mhd. *rīden* swV., stV? ‚zittern' oder zu mhd. *rīden* stV. ‚winden, durchwinden, durchseihen; drehen, wenden' (Lexer, 2, Sp. 422f.; vgl. Schmeller, 2, Sp. 58: *„reiden,* (ä. Sp.) wenden, drehen, flechten; [...] durchwinden, durchseihen"). ♣ PersÜN nach einem äußerlichen Merkmal oder mehrdeutiger BerÜN nach einem Arbeitsvorgang. ⬍ Der Beruf des NT ist aus dem Kontext nicht ersichtlich.

Reif – *Albrecht der Reiffe, mangmeister ze R.* (1363; RUB II, 528, Reg.). ▲ Mhd. *reif* stM. ‚Seil, Strick; Band, Fessel; Fassreifen (auch als Zeichen des Weinausschanks); Längenmaß für Tuch' (Lexer, 2, Sp. 387; vgl. DWB, 14, Sp. 620: „auch oberdeutsch war *der reif* als längenmasz von zehn ellen im gebrauch"). ♣ Mehrdeutiger BerÜN (etwa Seiler, Fassbinder, Weinschenk, Tuchmesser). ⬍ Die Tätigkeit des NT als *mangmeister*, d. h. als Vorstand des Manghauses, wo sich die Maschine zum Glätten der Weberwaren befand, lässt an einen BerÜN aus dem Textilgewerbe (vgl. mhd. *līnwātreifer* stM. ‚der die Leinwand mit dem Reif misst', Lexer, 1, Sp. 1929) denken.

Reiher – *Irmgart Raigrinn* (1370; RUB II, 906). ▲ Mhd. *reiger* stM. ‚Reiher' + Movierungssuffix *-inne* (Lexer, 2, Sp. 388; vgl. DWB, 14, Sp. 658: „der *reiher* wurde mit stoszvögeln gejagt und zu diesem zwecke bisweilen besonders gehegt im sogenannten *reigerhalter* [...]. das fleisch des reihers wurde gern gegessen, galt sogar als vornehmes gericht"). ♣ Mehrdeutiger ÜN: BerÜN für einen Jäger, PersÜN nach der Lieblingsspeise oder AkzÜN.

Reiter – *umb Chunrat den Raitter den pechen* (1325; RUB I, S. 732); *umb Ulr. Reytter den pechen* (1346; RUB I, S. 758). ▲ Mhd. *rīter* swF. ‚Sieb', fnhd. *reiter* ‚Sieb' (Lexer, 2, Sp. 465; Götze, S. 176; vgl. Schmeller, 2, Sp. 179f.: *„Die Reiter* [...] das

[80] Gleichzeitige Kopie oder Konzept (?).

Sieb […]. Gewöhnlich wird die *Reiter* als eine Vorrichtung gröberer Art vom *Sib* als feinerer unterschieden"). ♣ BerÜN für den Hersteller oder Benutzer. ⬍ Die Berufsangabe (*pech* ,Bäcker') bei unseren Belegen stützt die Annahme eines BerÜN für den Benutzer.

Reitochs – *Reydachs schuster* (1362; RUB II, 506); *Chunr. Reidasch* (1370; RUB II, 888). ▲ Mhd. *rītohse,* Nbf. *reith-, reidochse* swM. ,Zuchtstier', mhd. *asche,* Nbf. zu *ohse* swM. ,Ochse' (Lexer, 2, Sp. 467, Sp. 149; vgl. DWB, 14, Sp. 789). ♣ Metonymischer BerÜN für einen Bauern/Viehhändler oder PersÜN nach einem metaphorischen Vergleich. ⬍ Aufgrund der Berufsangabe (*schuster*) ist bei dem ersten NT entweder von einem festen BerÜN oder eher von einem PersÜN auszugehen. Der Beruf des zweiten NT ist aus dem Kontext nicht ersichtlich.

Resch – *Ch. Resch* (1342; RUB I, 982) = *Chunr. Resche* (1347; RUB I, 1185). ▲ Mhd. *resch(e)* Adj. ,schnell, behende, munter, rührig, lebhaft' (Lexer, 2, Sp. 409). ♣ PersÜN nach dem Verhalten.

Rex: → König.

Richtentisch – *Richtentisch dem chromer 3 lb* (1378; RUB II, 1216, Reg.). ▲ ÜN in Satzform zu mhd. *rihten* swV. ,gerade machen, richten, aufstellen; in Ordnung bringen, fertig machen, einrichten; gestalten' + Artikel + mhd. *tisch* stM. ,Tisch, Speisetafel', mhd. *ze tische stān* ,auf einem Tisch etwas feilhalten' (Lexer, 2, Sp. 433ff., Sp. 1441f.): etwa ,richte den Tisch [her]'. ♣ Mehrdeutiger BerÜN. ⬍ Bei unserem Beleg handelt es sich nicht um einen BerÜN für den Schreiner (so bei Scheffler-Erhard: *Alt-Nürnberger Namenbuch,* S. 254), sondern um einen BerÜN für einen Kleinhändler (*chromer/chramer*), der auf einen Arbeitsgang, die Aufstellung und Gestaltung des Verkaufstisches, hinweist.

Riese – *Heinricus Riso* (1287; RUB I, 144); *Albertus Gigas* (1297; RUB I, 176, Reg.). ▲ Mhd. *rise* swM. ,Riese' (Lexer, 2, Sp. 457f.). ♣ PersÜN nach der Körpergröße.

Ringschwert – *umb Hnr. den Ringeswirt* (1348; RUB I, S. 761). ▲ Zu mhd. *ring* Adj. ,gering, schlecht' und mhd. *swërt* stN. ,Schwert' (Lexer, 2, Sp. 446f., Sp. 1364f.; vgl. ebd., Sp. 447: *ringeȥ fleisch* als Gegensatz zu *guot*). Bahlow, S. 427 fasst *Ringshut, Ringshütl* (,schlechter Hut') als BerÜN für den Hutmacher auf. ♣ BerÜN für den Schwertschmied oder den Schwertfeger. ⬍ Der Beruf des NT ist aus dem Kontext nicht ersichtlich.

Ringwert – *Hainzel der Ringwerd der trager an der Heywort* (1347; RUB I, S. 759). ▲ Zu mhd. *ring* Adv. ,gering' und mhd. *wërt* Adj. ,einen gewissen Wert habend; ehrenvoll, angesehen, vornehm, edel' (Lexer, 2, Sp. 447; 3, Sp. 794f.). Schwarz: *Sudetendeutsche Familiennamen,* S. 255 fasst den BN *Ringwert,* a. 1376 in Königgrätz belegt, im Sinne von ,wenig wert, würdig' auf und weist auf das Adj. *ringwichtig* ,von geringer Bedeutung' hin (DWB, 14, Sp. 1016; vgl. auch *ringgültig* ,wenig geltend, minderwertig', Sp. 1010). ♣ PersÜN für einen wenig angesehenen Menschen.

Romanus: → Römer.

Römer – *Chunradus Romær* (1262; RUB I, 99) = *[...] Chǒnrado Romano civibus Ratisponensibus* (1276; RUB I, 112, Reg.); *Perchtolt der Romar* (1330; RUB I, 608) = *Berchtold Romer* (1334/1335?; RUB I, 741); *Jǻut und Ann die Romarinn* (1371; RUB II, 965, Reg.). ▲ Mhd. *Rōmære, Rœmære, -er* stM. ,Römer' (+ Movierungssuffix *-inne*) (Lexer, 2 Sp. 483f.). ♣ BerÜN für einen Fernkaufmann, der Handel mit Italien trieb, oder AkzÜN für einen Rompilger (vgl. Hellfritzsch: *Personennamen*

Südwestsachsens, S. 212 s. v. *Römer*). ⬍ Nach Morré: *Ratsverfassung und Patriziat in Regensburg,* S. 44 ist nicht anzunehmen, dass der Patrizier *Chunradus Romær* (s. o.) „ein Abkömmling der vorgermanischen Bevölkerung oder ein zugewanderter ‚Walche' war. Eher läßt der Name die Deutung ‚Italienfahrer' zu, wenn man an die ‚Ruzzare' = Rußlandfahrer des 12. Jahrhunderts denkt [...]." Im 14. Jh. ist ein Mitglied dieser Familie, *Ch. Romer* (RUB I, 982, 1250, S. 767), „mehrfach im Handel mit dem Süden belegt" (ebd.). Dagegen könnte der ÜN bei einem Beleg aus dem Jahr 1342 (*Goͤtf. der Romer der hafner,* RUB I, S. 750) auf eine Pilgerfahrt hinweisen.

Rösel – *Chunrat Roͤsel* (1318; RUB I, 347, Reg.). ▲ Mhd. *rœselīn* stN., Dim. zu *rōse,* ‚Röschen' (Lexer, 2, Sp. 490ff.). ♣ PersÜN (Rosenliebhaber) oder BerÜN (Rosenzüchter). ⬍ Letztere Annahme wird nicht durch den Kontext gestützt: Der NT ist als *wachtmaister in sant Pauls wacht* (RUB I, 347) überliefert. Ein Hausname **Zur Rose* ist im RUB nicht belegt.

Rössel – *Ulrico Roͤsslino pellifici* (1318; RUB I, 361, Reg.) = *Ulr. der Rozzel* (1319; RUB I, 373); *verleiht [...] frawen Perchten der alten Roͤsslinne* (1325; RUB I, 481, Reg.); *Ůlrichen dem Roͤsslein* (ebd.); *hern Ůlrichs tochter des Roͤsslins* (ebd.); *Ulrich dem Rosslein B. z. R.* (1326; RUB I, 507, Reg.); *Ulreich der Roͤzzel* (1330; RUB I, 608). ▲ Mhd. *rösselīn* stN., Nbf. *rössel,* Diminutiv zu *ros* stN., ‚Rösslein' (+ Movierungssuffix *-inne*) (Lexer, 2, Sp. 498). ♣ BerÜN für einen Pferdehändler, Fuhrmann oder Pferdeknecht. ⬍ Die Berufsangabe *pellifex* ‚Kürschner' (s. o.) spricht für das Vorliegen eines bereits festen BerÜN.

Roßzagel – *Rosszogel der charrman* (1339; RUB I, S. 738). ▲ Zu mhd. *roszagel* stM. ‚Pferdeschwanz' (Lexer, 2, Sp. 502). ♣ BerÜN für den Fuhrmann. ⬍ Diese Deutung wird durch den Beruf des NT gestützt: *charrman* ‚Karrenführer, Fuhrmann' (vgl. Matzel/Riecke/Zipp, S. 155f.; Kohlheim: *Regensburger Beinamen,* S. 43).

Rot – *Chunrat der Rot* (1308; RUB I, 239, Reg.). ▲ Mhd. *rōt* Adj.‚rot, rothaarig', bildl. ‚falsch, listig' (Lexer, 2, Sp. 502f.). Baumann: *Die Spitznamen,* S. 35 weist darauf hin, dass in bayerischen Traditionen des 12. Jh.s „mindestens so oft wie die Größe [...] die Haarfarbe zur Differenzierung verwendet [wurde], wobei eine auffällige Rotfärbung am häufigsten anzutreffen ist. Mindestens ein *rufus* oder *Rot* ist in fast jedem Traditionsbuch zu finden; nicht ganz so häufig sind *niger* oder *Swarze* genannt." ♣ Eher PersÜN nach der Haarfarbe als nach einem charakterlichen Merkmal.

Rötel – *der Friderich Rotel* (1312; RUB I, 277) = *Friderich der Roͤtel* (1316; RUB I, 321, Reg.). ▲ Zu mhd. *rōt* + *-l*-Suffix (→ *Rot*).

Rotmund – *Dyetrich der Rotmunt* (1339; RUB I, 866, Anm., Reg.).[81] ▲ Zu mhd. *rōt* Adj. ‚rot, rothaarig', bildl. ‚falsch, listig' und mhd. *munt* stM. ‚Mund' (Lexer, 2, Sp. 502f.; 1, Sp. 2232ff.). ♣ PersÜN nach einem äußerlichen oder charakterlichen Merkmal.

Rotundus: → Sinwel.

Rüd – *Hansel Ruͤd* (1374; RUB II, S. 490). ▲ Mhd. *rüde* swM. ‚großer Hetzhund' (Lexer, 2, Sp. 525). Der BN<BB *Ruͤdner* (‚Aufseher über die Jagdhunde') ist im RUB ab 1359 überliefert (s. Kohlheim, *Regensburger Beinamen,* S. 107f., S. 154). ♣ BerÜN oder PersÜN nach einem metaphorischen Vergleich. ⬍ Eine KF **Ruͤd* < *hruod* ist im

[81] Kopie ca. 1342.

spätmittelalterlichen RN-Inventar nicht nachzuweisen (vgl. Kohlheim: *Regensburger Rufnamen,* S. 38f.).

Rugewaize – *Heinr. Rugewaize* (1156; RUB I, 31, Reg.). ▲ Schwer zu deutender Name; der erste Namenbestandteil könnte zu mhd. *ruege* stF. ‚Anklage, gerichtliche Anzeige, Tadel, Rüge' (Lexer, 2, Sp. 526) gestellt werden, der zweite Bestandteil zu mhd. *weiʒe, weiʒʒe, weiʒ* stswM. ‚Weizen' (Lexer, 3, Sp. 748) und sich auf ein Rügeverfahren und die damit verbundene Abgabe beziehen (vgl. Schmeller, 2, Sp. 77 s. v. *Die Rueg;* DWB, 14, Sp. 1411 s. v. *Rügehafer:* „in oberd. gegenden eine abgabe in hafer zur anerkennung der rügegerichtsbarkeit"). ♣ Vielleicht AkzÜN.

Rughalm – *Heinr. Rughalme* (1356; RUB II, 191) = *Heinr. Rughalm* (1356; RUB II, 221) = *Heinr. Rugalem* (1358; RUB II, 316) = *Heinr. Ruͤghalm* (1359; RUB II, 329). ▲ Zu mhd. *rückīn, ruckīn, rüggīn, ruggīn* Adj. ‚von Roggen' und mhd. *halm* stM. ‚Halm, Gras-, Getreidehalm' (Lexer, 2, Sp. 525; 1, Sp. 1149f.): ‚Roggenhalm' oder zu mhd. *ruoghalm* ‚Halm, womit die Hände des Angeklagten rechtssymbolisch gebunden werden' (Lexer, 2, Sp. 548). ♣ BerÜN für einen Bauern oder AkzÜN. ⬍ Der Beruf des NT ist aus dem Kontext nicht ersichtlich.

Rugstroh – *Pernel der Ruͤgstro vor purch* (1330; RUB I, 608). ▲ Zu mhd. *rückīn, ruckīn, rüggīn, ruggīn* Adj. ‚von Roggen' und mhd. *strō* stN. ‚Stroh' (Lexer, 2, 525; 1245f.): ‚Roggenstroh'; vgl. aber auch mhd. *rockenstrō, roggenstrō* ‚Roggenstroh' (Lexer, 2, Sp. 481; Brechenmacher, 2, S. 444 s. v. *Ruckstroh*). ♣ BerÜN für einen Bauern. ⬍ Der Beruf des NT ist aus dem Kontext nicht ersichtlich.

Rußwurm – *umb Heintzlein den Růswurm* (1339; RUB I, S. 741). ▲ Mhd. *ruoʒwurm* stM. ‚Schabe, Assel' aus mhd. *ruoʒ* stM. ‚Ruß, Schmutz' und mhd. *wurm* stM. ‚Wurm, Insekt' (Lexer, 2, Sp. 553f.; 3, Sp. 1008f.; vgl. DWB, 14, Sp. 1559: „ein altes wort, das schon im summarium Heinrici vorkommt"). Der Name bezeichnet wohl allgemein einen schmutzigen Menschen; als Spottname für den Schmied, den Kaminkehrer oder den Köhler dient das Wort erst in jüngerer Zeit (Naumann, S. 234;. vgl. auch Linsberger: *Wiener Personennamen,* S. 503). ♣ PersÜN nach einem metaphorischen Vergleich für einen schmutzigen, ungepflegten Menschen.

S

Sack – *Chunr. der Sakck von Amberch* (1350; RUB II, S. 475). ▲ Mhd. *sac* stMN. ‚Sack, Tasche; Mantel aus grobem Sacktuch; Magensack, Bauch', auch als Schelte: *du alter pœser sac* (Lexer, 2, Sp. 562ff.). ♣ Mehrdeutiger BerÜN oder PersÜN. ⬍ Der Beruf des NT ist aus dem Kontext nicht ersichtlich.

Safferl – *Heinr. der Saͤverll* (1339; RUB I, S. 737). ▲ Zu mhd. *safer* stN. ‚blauer Glasfluss aus Kobalt, Saflor' + *-l*-Suffix (Lexer, 2, Sp. 569; nach DWB, 14, Sp. 1635 wurde „*safflor, saffer* [...], ein aus kobalt gewonnenes mineralisches product, schon früh zum blaufärben des glases benutzt"). ♣ BerÜN für einen Glaser. ⬍ Der Beruf des NT ist aus dem Kontext nicht ersichtlich.

Sanftleben – *Ulricus Sanftleben* (1287; RUB I, 144). ▲ Zu mhd. *senfte, sanft* Adj. ‚leicht, bequem, angenehm, freundlich' und mhd. *lëben* stN. ‚Leben, Lebensweise'; mhd. *senftlëben* stM. = *senfteʒ lëben* (Lexer, 2, Sp. 880f., Sp. 883; 1, Sp. 1847). ♣ PersÜN nach den Lebensumständen (vgl. → *Herbsleben*).

Säppel – *Dietreich des Saͤppleins* (1359; RUB II, 322, Reg.); *Dietr. Saͤppel* (1362; RUB II, 507, Reg.). ▲ Nom. ag. auf *-el* (< ahd. *-il*) zu mhd. *sappen* swV. ‚plump und schwerfällig einhergehen' (Lexer, 2, Sp. 607; vgl. Schmeller, 2, Sp. 317: „*sappen* [...] mit einem gewissen Laut in Schmutz herumgreifen, herumtreten, schwerfällig gehen; scherzhaft oder verächtlich: gehen überhaupt"). Die ÜN *Sappe/Sappo* sind bereits im 12. Jh. in den Traditionen des Klosters Weihenstephan, des Hochstifts Freising sowie des Klosters Tegernsee überliefert (Baumann: *Die Spitznamen,* S. 38). Daher könnte auch ein Diminutiv mit *-l*-Suffix zu diesem tradierten ÜN vorliegen. ♣ PersÜN nach der Gangart.

Sattelvlies – *her Wirnhart der Satelflies* (†) (1367; RUB II, 736, Reg.). ▲ Nom. ag. auf (apokopiertes) *-e* (< ahd. *-o*) zu mhd. *satel* stM. ‚Sattel' und mhd. *verliesen, vliesen* stV. ‚verlieren; vergebens, ohne Erfolg gebrauchen' (Lexer, 2, Sp. 612f.; 3, Sp. 162f.): etwa ‚Sattelverlierer'. ♣ PersÜN für einen schlechten Reiter oder AkzÜN.

Säuberl – *Heinr. dem Seuͤberl 2 lb* (1352; RUB II, 63); *dez Saͤuberleins haus* (1361; RUB II, 443, Reg.); *dez Saͤwberleins* (1376; RUB II, 1119, Reg.). ▲ Zu mhd. *sūber* Adj. ‚sauber, rein, schön' + *-l*-Suffix (Lexer, 2, Sp. 1283f.; vgl. Schmeller, 2, Sp. 207: „*sauber* [...] von menschlicher Leibesgestalt: wohlgebildet, hübsch, schön [...]"). ♣ PersÜN nach einem äußerlichen Merkmal.

Sauerkübel – *Ann Sawrchuͤblin* (1359; RUB II, S. 480). ▲ Zu mhd. *sūr* Adj. ‚sauer, herb, scharf, bitter; hart, böse, schlimm, grimmig' und mhd. *kübel* stM. ‚Kübel' + Movierungssuffix *-inne* (Lexer, 2, Sp. 1324f.; 1, Sp. 1760f.; vgl. DWB, 14, Sp. 1872: *Sauerkübel* ‚Kübel, worin etwas sauer angemacht wird'; Scheffler-Erhard: *Alt-Nürnberger Namenbuch,* S. 266: ‚das Essigfass, das in jedem Haushalt die Weinreste aufnahm'). *Saurkübl* ist der Name einer Gestalt in einem Fastnachtspiel (Lexer, 2, Sp. 1326; vgl. Arndt: *Die Personennamen der deutschen Schauspiele,* S. 81). ♣ PersÜN für einen mürrischen Menschen.

Sauermaul – *umb Angessen dy Zulmeulin* (1348; RUB I, S. 762). ▲ Wohl Nebenform von mhd. *sūr* Adj. ‚sauer, herb, scharf, bitter; hart, böse, schlimm, grimmig' und mhd. *mūl(e)* stN. ‚Maul, Mund' + Movierungssuffix *-inne* (Lexer, 2, Sp. 1324f.; 1, Sp. 2220f.; vgl. Lexer, 3, Nachtr., Sp. 372: *sūlmilch* = *sūrmilch* stF. ‚saure Milch'; DWB, 14, Sp. 1873 s. v. *Sauermaul:* „zur bezeichnung eines verdrieszlichen, mürrischen menschen, der den mund verzieht, ein *saures gesicht* macht"). Brechenmacher, 2, S. 473 verzeichnet den vergleichbaren Beleg *Rolef Suremunt* (a. 1428). ♣ PersÜN für einen mürrischen Menschen.

Sauerzapf – *Ulreich der Saurzapf* (1370; RUB II, 897, Reg.). ▲ Zu mhd. *sūr* Adj. ‚sauer, herb, scharf, bitter; hart, böse, schlimm, grimmig' und mhd. *zapfe* swM. ‚Zapfen zum Ablassen einer Flüßigkeit, bes. Bier-, Weinzapfen' (Lexer, 2, Sp. 1324f.; 3, 1030f.; vgl. DWB 14, Sp. 1875: *Sauerzapf* ‚eigentlich Zapfen eines Essigfasses, bildl. für einen mürrischen, verdrießlichen Menschen'); *her Saurzapf* ist der Name einer Gestalt in einem Fastnachtspiel (Lexer, 2, Sp. 1327; vgl. auch Arndt: *Die Personennamen der deutschen Schauspiele,* S. 81), fnhd. *sauerzapf* ‚Zapfen eines Essigfasses; Murrkopf' (Götze, S. 183). ♣ PersÜN für einen mürrischen Menschen.

Sauger – *Pernhardus Sugære* (ca. 1190; RUB I, 42, Reg.).[82] ▲ Nom. ag. auf *-er* zu mhd. *sūgen* stV. ‚saugen', auch bildlich (Lexer, 2, Sp. 1290). Scheffler-Erhard: *Alt-Nürnberger Namenbuch,* S. 266 geht von einem ÜN für einen habgierigen Menschen (vgl. mhd. *bluotsūger,* Lexer, 2, Sp. 1291) aus, Berger/Etter: *Die Familiennamen der Reichsstadt Esslingen,* S. 307 denken an einen ÜN für den Daumenlutscher und verweisen auf BN wie *Hans Saugenfinger*, a. 1576 Hall. ♣ PersÜN nach einem charakterlichen Merkmal (Habgier), evtl. auch nach einer habituellen Handlung.

Schabab – *Nyclas Schabab* (1370; RUB II, 906). ▲ ÜN in Satzform zu mhd. *schaben* stV. ‚schaben, radieren, scharren, polieren', intr. ‚schnell von dannen gehen' + Präp. *abe* ‚herab von, von weg' (Lexer, 2, Sp. 620f.; 1, Sp. 1) oder zu mhd. Imp. *schab ab, schabab* ‚Name einer Pflanze; Zeichen der Abweisung eines Liebhabers, dann überh. am Ende, zu Ende, zu Grunde' (Lexer, 2, Sp. 620f.; vgl. DWB, 14, Sp. 1944: „substantivisch [...] zur bezeichnung von personen und sachen, die man nicht haben will, wenig achtet"; Schmeller, 2, Sp. 351f.: *„schab ab [...]!* so rufen in gellendem Concert die Maurerjungen und Bauhandlanger, wenn die Glocke das Ende ihrer Arbeitszeit ankündigt. Vielleicht soll dieser Ruf nichts anders seyn, als eine Aufforderung, die Maurerkellen *abzuschaben* und bey Seite zu legen"). ♣ Mehrdeutiger BN: PersÜN für einen wenig arbeitsamen Menschen, der gerne dem Ende der täglichen Arbeitszeit entgegensieht (vgl. → *Feierabend,* → *Feirer*), BerÜN nach einem Arbeitsvorgang, Echoname nach einer Redensart, spöttischer ÜN für jemanden, der wenig angesehen ist. ⬍ Der Beruf des NT ist aus dem Kontext nicht ersichtlich.

Schade – *Hainr. Schad* (1326; RUB I, 509) = *Hainr. der Schade* (1326; RUB I, 517) = *der Schod* (1338; RUB I, 806). ▲ Zu mhd. *schade* swM. ‚Schädiger, schadender Feind' oder zu mhd. *schade* Adj. ‚schädlich, verderblich' (Lexer, 2, Sp. 626). ♣ PersÜN nach dem Verhalten.

Schadenicht – *Nykel Schodenis* (1345; RUB I, S. 754). ▲ ÜN in Satzform zu mhd. *schaden* swV. ‚Schaden verursachen' und mhd. *nist* Adv., Nbf. von mhd. *niht* ‚nicht' (Lexer, 2, Sp. 627, Sp. 83f., Sp. 86): etwa ‚[ich] schade nicht, verursache keinen Schaden'. ♣ PersÜN nach einer Redensart (vgl. Schwarz: *Sudetendeutsche Familiennamen,* S. 269 s. v. *Schadihrnicht*).

Schalkhart – *Leukart Schalchartin* (1359; RUB II, S. 480). ▲ Zu mhd. *schalken* swV. ‚ein Schalk sein, wie ein Schalk sich betragen; betrügen, überlisten; heimlich wegnehmen, veruntreuen', mhd. *schalc, schalch, schalk* stM. ‚Leibeigener, Knecht, Diener; Mensch von knechtischer, ungezogener Art, böser, ungetreuer, arg-, hinterlistiger, loser Mensch' + *-hart* + Movierungssuffix *-inne* (Lexer, 2, Sp. 643, Sp. 640f.). Hierbei erfüllt *-hart* eine suffixale Funktion (vgl. Henzen: *Deutsche Wortbildung,* S. 169; vgl. auch das frz. Suffix *-ard,* Lebel: *Les noms de personnes,* S. 70, S. 85, und mhd. Bildungen wie *kratzhart* stM. ‚Wucherer, Geizhals', *lugenhart* stM. ‚der gerne lügt', *nëmhart* stM. ‚der gerne nimmt', Lexer, 1, Sp. 1713, Sp. 1980; 2, Sp. 54). ♣ PersÜN nach dem Charakter oder der Verhaltensweise.

Schande – *Růdel Schantt* (1344; RUB I, S. 753) = *[...] slug Rutlein Schanten ze tot* (ebd.). ▲ Mhd. *schande* stF., Nbf. *schant* ‚Schämenswertes tun oder leiden; Laster, Schande' (Lexer, 2, Sp. 655, Sp. 657; TWB, S. 179). ♣ PersÜN nach dem Verhalten.

[82] Codex latinus Monacensis 21560 f. 84.

Schändel – *umb Poͤslein den Schaͤntlein* (1326; RUB I, S. 736). ▲ Zu mhd. *schande,* Nbf. *schant* + *-l*-Suffix (→ *Schande*).

Schänderl – *Chuͤnrat der Schaͤnderl* (1361; RUB II, 432, Reg.). ▲ Zu mhd. *schender* stM. ‚der andere in Schande bringt oder schmäht' + *-l*-Suffix (Lexer, 2, Sp. 700, vgl. fnhd. *schendler* ‚Lästerer', Götze, S. 187). ♣ PersÜN nach dem Verhalten.

Scharnagel – *der Scharnaglinn sun am Marchtt* (1342; RUB I, S. 751); *der Schaͤrnaͤglinn sun* (1343; RUB I, S. 751); *der Scharnæglinn sun* (1345; RUB I, S. 753); *Ulr. Scharnogel* (ebd.); *der Scharnaglin sun* (1347; RUB I, S. 759); *Heinr. Scharnagel* (1359; RUB II, 329). ▲ Mhd. *scharnagel* stM. ‚Nagel zu den Schindeln eines Schardaches' (+ Movierungssuffix *-inne*) (Lexer, 2, Sp. 666). ♣ BerÜN für den Hersteller oder den Benutzer. ⬍ Der Beruf der NT ist aus dem Kontext nicht ersichtlich.

Schatz – *Heinr. dem Schatzz von Osten* (1357; RUB II, S. 485); *Hainreich der Schatz, tumprobst* (1371; RUB II, 924, Reg.). ▲ Mhd. *schaz, schatz* stM. ‚Geld und Gut, Reichtum, Schatz, Vermögen; Auflage, Tribut, Steuer; Anrede an den Geliebten' (Lexer, 2, Sp. 675). ♣ PersÜN für einen reichen oder auch für einen liebenswürdigen Menschen (vgl. Hellfritzsch, 2007: *Personennamen Südwestsachsens,* S. 222). ⬍ Das äußerst seltene Vorkommen des RN *Schaͤtzel* im spätmittelalterlichen Regensburg (Kohlheim: *Regensburger Rufnamen,* S. 323f., S. 397) spricht gegen das Vorliegen eines BN<RN.

Schätzel – *Hans Schaͤtzel, Kürschner* (1370; RUB II, 902, Reg.); *Heinr. der Schaͤtzzel* (1376; RUB II, 1124, Reg.). ▲ Zu mhd. *schaz, schatz* + *-l*-Suffix (→ *Schatz*).

Schatzvliese – *Heinricus Schazflieze de Ratispona* ([ca. 1150]; RUB I, 27, Reg.).[83] ▲ Nom. ag. auf *-e* (< ahd. *-o*) zu mhd. *schaz, schatz* stM. ‚Schatz, Reichtum, Geld und Gut, Vermögen' und mhd. *verliesen, vliesen* stV. ‚verlieren, verspielen (beim Spiel)' (Lexer, 2, Sp. 675; 3, Sp. 162f.): etwa ‚Verlierer/Verspieler von Geld und Gut/Vermögen'. ♣ PersÜN nach dem verschwenderischen Verhalten.

Schäubel – *Henricus Schæubel* (1318; RUB I, 359) = *Heinr. der Scheibel* (1319; RUB I, 373); *Berhte Schaͤublinn*[84] (nach 1334; RUB I, S. 730); *zwen Scheubel* (1338; RUB I, 806); *Heinr. Schaubel der schuͤster in Prukk strazz* (1339; RUB I, S. 737); *der Schaͤubel* (1347; RUB I, 1185); *Chunr. Scheůbel* (1351; RUB II, 9) = *Chunrat der Schauͤbel* (1351; RUB II, 20); *der Schaůbel* (1352; RUB II, 67). ▲ Zu mhd. *schoup, schoub,* Nbf. *schaub* ‚Bündel, bes. Strohbund, Strohwisch (zum Brennen und Leuchten, zum Decken von Gebäuden); Stroh, Strohfackel' + *-l*-Suffix (+ Movierungssuffix *-inne*) (Lexer, 2, Sp. 775f.; TWB, Nachtr., S. 443; vgl. DWB, 14, Sp. 2296: „metaphorisch gebraucht man *schaub* z. b. zur bezeichnung eines mageren, dürren menschen"). ♣ PersÜN nach einem metaphorischen Vergleich (Magerkeit) oder mehrdeutiger BerÜN (z. B. Dachdecker). ⬍ Ein NT, *Heinr. Schaubel* (RUB I, S. 737), war Schuster, für zwei weitere NT, *Ludel* und *Chunrat,* ist nach dem Kontext von RUB I, 373 und RUB I, 1250 die Ausübung desselben Berufs anzunehmen.

Scheffel – *Gotfrid Scheffel datz s. Heimeran* (1350; RUB II, S. 475); *Margret Scheflin* (1359; RUB II, S. 476). ▲ Mhd. *scheffel, schepfel* stM. ‚Scheffel, Getreidemaß' (+ Movierungssuffix *-inne*) (Lexer, 2, Sp. 680). ♣ BerÜN für den Hersteller (Fassbinder)

[83] Admonter Traditions-Kodex.

[84] In der Hs. durchstrichen.

bzw. den Benutzer. ♦ Der Kontext liefert keine Anhaltspunkte für eine sichere Deutung.

Schell – *umb Chunr, den Schel* (1340; RUB I, S. 748); *Fridr. Schell* (1377; RUB II, 1149). ▲ Mhd. *schël* stM. ‚Schelm, Betrüger' (Lexer, 2, Sp. 689). Schwer trennbar von → *Schelle* (s. u.). ♣ PersÜN nach dem Charakter.

Schelle – *Hermann Schelle, ziegelmeister* (1378; RUB II, 1193, Reg.). ▲ Mhd. *schël, -les* Adj. ‚laut tönend; aufspringend, auffahrend, sich rasch entzündend, aufgeregt, wild' (Lexer, 2, Sp. 690); vgl. Schmeller, 2, Sp. 397: *schellig* ‚aufgebracht, zornig, toll, unsinnig') oder mhd. *schëlle* swF. ‚Schelle, Glöckchen', auch ‚Schellen an der Kleidung, am Gürtel, an der Rüstung, am Helm, am Reitzeug' (Lexer, 2, Sp. 691f.). ♣ PersÜN nach dem Verhalten (Jähzorn), BerÜN für den Hersteller von Schellen/ Glöckchen (Schellenschmied) oder PersÜN für den Träger. ♦ Die Annahme eines BerÜN für den Schellenschmied wird durch die Berufsangabe *ziegelmeister* (s. o.) nicht gestützt.

Schemerl – *Andre der Schemerl* (1370; RUB II, 890, Reg.). ▲ Zu mhd. *schëme, schëm* swstM. ‚Schatten; eine Augenkrankheit; Larve, Maske' + Gleitlaut *-r-* + *-l*-Suffix (Lexer, 2, Sp. 698; vgl. Schmeller, 2, Sp. 418f. s. v. *Die Schem, Scheme*; zur Diminutivbildung auf *-erl* → *Dummerl*). Die nach 1320 entstandenen Regensburger Ratsverordnungen *verpitent alle schemen und alle morͤinne bi einem pfunte ze allen ziten, ez sin dann chint bi zwelf iaren* (RUB I, S. 725). ♣ AkzÜN für den Träger einer Maske.

Scherfbeutel – *Herman Scherfpaͤutel* (nach 1334; RUB I, S. 730). ▲ Zu mhd. *schër(p)f* stN. ‚kleinste Münze, Scherflein' und mhd. *biutel* stMN. ‚Beutel, Tasche' (Lexer, 2, Sp. 711; 1, Sp. 290). Zur Münzbezeichnung *schër(p)f* s. → *Notscherf.* Das Kompositum bedeutet ‚Beutel für geringe Münzen' und dürfte metonymisch einen Armen oder einen Bettler bezeichnen. ♣ PersÜN nach den Vermögensverhältnissen. ♦ Die vier Träger dieses ÜN (*Herman Scherfpaͤutel, Ulrich Scherfpaͤutel, Peter Scherfpaͤutel, Heinrich Scherfpaͤutel*) sind nur auf der *Liste der aus der Stadt Verwiesenen* belegt, was die Annahme, es handle sich um einen ÜN für Bettler, bekräftigt.

Scherl – *Chunr[at] Schaͤrl* (1376; RUB II, 1120). ▲ Mhd. *schærelīn, schærel* stN., Dim. zu *schære* stF. ‚Schere' (Lexer, 2, Sp. 662f.). ♣ BerÜN für den Hersteller oder Benutzer. ♦ Der Beruf des NT ist aus dem Kontext nicht ersichtlich.

Scheuch – *Fridr. Schiuho* (1242; RUB I, 67). ▲ Mhd. *schiuch, schiuhe,* Nbf. zu *schiech, schiehe* Adj. ‚scheu, verzagt; abschreckend, scheußlich' (Lexer, 2, Sp. 724; vgl. Schmeller, 2, Sp. 390: *schieh* ‚scheu, sich fürchtend, bange; geizig; unschön, garstig'). ♣ PersÜN nach dem Verhalten oder nach dem Aussehen.

Scheußlich – *Wernel Schaͤutzlaͤch* (1342; RUB I, S. 750) = *Wernel Scheutzleich* (1345; RUB I, S. 756). ▲ Mhd. *schiuzlich* Adj. ‚scheu, verzagt; abscheulich, häßlich, scheußlich' (Lexer, 2, Sp. 763; vgl. den Beleg *Scheuczleich* bei Schwarz: *Sudetendeutsche Familiennamen,* S. 275). ♣ PersÜN nach dem Verhalten oder nach dem Aussehen.

Schicke – *Hærtnidus Schikho* (1287; RUB I, 144); *Chunrad der Schikche* (1290; RUB I, 151); *her Laͤutwin der Schikk* (1312; RUB I, 277); *Ortlieb Schich* (1326; RUB I, 509) = *her Ortlieb der Schiche* (1326; RUB I, 517) = *Ortlieb Schick* (1328; RUB I, 552) = *Ortlieb der Schikch* (1330; RUB I, 608). ▲ Nom. ag. auf *-e* (< ahd. *-o*) zu mhd. *schicken* swV. ‚gestalten, fügen, ordnen' (Lexer, 2, Sp. 719ff.) für jemanden, der gern etwas verfügt, anordnet (vgl. Mulch: *Arnsburger Personennamen,* S. 224f.). ♣ PersÜN nach einem charakteristischen Verhalten.

Schiech – *contra Fridericum dictum Schieke* (1294; RUB I, 166). ▲ Mhd. *schiec* Adj. ‚schief, verkehrt' (TWB, S. 182; vgl. Schmeller, 2, Sp. 368: *schiecken* ‚mit schiefen, einwärts oder auswärts gesetzten Füßen gehen', ‚mit schiefem, seitwärts gedrehtem Auge blicken, schielen'). ♣ PersÜN nach einem äußerlichen Merkmal (vgl. Scheffler-Erhard: *Alt-Nürnberger Namenbuch,* S. 272).

Schied, Schiet – *Wernel Schiet vischer* (1346; RUB I, S. 758); *umb den Schit* (1348; RUB I, S. 762). ▲ Zu bair. *der Schiet* ‚Art Fisch, Rappe, Raubalet, cyprinus rapax L.' (Schmeller, 2, Sp. 485; vgl. DWB, 14, Sp. 2675 s. v. *Schied:* „der rappfisch [...], besonders im Donaugebiete übliche bezeichnung"), kaum zu mhd. *schit, schiet* stM. ‚Scheidung, richterliche oder schiedsrichterliche Entscheidung' (Lexer, 2, Sp. 758; vgl. DWB, 14, Sp. 2675: *Schied* ‚Scheidung, Schlichtung eines Streites, Entscheidung, Aussöhnung, Schiedsrichterspruch'). ♣ Metonymischer BerÜN. ⬍ Beim ersten NT wird die Annahme eines BerÜN durch die Berufsangabe (*vischer*) gestützt.

Schienennagel – *Aelbel Schinagel* (1374; RUB II, S. 490). ▲ Zu mhd. *schin(e)* stswF. ‚Schiene, schmale Metall- oder Holzplatte, -streifen' und mhd. *nagel* stM. ‚Nagel' (Lexer, 2, Sp. 746, Sp. 15f.; Kompositum in Lexer nicht belegt; vgl. DWB, 15, Sp. 18 s. v. *Schienennagel*: „starker nagel der nagelschmiede zur befestigung der radschiene auf die felgen"). ♣ BerÜN für den Nagelschmied oder den Wagenbauer. ⬍ Aufgrund des Kontextes – es ist die Rede von einem Überfall auf einen Regensburger Warentransport (RUB II, S. 490) – ist das Vorliegen eines BerÜN für den Fuhrmann durchaus denkbar.

Schiller – *Heinricus Luscus* ([ca. 1180–83]; RUB I, 39a);[85] *umb Ulr. Schilher den stainmaissel* (1326; RUB I, S. 734). ▲ Zu mhd. *schilher* stM. ‚Schieler' (Lexer, 2, Sp. 736), wohl kaum zu mhd. *schilher* ‚glänzendes Seidengewebe, mit verschiedenen Farben in Kette und Schuß' (Matzel/Riecke/Zipp, S. 263f.). ♣ PersÜN nach einem körperlichen Merkmal.

Schilling – *Jobst Schilling* (1378; RUB II, 1221a, Reg.). ▲ Mhd. *schillinc, schilling* stM. ‚Schilling' (Lexer, 2, Sp. 736f.). Der Regensburger Schilling hatte einen Wert von 30 Pfennigen (Eikenberg: *Das Handelshaus der Runtinger,* S. 281; vgl. auch oben → *Dreischilling*). Bereits im 12. Jh. ist der BN *Schillinch* im Schenkungsbuch des Stiftes Obermünster zu Regensburg belegt (Baumann: *Die Spitznamen,* S. 46). ♣ RelÜN nach einer Abgabe oder nach den Vermögensverhältnissen.

Schirbling – *der Schiͤrblinch der chlingsmit* (1339; RUB I, S. 740). ▲ Am ehesten zu mhd. *schirbe, schërbe* swMF. ‚Bruchstück, Scherbe' + herabsetzendes „kombiniertes" Suffix *-ling* (Lexer 2, Sp. 753f.; Henzen: *Deutsche Wortbildung,* S. 166f.). Da mit mhd. *schirbe* auch Splitter von Metall gemeint sein können (vgl. DWB, 14, Sp. 2561, das *sin verhouwene schildes schirben* aus *Parzival* zitiert), dürfte es sich bei *Schiͤrblinch* dem *chlingsmit* um einen BerÜN handeln. Daneben bezeichnet bair. *der Scherben, Schirwe* auch eine gebrechliche Person (Schmeller, 2, Sp. 463). ♣ BerÜN für den Hersteller von Klingen für Schwerter, Messer und Degen; kaum PersÜN für einen gebrechlichen Menschen.

[85] Codex latinus Monacensis 21560 f. 79.

Schlamperl – *Chuͤntzel Slaͤmpperl* (1370; RUB II, 906). ▲ Nom. ag. auf *-er* zu mhd. *slampen* swV. ‚schlaff herabhängen‘ (Lexer, 2, Sp. 961f.; vgl. Schmeller, 2, Sp. 523f.: *schlampen* ‚von Sachen: schlapp und nachlässig herabhängen; von Personen: hinlässig sein, besonders was den Anzug betrifft‘); vgl. auch mhd. *slamp* stM. ‚Gelage‘, mhd. *slampieren* swV. ‚unmäßig essen‘ (Lexer, 2, Sp. 961f.; vgl. Schmeller, 2, Sp. 523: *schlampen* ‚von Menschen: gierig und unreinlich essen‘) + *-l*-Suffix. ♣ PersÜN nach der äußeren Erscheinung oder nach dem Verhalten (Unmäßigkeit beim Essen).

Schlaufan – *der Slaufan (?)* (1346; RUB I, S. 758). ▲ ÜN in Satzform zu mhd. *sloufen* swV. ‚einhüllen, kleiden, bes. vom An- und Ausziehen der Gewänder‘ und mhd. *an(e)* Präp. ‚an, auf, in, gegen‘ (Lexer, 2, Sp. 986f.; 1, Sp. 57; vgl. 1, Sp. 62: *ansloufen* ‚anlegen, z. B. Ringe‘; 2, Sp. 987: *ein kleit an sich sloufen*): ‚leg an, zieh an‘. ♣ PersÜN oder AkzÜN.

Schlegel – *bey der Sleglinn* (1370; RUB II, 888). ▲ Mhd. *slegel* stM. ‚Werkzeug zum Schlagen: Schlägel, Keule, Bengel, Flegel, schwerer Hammer; Ort, wo geschlagen, geschlachtet wird: Schmiede, Schlachthaus‘ (Lexer, 2, Sp. 966), fnhd. *schlegel* ‚Hammer, Keule; grober Mensch; Schlachthaus‘ + Movierungssuffix *-inne* (Götze, S. 190). ♣ Mehrdeutiger BN: BerÜN (etwa Schmied, Zimmermann, Steinmetz, Fassbinder), PersÜN nach einem groben Verhalten oder WN.

Schlehe – *di Slehinne hubscherinn* (nach 1334; RUB I, S. 731). ▲ Mhd. *slēhe* swstF. ‚Schlehe‘, auch als Verstärkung der Negation gebraucht: *niht einer slēhen wert* + Movierungssuffix *-inne* (Lexer, 2, Sp. 966). Dieser Dornstrauch, der bereits im April blüht und dessen Früchte einen herben Geschmack haben, spielte eine wichtige Rolle im Aberglauben (s. HDA, 7, Sp. 1201–1206). Aus Schlehen bereitete man auch *slēhenkumpost* stM. ‚eingemachte Schlehen‘ und *slēhentrank* stN. ‚Schlehenwein‘ (Lexer, 2, Sp. 966; vgl. DWB, 15, Sp. 558). ♣ Mehrdeutiger BN: PersÜN nach einem metaphorischen Vergleich (vgl. oben → *Holzapfel*) bzw. mit spöttischer Absicht (vgl. Brechenmacher, 2, S. 519, s. auch oben → *Böhnel*) oder WN (‚wohnhaft an einer Stelle mit Schlehengebüsch‘). ⇕ In Anbetracht des Berufs der NT (*hubscherinn* ‚Dirne‘) ist hier eher von einem PersÜN auszugehen.

Schleich – *Fridel Slaich chrauter* (1326; RUB I, S. 733); *her Fridreich der Slaykch* (1370; RUB II, 894, Reg.). ▲ Mhd. *sleich* stM. ‚Tausch‘ (Lexer, 2, Sp. 969; vgl. DWB, 15, Sp. 560 s. v. *Schleich*; Brechenmacher, 2, S. 517 s. v. *Schlaich*) oder Nom. ag. auf *-e* (apokopiert) (< ahd. *-o*) zu mhd. *sleichen* swV. ‚tauschen‘ oder zu mhd. *slīchen* stV. ‚leise gleitend gehen, schleichen‘ (Lexer, 2, Sp. 973; vgl. DWB 15, Sp. 560: *Schleiche* M., F. ‚der, die schleicht‘) ♣ PersÜN nach einem charakteristischen Verhalten oder AkzÜN.

Schlepf – *Der Schleppff an dem Rinderpuͤhel* (1339; RUB I, S. 743). ▲ Nom. ag. auf (apokopiertes) *-e* (< ahd. *-o*) zu mhd. *slepfen* swV. in *entslepfen* ‚entschlüpfen‘ (Lexer, 2, Sp. 972). ♣ PersÜN nach einem charakteristischen Verhalten oder AkzÜN.

Schlingenfuß – *Chunrat Slingenfuͤs* (1373; RUB II, 1027a, Reg.). ▲ ÜN in Satzform zu mhd. *slingen* stV. ‚hin und her ziehend schwingen, winden; sich schlängelnd kriechen, schleichen‘ + Artikel + mhd. *vuoȥ* stM. ‚Fuß‘ (Lexer, 2, Sp. 981f.; 3, Sp. 579f.; vgl. Schmeller, 2, Sp. 527: „*schlingen,* […] ä. Sp., schleichen, sich wie die Schlange fortbewegen“). ♣ PersÜN nach der Gangart.

Schlitfüßel – *H. Slitfüssel der duchler* (1348; RUB I, S. 761). ▲ Zu mhd. *slīten* stV. ‚gleiten' und mhd. *vuoȝ* stM. ‚Fuß' + *-l*-Suffix (Lexer, 2, Sp. 983; 3, Sp. 579f.). ♣ PersÜN nach der Gangart.

Schluder – *umb Sludern den schůster* (1339; RUB I, S. 737). ▲ Rückbildung zu mhd. *slūdern* swV. ‚schleudern, (mit den Armen) schlenkern' oder zu mhd. *slūderer* stM. ‚der übereilt und nachlässig arbeitet' (Lexer, 2, Sp. 990; vgl. DWB, 15, Sp. 808 s. v. *Schluderer:* „ein nachlässiger arbeiter, ein nachlässiger, unordentlicher mensch"). ♣ PersÜN nach einem äußerlichen Merkmal oder nach dem Verhalten.

Schmäutzel – *Heinrich der Smäutzel* (1357; RUB II, 254, Reg.) = *Heinr. Smautzel* (1358; RUB II, 316) = *der Smaützl* (1359; RUB II, 329; Siegel: HEINREICH. SMEVCCEL) = *Heinr. Smäutzl* (1370; RUB II, 888); *Dem Smäwtzlein* (1371; RUB II, 964, Reg.). ▲ Rückbildung aus bair. *schmauzeln* ‚schmeicheln, streicheln, liebkosen' (Schmeller, 2, Sp. 560f., Sp. 541; vgl. DWB, 15, Sp. 960). In München ist a. 1395 *schmäutzel Hantkneht* belegt (Eitler: *Münchner Familiennamen,* S. 428; vgl. auch den ungedeuteten Nürnberger Beleg *Haller dictus Smauz* von 1332 bei Scheffler-Erhard: *Alt-Nünberger Namenbuch,* S. 290). ♣ PersÜN für einen Schmeichler.

Schmerwaage – *Rüppel mit der Smerwag* (1342; RUB I, S. 750). ▲ Zu mhd. *smërwāge* stF. ‚Waage, die zum Abwiegen von Schmer, Fett usw. dient' (Lexer, 2, Sp. 1008; Matzel/Riecke/Zipp, S. 286). ♣ BerÜN für den Benutzer einer solchen Waage. ⬍ Vgl. auch RUB I, S. 741: *Ulr. der weger mit der smerwag [...] Rüpel sein pruder.*

Schmetzer – *Heinr. Smezzer* ([ca. 1200]; RUB I, 46, Reg.).[86] ▲ Mhd. *smetzer* stM. ‚Schwätzer, Verleumder' (Lexer, 2, Sp. 1010). Dieser ÜN ist bereits im 12. Jh. in den Traditionen des Klosters Weihenstephan und im Schenkungsbuch des Stiftes Obermünster zu Regensburg bezeugt (s. Baumann: *Die Spitznamen,* S. 38). ♣ PersÜN nach dem Verhalten.

Schmitzer – *der Chunrat der Smitzær* (1340; RUB I, S. 765) = *Ch. Smitzzar* (1340; RUB I, S. 770). ▲ Nom. ag. auf *-er* zu mhd. *smitzen* swV. ‚etwas Spitziges schnell bewegen, zücken; mit Ruten hauen, geißeln, schlagen; anstreichen, beschmieren; bildl. beflecken, beschimpfen, beschädigen; eilig gehen, laufen' (Lexer, 2, Sp. 1016f.; vgl. Schmeller, 2, Sp. 561: *schmitzen* ‚werfen; schlagen, hauen mit der Rute, Peitsche; schmieren, beschmieren, färben, besonders Felle schwarz färben; fig. anschwärzen; eilig gehen, laufen'). Ab der zweiten Hälfte des 16. Jh.s ist auch das Appellativ *Schmitzer* belegt, entweder in der Bedeutung von ‚Verleumder' oder 1702 für den Färber von Fellen, den Schwarzfärber (DWB 15, Sp. 1104; Schmeller, 2, Sp. 561). ♣ PersÜN für einen Verleumder oder nach der Gangart, evtl. AkzÜN.

Schmolle – *der Smöllinn haus* (1363; RUB II, 531, Anm.); *Fridreich der Smolle* (1374; RUB II, 1059, Reg.). ▲ Zu fnhd. (obd.) *smolle* F. ‚das Weiche im Brot' (+ Movierungssuffix *-inne*) (Götze, S. 192; vgl. Schmeller, 2, Sp. 549: „*Die Schmollen* [...] die Krume, das Weiche vom Brod [...]" und den Nürnberger Beleg *Smole pistor* bei Scheffler-Erhard: *Alt-Nürnberger Namenbuch,* S. 291). ♣ BerÜN für den Bäcker oder PersÜN. ⬍ Bei den Regensburger NT ist eine Beziehung zum Bäckergewerbe nicht nachzuweisen.

[86] Codex latinus Monacensis 21560 f. 86'.

Schmotzler – *der Smotzler* (1358; RUB II, 316) = *der Smoͤtzler* (1362; RUB II, 506); *an Ulreich dem Smotzlaͤr* (1370; RUB II, 897, Reg.). ▲ Nom. ag. auf *-er* zu mhd. *smotzen, smutzen* swV. ‚den Mund zum Lachen verziehen, schmunzeln', mhd. *smötzeln, smutzeln* swV. ‚lächeln' (Lexer, 1, Sp. 1018, Sp. 1020; vgl. Schmeller, 2, Sp. 562: *schmotzen, schmötzeln* ‚lächeln'). ♣ PersÜN nach einem charakteristischen Verhalten.

Schnabel – *an Ulreich dem Snabel* (1362; RUB II, 471, Reg.). ▲ Mhd. *snabel* stM. ‚Schnabel; an den Schuhen: lange und aufgekrümmte Schuhspitze' (Lexer, 2, Sp. 1021). Socin: *Mittelhochdeutsches Namenbuch,* S. 440 fasst den BN *Snabeler* als den, ‚der Schnabelschuhe trägt', auf. ♣ PersÜN für einen geschwätzigen Menschen oder für den Träger auffälliger Schnabelschuhe.

Schnake – *umb Hartman den Snok den messer* (1340; RUB I, S. 748) = *Hartman Snogk* (1346; RUB I, S. 758). ▲ Mhd. *snāke* swMF., Nbf. *snacke, schnack(e), snek, schnock* ‚Schnake' (Lexer, 2, Sp. 1023; vgl. auch ebenda mhd. *snākelëht* Adj. ‚hager wie eine Schnake'; Schmeller, 2, Sp. 565: „*Der Schnâck,* eigentl. *Schnâgk, des Schnâgken,* a) wie hchd. die Schnake [...] b) (schwäb.) lange, hagere Person"). ♣ PersÜN nach der äußeren Erscheinung.

Schnapp – *Gebel der Snapp* (1344; RUB I, S. 752). ▲ Zu mhd. *snap* stM. ‚Geschwätz', mhd. *snap, snappe* stswM. ‚Schwätzer' (Lexer, 2, Sp. 1023; *Schnapp* ist der Name einer Gestalt in einem Fastnachtspiel, s. Arndt: *Die Personennamen der deutschen Schauspiele,* S. 67) oder zu mhd. *snap* stM. ‚das Schnappen, der Straßenraub' (Lexer, 2, Sp. 1023). ♣ Mehrdeutiger PersÜN (Geschwätzigkeit, Raffgier) oder AkzÜN.

Schnapper – *Chuͦnrat der Snoper* (1356; RUB II, 198, Reg.). ▲ Zu mhd. *snappen* swV. ‚plaudern, schwatzen; schnappen, Straßenraub treiben', mhd. *snapper* stM. ‚Zänker' (Lexer, 2, Sp. 1024; vgl. DWB 15, Sp. 1173: *Schnapper* ‚Schwätzer, Plauderer, Zänker; Schnapphahn'). ♣ Mehrdeutiger PersÜN (Geschwätzigkeit, Streitsucht, Raffgier) oder AkzÜN.

Schnecke – *Fridr. Snekke* ([ca. 1200]; RUB I, 46, Reg.).[87] ▲ Mhd. *snecke* swM. ‚Schnecke; Schildkröte; auch Wendeltreppe' (Lexer, 2, Sp. 1027; häufiger ÜN in bayerischen Traditionen des 12. Jh.s, vgl. Baumann: *Die Spitznamen,* S. 29). ♣ PersÜN nach einem metaphorischen Vergleich (Langsamkeit).

Schneevogel – *Snevogel* (1328; RUB I, 552) = *der Snevoͤgel* (1340; RUB I, S. 765) = *Snefogel* (1340; RUB I, S. 768); *den Snevogl* (1358; RUB II, S. 481); *Elspet Snevoͤglin* (1359; RUB II, S. 476); *Katrey und Elspet die Snevoͤglinn* (1365; RUB II, 646, Reg.). ▲ Zu mhd. *snē, -wes* stM. ‚Schnee' und mhd. *vogel* stM. ‚Vogel' (+ Movierungssuffix *-inne*) (Lexer, 2, Sp. 1026; 3, Sp. 424f.). Nach Suolahti, *Die deutschen Vogelnamen,* begegnet die Bezeichnung Schneevogel für die Schneeammer (S. 180) und das Alpenschneehuhn (S. 254), ferner in der Steiermark für die Wacholderdrossel (S. 64) und in der Schweiz für den Zitronenfink (S. 124). ♣ PersÜN nach einem metaphorischen Vergleich (weißes Haar).

Schneidenwind – *Chunr. und Ulr. Sneidenwint* (1338; RUB I, 806). ▲ ÜN in Satzform zu mhd. *snīden* stV. ‚schneiden' + Artikel + mhd. *wint* stM. ‚Wind' (Lexer, 2, Sp.1035f.; 3, Sp. 913ff.). In DWB, 15, Sp. 1278 *Schneidewind* appellativisch als

[87] Codex latinus Monacensis 21560 f. 86'.

Fachausdruck der Jägersprache, nachgewiesen bei S. Behlen, a. 1840–1848: ‚Seitenwind, Halbwind, der dem Jäger von der Seite kommt‘. Zugrunde liegt hier also ‚Wind, der (seitlich) schneidet‘, nicht, wie bei unserem Beleg, ‚schneide den Wind‘; ♣ Dieser im gesamten deutschen Sprachgebiet nachweisbare BN wird in der Regel als PersÜN für Fahrende und Landstreicher aufgefasst. ⬍ Die NT werden in der Zeugenreihe einer städtischen Urkunde (RUB I, 806) unter den Handwerkern aufgeführt. Demnach waren sie weder herumziehende Gaukler noch Landstreicher; allerdings könnte der ÜN aus der Gesellentaufe hervorgegangen sein oder auf die Wanderschaft der Handwerksgesellen hinweisen.

Schnell – *Ulr. Snell* (1370; RUB II, 906). ▲ Mhd. *snël* Adj. ‚schnell, rasch, behend, frisch und munter, gewandt, kräftig, tapfer‘ (Lexer, 2, Sp. 1029). ♣ PersÜN nach dem Verhalten.

Schnellbog – *H. der Snelpog der huter vor prukk* (1340; RUB I, S. 748). ▲ ÜN in Satzform zu mhd. *snellen* swV. ‚schnellen‘ + mhd. *boge* swM. ‚Bogen‘ (Lexer, 2, Sp. 1031f.; 1, Sp. 322), etwa ‚schnelle [den] Bogen‘. ♣ BerÜN für den Bogenschützen. ⬍ Diese Deutung wird durch den Beruf des NT (*huter* ‚Wächter‘; vgl. Kohlheim: *Regensburger Beinamen,* S.77) gestützt.

Schneuk – *Alhait Snuͤkin* (1371; RUB II, 939). ▲ Nom. ag. auf (apokopiertes) *-e* (< ahd. *-o*) zu mhd. *snöuken* swV. ‚heimlich gehen, schnobern‘, fnhd. *schneuken* ‚naschen, schnüffeln, lauern‘ + Movierungssuffix *-inne* (Lexer, 2, Sp. 1043; Götze, S. 193; vgl. Schmeller, 2, Sp. 567: *schnuckeln:* ‚lecken, saugen, naschen‘, *Der Küchenschnuckel* ‚der die Küche nach Eßwaren durchsucht‘; DWB, 15, Sp. 1321: *Schneuker* ‚Näscher, Leckermaul‘). ♣ PersÜN nach dem Verhalten (Naschhaftigkeit, Neugierde).

Schnittlauch – *umb Snitlœch* (1350; RUB I, S. 763; wohl identisch mit *Sytlæuch sadeller*, 1346; RUB I, S. 757). ▲ Mhd. *snite-, snitlouch* stM. ‚Schnittlauch‘ (Lexer, 2, Sp. 1038). ♣ Mehrdeutiger BerÜN oder PersÜN nach dem Lieblingsgewürz.

Schöberl – *Ulreich Schoͤberl* (1377; RUB II, 1155a, Reg.). ▲ Zu mhd. *schober* stM. ‚Schober, Haufen (z. B. Heuhaufen)‘ + *-l*-Suffix (Lexer, 2, Sp. 765; vgl. fnhd. *schober* ‚geschichteter Heu-, Getreide-, Strohhaufen‘, Götze, S. 193). ♣ BerÜN für einen Bauern. ⬍ Der Beruf des NT ist aus dem Kontext nicht ersichtlich.

Schönel – *Ulr. Schoͤnel under sporern* (1325; RUB I, S. 732) = *Ulr. Schonel* (1342; RUB I, 982); *der Schoͤndel der schreiber* (1345; RUB I, S. 755). ▲ Zu mhd. *schœn(e)* Adj. ‚schön, herrlich; glänzend, hell, weiß; fein, rein; freundlich‘ + *-l*-Suffix (Lexer, 2, Sp. 768). ♣ PersÜN nach einem äußerlichen oder charakterlichen Merkmal.

Schott – *der Schott* (1334; RUB I, 737). ▲ Zu mhd. *schotte* swM. ‚Quark aus süßen Molken‘ (Lexer, 2, Sp. 774; vgl. Schmeller, 2, Sp. 486) oder zu mhd. *Schotte* swM. ‚Schotte, Irländer; Mönch eines Schottenklosters; umherziehender Krämer‘ (Lexer, 2, Sp. 774f., vgl. Schmeller, 2, Sp. 485f. s. v. *Der Schott*). Gemeiner: *Reichsstadt Regensburgische Chronik*, IV, S. 57 erwähnt zum Jahr 1501 in Regensburg ansässige „Schotten“. ♣ Mehrdeutiger BN: BerÜN für den Quarkhersteller, RelÜN (Anspielung auf Beziehungen zum Regensburger Schottenkloster St. Jakob). ⬍ Bei dem ersten NT (RUB I, 737) handelt es sich um einen Bäcker, ein weiterer NT, *Seidel der Schott,* erscheint a. 1338 in der Zeugenreihe von RUB I, 806 neben Vertretern dieses Berufes.

Schöttel – *Heinr. der Schoͤttel der sommer* (1325; RUB I, S. 732). ▲ Zu mhd. *schotte* oder *Schotte* + *-l*-Suffix (→ *Schott*).

Schottelmann – *Heinr. der schuͤler der Schoͤttelman* (1339; RUB I, S. 739); *Chunrat der Schotelman* (1349; RUB I, 1254, Reg.) = *Chunrat der Schoͤtelman* (1350; RUB I, 1271, Reg.). ▲ Deverbative Ableitung zu mhd. *schotelen* swV. ‚sich schütteln, erschüttert werden, zittern' + Suffixoid *-man* (Lexer, 2, Sp. 774; vgl. Schmeller, 2, Sp. 487 s. v. *schotteln;* der BN *Schotler* ist a. 1399 in München belegt, Eitler: *Münchner Familiennamen,* S. 452) oder evtl. denominale Ableitung zu mhd. *schottel* stN. ‚Quark' + Suffixoid *-man* (TWB, Nachtr., S. 443). ♣ PersÜN nach einem äußerlichen Merkmal, etwa nach einer mit Zittern einhergehenden Krankheit, oder BerN für den Quarkhersteller. Allerdings sind Berufsnamen auf *-man* in Regensburg selten.

Schrägel – *der Schregel vor der newn patstuben* (1340; RUB I, S. 748). ▲ Nom. ag. auf *-el* (< ahd. *-il*) zu mhd. *schregen* swV. ‚mit schrägen Beinen gehen' (Lexer, 2, Sp. 790; vgl. Schmeller, 2, Sp. 600: *schrâgeln, schregeln* ‚mit geschränkten Beinen einhergehen', *schrâgeln* ‚unsicher gehen, wanken'; Schwarz: *Sudetendeutsche Familiennamen,* S. 287 s. v. *Schrager* und *Schrägler;* DWB, 15, Sp. 1620 s. v. *Schrägelchen* ‚einer, dem die beine schräg nach auswärts stehen'.). ♣ PersÜN nach der Gangart.

Schräghut – *Otto Sgragehut Ratisponensis* ([ca. 1180–83]; RUB I, 39a).[88] ▲ Zu mhd. *schrege* Adj. ‚schief, schräg' und mhd. *huot* stM. ‚Hut, Mütze' (Lexer, 2, Sp. 790; 1, Sp. 1393f.). ♣ PersÜN nach einem äußerlichen Merkmal, einer auffälligen Kopfbekleidung.

Schrammet (Hans) – *der schramat Haͤnsel* (1374; RUB II, S. 490). ▲ In Lexer (2, Sp. 784; 3, Nachtr., Sp. 362; TWB, S. 186; TWB, Nachtr., S. 443) nicht verzeichnetes Adjektiv *schramat* ‚mit Hautwunden versehen, geschrammt', fnhd. *schramet* ‚wund' (Matzel/Riecke/Zipp, S. 266; Skála: *Das Regensburger und das Prager Deutsch,* S. 91; Götze, S. 194; vgl. bair. *Die Schramen* ‚Schramme, lange Haut- oder Fleischwunde oder Narbe von ihr' sowie das Adj. *schramet* bei Schmeller, 2, Sp. 601; DWB, 15, Sp. 1630f. s. v. *schrammicht*). *Schramecht Henssel sartor* ist a. 1396 in den Budweiser Losungsbüchern belegt (Schwarz: *Sudetendeutsche Familiennamen,* S. 287). Wahrscheinlich ist in unserem Beleg (wie bei Schwarz) *Haͤnsel* gar kein RN, sondern das Syntagma *schramat Haͤnsel* insgesamt als auf der Vorstufe zur Univerbierung stehender ÜN aufzufassen; vgl. den BN *Schramhanns,* Chur 1499 (Huber: *Rätisches Namenbuch,* III/2, S. 849). Als Appellativ erscheint *Schrammhans* – nach DWB, 15, Sp. 1630 – erstmals 1623. ♣ PersÜN nach einem äußerlichen Merkmal (auffällige Wundnarbe).

Schrautan – *Fridericus Scrutanus* (1266; RUB I, 103); *Fridericus Schrautan* (1276; RUB I, 110, Reg.).[89] ▲ Verbreiteter ÜN nach dem im *Rosengarten* und in *Biterolf und Dietleib* vorkommenden Riesen *Schruthān* (vgl. Gillespie: *Die Namengebung der deutschen Heldendichtung*, S. 138; Socin: *Mittelhochdeutsches Namenbuch,* S. 570; Reichert: *Die deutschen Familiennamen nach Breslauer Quellen,* S. 145; Arneth: *Die Familiennamen des ehemaligen Hochstifts Bamberg*, S. 226; Scheffler-Erhard: *Alt-Nürnberger Namenbuch,* S. 276). ♣ PersÜN für einen großen, starken Menschen nach der Sagengestalt.

[88] Codex latinus Monacensis 21560 f. 79.

[89] Kopie 14. Jh.

Schroll – *Swester Agnes Schröllin 4 lb; Matz Schröllin 4 lb* (1359; RUB II, S. 480). ▲ Mhd. *schrolle* swM. ‚Klumpen, Scholle, auch als Schelte' + Movierungssuffix *-inne* (Lexer, 2, Sp. 803; vgl. Schmeller, 2, Sp. 601: „*Der Schrollen, Schroll [...]* Figürlich: handfester, grober Mensch"). ♣ PersÜN nach dem groben Verhalten.

Schruf – *verkaufen [...] Hainreich dem Schruf* (1373; RUB II, 1017, Reg.). ▲ Nom. ag. auf *-e* (apokopiert) (< ahd. *-o*) zu mhd. *schruffen* swV. ‚spalten' (Lexer, 2, Sp. 807). Die BN *Schruff* (a. 1369) und *Schruffer* (a. 1381) sind in München bezeugt (Eitler: *Münchner Familiennamen,* S. 418). ♣ BerÜN nach einem Arbeitsvorgang, z. B. für einen Holzarbeiter. ⬍ Der Beruf des NT ist aus dem Kontext nicht ersichtlich.

Schübel – *Chunrat der Schübel* (1366; RUB II, 692, Reg.). ▲ Mhd. *schübel* stM. ‚Büschel von Heu etc., womit eine Öffnung verstopft wird, Riegel; Haufen, Menge' (Lexer, 2, Sp. 808). Nach DWB, 15, Sp. 1815 bezeichnet *Schübel* im übertragenen Sinne einen einfältigen, tölpischen, ungeschlachten Menschen. ♣ PersÜN nach einem geistigen Merkmal oder dem groben Verhalten.

Schull – *Hainr. der Schull, Peter der Schull sein brůder* (1371; RUB II, 949b, Reg.). ▲ Mhd. *schülle, scholle* swM. ‚Scholle, auch als Schelte' (Lexer, 2, Sp. 767, Sp. 813; vgl. Schmeller, 2, Sp. 404: „*Der Schülle, Schulle,* ä. Sp., [...] grober Mensch"). ♣ PersÜN nach dem groben Verhalten.

Schüttenhelm – *umb Herman dez Schuttenhelms sun* (1326; RUB I, S. 734). ▲ ÜN in Satzform zu mhd. *schüt(t)en* swV. ‚in schwingende Bewegung setzen, schwingen, schütteln; speziell von An- und Ablegen der Rüstung' + Artikel + mhd. *hëlm* stM. ‚Helm' (Lexer. 2, Sp. 833f.; 1, Sp. 1240f.), etwa ‚erschüttere den Helm [des Gegners]' oder ‚lege den Helm an'. Naumann, S. 244 fasst *Schindhelm, Schittelnhelm, Schüttenhelm* als ÜN für einen Haudegen oder Krieger auf, Schwarz: *Die Personennamengebung in Regensburg,* S. 33 denkt an einen ÜN für den Berufskämpfer. ♣ PersÜN oder BerÜN. ⬍ Der Beruf des NT ist aus dem Kontext nicht ersichtlich.

Schwalbe – *Chunrat der Swolbe* (1331; RUB I, 615, Reg.). ▲ Mhd. *swalwe, swalbe* swF. ‚Schwalbe' (Lexer, 2, Sp. 1333; vgl. Schmeller, 2, Sp. 631: *schwälbeln* ‚zwitschern, plaudern'). ♣ PersÜN nach einem metaphorischen Vergleich für einen geschwätzigen Menschen.

Schwarz – *in quo sedet panifex, qui Niger vocatur* ([14. Jh. Anf.]; RUB I, 201);[90] *des Dyetlines des Swarzen casten* (1324; RUB I, 466);[91] *der swartz Rüger* (1326; RUB I, 517); *Ulreich dem Swortzen* (1356; RUB II, S. 484); *Chunr. Swärtz* (1361; RUB II, 448). ▲ Mhd. *swarz* Adj. ‚dunkelfarbig, schwarz' (Lexer, 2, Sp. 1343f.). ♣ PersÜN nach einem körperlichen Merkmal (vor allem nach der Haarfarbe).

Schweinern – *Ernst der Sweinein* (1343; RUB I, S. 751). ▲ Mhd. *swīnīn, -en* Adj. ‚vom Schwein' (Lexer, 2, Sp. 1379; vgl. ebd. *schweinein fleisch, sweinen smalz, swīnīn brāten*). Als Abgabe werden in RUB I, 460 *zwelf sweinein schinchen und drei praten* genannt. Vgl. auch → *Bleiern,* → *Eisern,* → *Steinern,* → *Zinnen.* ♣ BerÜN (etwa Fleischer, Schweinehirt) oder PersÜN (Vorliebe für Schweinefleisch). ⬍ Wohl

[90] Aufzeichnung aus dem Anfang des 14. Jh.s.

[91] Joseph Emler, Regesta diplomatica nec non epistolaria Bohemiae et Moraviae, Bd. 3, Prag 1890, 375 (nach Prager Stadtbuch).

BerÜN für den Fleischer, da der einzige NT im *Wundenbuch* als Bürge für ein Mitglied der Fleischerfamilie Jeus (vgl. RUB I, S. 853, Register) bezeugt ist.

Schweller – *Rüger der Swellår* (1378; RUB II, 1201, Reg.); *vermacht [...] der Jacobynn der Swellårynn* (1378; RUB II, 1217, Reg.). ▲ Ableitung auf *-er* zu mhd. *swëllen* stV. ‚schwellen, anschwellen' (+ Movierungssuffix *-inne*) (Lexer, 2, Sp. 1357); möglicherweise im Sinne von jemandem, dem der Kopf „anschwillt"; vgl. Schmeller, 2, Sp. 630: *der Schwellkopf* ‚eigensinniger Mensch' (ebenso DWB, 15, Sp. 2510 und Schwarz: *Sudetendeutsche Familiennamen,* S. 293 s. v. *Schweller*). ♣ PersÜN nach einem charakterlichen Merkmal.

Schwert – *umb Ulr. den Swert den sporer* (1342; RUB I, S. 750). ▲ Mhd. *swërt* stN. ‚Schwert' (Lexer, 2, Sp. 1364f.). ♣ BerÜN für den Hersteller oder PersÜN für den Träger eines Schwerts. ⬍ Die Berufsangabe *sporer* ‚Sporenmacher' (vgl. Kohlheim: *Regensburger Beinamen,* S. 124) spricht eher für einen bereits festen BerÜN.

Seber – *Per. der Sebår der trager an der Håwbart* (1343; RUB I, S. 752); *umb Wernel den Sepirn* (1346; RUB I, S. 758). ▲ Mhd. *seber* stM. ‚Schmecker, Koster' (Lexer, 2, Sp. 841; vgl. BMZ, 2, 2, S. 283 s. v. *sebe* ‚nehme mit dem Geschmack, den Sinnen überhaupt wahr'; Schmeller, 2, Sp. 207f.: „Der Beichtvater frage: utrum bibat magnos haustos qui dicuntur ein *slunt,* vel parvos multos qui dicuntur *seber,* vel magnos et multos qui dicuntur *swelcher*"). ♣ PersÜN, wohl nach den Trinkgewohnheiten.

Sechsäu – *Hærtel Sechseu* (1338; RUB I, 806); *Ulreich der Sechsew* (1354; RUB II, 112, Reg.); *Chunr. Sechseů* (1359; RUB II, 344); *Chunr. und Heinr. Sechseü* (1362; RUB II, 507, Reg.). ▲ Zu mhd. *sëhs* ‚sechs' und mhd. *ouwe* stF. ‚Schaf' (Lexer, 2, Sp. 852, Sp. 193; vgl. Schmeller, 1, Sp. 1f.: *„Die Ä,* auch *Äu, Äuw* [...] das weibliche Lamm, Mutterlamm"; WBÖ, 1, Sp. 436ff.). ♣ BerÜN für einen Fleischer. ⬍ Für die Träger dieses BN lassen sich Verbindungen zum Fleischergewerbe nachweisen: *Hærtel/Hærtweich Sechseu* wird in der Zeugenreihe von RUB I, 806 neben Fleischern aufgeführt; nach dem Kontext von RUB II, 79 war er Inhaber einer Fleischbank, einer Verkaufsstelle für Fleisch. *Ulreich der Sechsew* erhielt i. J. 1354 eine *hofstat, [...] gelegen under den flaischpenchen zenæchst an Walthern dez Ernsten flaischpanch* (RUB II, 112), i. J. 1370 besaß *Chunr. Sechsew* ein Haus *Unter den Fleischtischen* in der Regensburger *Witmangerwocht* (RUB II, 906).

Seidenfaden – *Hærtel Seidenvadem* (1338; RUB I, 806) = *Seidenfadem* (1340; RUB I, S. 771) = *Hårtel Seydenvadem* (1347; RUB I, 1185) = *der Seidenvaden* (1356; RUB II, 191). ▲ Mhd. *sīdenvadem* stM. ‚Seidenfaden' (Lexer, 2, 906). ♣ BerÜN für den Seidensticker. ⬍ Aus einem Eintrag im *Handelsungeldregister* (RUB I, S. 777) geht jedoch hervor, dass der NT im Fernhandel tätig war: *Item [...] Seidenfadem hat geben [...] xviiii d. von iiii saum saiffen herin von Saltzpurch [...].*

Selde – *Chunrad der Såld* (1358; RUB II, 300) = *Chunr. der Sald* (1365; RUB II, 626, Reg.). ▲ Mhd. *sælde* stF. ‚Güte, Wohlgeartetheit; Segen, Heil, Glück (von Gott), himmlische Seligkeit', fnhd. *selde* f. ‚Glückseligkeit' (Lexer, 2, Sp. 579; TWB, S. 175; Götze, S. 199; vgl. DWB, 16, Sp. 511 s. v. *Selde:* veraltet für ‚Glück, Heil, Segen'). ♣ PersÜN nach den Lebensumständen.

Seltenstich – *Lyenhart des Seltenstiches witib* (1374; RUB I, 1048a, Reg.). ▲ Zu mhd. *sëlten* Adv. ‚selten' und mhd. *stich* stM. ‚Stich' (Lexer, 2, Sp, 872, Sp. 1186). Nach Bach: *Die deutschen Personennamen,* 1, §247 kann sich *Seltenstich* „nicht nur auf den Schneider, sondern auch auf den Schuhmacher und den Metzger beziehen". ♣ BerÜN für einen wenig arbeitsamen Handwerker. ⬍ Der Beruf des NT ist aus dem Kontext nicht ersichtlich.

Semmel – *F. Semel, Ch. pechten (!) chnet* (1348; RUB I, S. 760). ▲ Mhd. *sëmel(e), simel(e)* swstF. ‚feines Weizenmehl, -brot, Semmel' (Lexer, 2, Sp. 874). ♣ BerÜN für den Bäcker. ⬍ Der Kontext (‚Geselle des Ch. Beck') bestätigt eine solche Deutung.

Senft – *Růdgerus Mitis* ([12. Jh. Mitte]; RUB I, 28a);[92] *Chunr. Senft* (1349; RUB I, 1250); *[...] schaf [...] Alheiden der Senfttin 2 lb* (1350; RUB I, 1286); *der Senfft von Werde* (1358; RUB II, 316); *Elspet Senftin* (1359; RUB II, S. 475). ▲ Mhd. *senfte,* Nbf. *sanft* Adj. ‚leicht, bequem, zart, sanft, sanftmütig, milde, angenehm, freundlich' (+ Movierungssuffix *-inne*) (Lexer, 2, Sp. 880f.). ♣ PersÜN nach einem charakterlichen Merkmal.

Sinister: → Tenk.

Sinwel – *in dye hennd Hainreich Sinwellen* (1225; RUB I, 52)[93] = *Heinricus der Sinvelle* (1229; RUB I, 55) = *Hanricus Rotundus* (1244; RUB I, 69) = *Heinricus Sinwel* (1248; RUB I, 73); *Sinbel* (1342; RUB I, 982); *von Ulreich dem Synbel* (1351; RUB II, 19, Reg.). ▲ Mhd. *sin(e)wël* Adj. ‚rund', bildl. ‚unbeständig, veränderlich' (Lexer, 2, Sp. 936f.). ♣ PersÜN nach einem körperlichen Merkmal. ⬍ Für diese Auffassung spricht die latinisierte Form *Rotundus.*

Sörgel – *Der Sŏrglin chinde 60 lb* (1355; RUB II, S. 482); *Heinreich des Sŏrgleins Sohn* (1366; RUB II, 690, Reg.). ▲ Zu mhd. *sorge* stswF. ‚Sorge, Kummer, Furcht' + *-l-*Suffix oder Nom. ag. auf *-el* (< ahd. *-il*) zu mhd. *sorgen* swV. ‚in Sorge, besorgt, bekümmert sein' (+ Movierungssuffix *-inne*) (Lexer, 2, Sp. 1057f.). ♣ PersÜN nach den Lebensumständen.

Sörgler – *Heinr. Sŏrgler* (1347; RUB I, 1185). ▲ Variante auf *-ler* von mhd. *sorgære, -er* stM. ‚der für etwas sorgt, etwas besorgt; der in Sorgen ist, der Kummervolle, Unglückliche' (Lexer, 2, Sp. 1057). ♣ PersÜN nach den Lebensumständen.

Span(n) – *Spannin an der Aechirchen* (ca. 1363; RUB II, 557); *[...] verkaufen Peters der Spănynn* (1367; RUB II, 729, Reg.). ▲ Zu mhd. *spān* stM. ‚Span, bes. Holzspan, auch zum Leuchten' + Movierungssuffix *-inne* (Lexer, 2, Sp. 1065f.; vgl. Schmeller, 2, Sp. 668: „*Der Spân, Spôn [...]* Am geläufigsten [...] ist es als Bezeichnung der dünnen, durch Spalten entstandenen Lamellen von Holz, besonders Föhren- oder Kienholz, welche auf dem Lande zur Beleuchtung gebraucht [...] werden") oder zu mhd. *span* stM. ‚Spannung, Streitigkeit, Zerwürfnis' (Lexer, 2, Sp. 1065; vgl. Schmeller, Sp. 670: „*Der Spân, Spon* (ä. Sp.), Streitfrage, Uneinigkeit, Zerwürfniß, Streitigkeit"). ♣ Mehrdeutiger ÜN: BerÜN für einen Holzarbeiter oder Lichtspanmacher oder PersÜN nach einem metaphorischen Vergleich für einen dünnen Menschen bzw. PersÜN nach einem charakterlichen Merkmal (Streitsucht). ⬍ Aus dem Kontext von RUB II, 557 geht hervor, dass die NT Inhaberin einer *fragenstet,* eines Verkaufsstandes, war. Demnach könnte der ÜN auf eine Fragnerin (Kleinhändlerin) verweisen, die neben Lebensmitteln auch Holzspäne zum Leuchten verkaufte (vgl. auch Kohlheim: *Regensburger Beinamen,* S. 52f. s. v. *fragenære*).

[92] Schenkungsbuch des Klosters Rohr fol. 3', 4', 5'.

[93] Dt. Übersetzung aus dem Anf. des 15. Jh.s.

Spannnagel – *dez Spanagels freunt* (1326; RUB I, S. 735); *Chunr. Spannogel* (1338; RUB I, 806); *des Spannagels haus* (1353; RUB II, 102). ▲ Mhd. *spannagel* stM. ‚Spannnagel' (Lexer, 2, Sp. 1068; vgl. DWB, 16, Sp. 1912 s. v. *Spannnagel*: „nagel, welcher das vordergestell eines wagens mit dem hintergestell zusammenspannt, verbindet; auch der kasten des wagens wird mit spannnägeln auf dem untergestell befestigt"). ♣ BerÜN für den Nagelschmied oder den Wagenbauer. ⬍ Das Siegel von *Chunrat Spannogel* (s. RUB I, 982, S. 537) weist eine „ausgespannte Hand, einen Nagel haltend" auf, doch ist der Beruf des NT aus dem Kontext nicht zu erschließen.

Spannshäutel – *Ch. Spanshåutel der trager in der Rostrench* (1344; RUB I, S. 753). ▲ ÜN in Satzform zu mhd. *spannen* stV. ‚spannen' + Artikel + mhd. *hût* stF. ‚Haut, Fell' + *-l*-Suffix (Lexer, 2, Sp. 1069; 1, Sp. 1408f.): etwa ‚spanne das Häutlein'. ♣ BerÜN für einen Gerber. ⬍ Aufgrund der Berufsangabe (*trager* ‚Lastenträger') ist entweder von einem festen BerÜN oder von einem AkzÜN auszugehen.

Speckel – *datz Heinr. dem Spechel* (1338; RUB I, S. 731f.); *Chunrat Spekchel der flaischman* (1348; RUB I, 1218, Reg.); *Ch. Spechl* (1361; RUB II, 448). ▲ Zu mhd. *spëc, -ckes* stM. ‚Speck' + *-l*-Suffix (Lexer, 2, Sp. 1073). ♣ BerÜN für einen Fleischer oder PersÜN, wohl für einen Speckliebhaber oder dicken Menschen (vgl. Schwarz: *Sudetendeutsche Familiennamen,* S. 301; Grünert: *Die altenburgischen Personennamen,* S. 432). ⬍ Bei den Belegen *Chunrat Spekchel der flaischman* (s. o.), *umb Spechel den flaischawer* (1345; RUB I, S. 755) liegt ein BerÜN für den Fleischer vor. Dies ist auch bei einem weiteren NT wahrscheinlich: Das *Wundenbuch* verzeichnet im Anschluss an *zwo haimsůchen datz Heinr. von Osten,* einem Fleischer (vgl. RUB I, 737), die Verübung derselben Tat *datz Heinr. dem Spechel* (s. o.).

Speckmuck – *von Erhart dem Spechmukk* (1352; RUB II, 47, Reg.) = *Erhart der Spechmůkk* (1355; RUB II, 169, Reg.). ▲ Zu mhd. *spëc, -ckes* stM. ‚Speck' und mhd. *mückin* stF., *mocke* swF. ‚Sau, Zuchtsau' (Lexer, 2, Sp. 1073; 1, Sp. 2212, Sp. 2193; vgl. Schmeller, 1, Sp. 1567: *die Muck* ‚weibliches Schwein'; Lexer, 2, Sp. 1074: *spëcswîn* stN. ‚Mastschwein'). ♣ PersÜN nach einem metaphorischen Vergleich (Fettleibigkeit).

Spectatus – *Dietricus Spectatus* (1237; RUB I, 62). ▲ Lat. *spectatus* ‚tüchtig': ‚Der Tüchtige'. ♣ PersÜN nach dem Verhalten.

Spiegel – *umb Seidel den Spiegel den chlingsmit* (1346; RUB I, S. 757) = *Seifrid Spiegel* (1359; RUB II, 329) = *Spygl* (1361; RUB II, 448). ▲ Mhd. *spiegel* stM. ‚Spiegel aus Metall oder Glas', bildl. ‚Muster, Vorbild' (Lexer, 2, Sp. 1086f.; vgl. LexMa, VII, 2010 s. v. *Spiegel*: „Neben den polierten metallenen Versionen (Stahl, Bronze, Silber) sind bes. ab dem 13. Jh. vorrangig mit Blei oder Zinn hinterlegte Glass[piegel] nachweisbar", die oft aufwändigen Spiegelrahmen wurden aus Elfenbein, Metall oder Holz hergestellt (ebd.); der Beruf des *spiegelers* ist in Freiburg i. Br. ab a. 1292 bezeugt, Nölle-Hornkamp: *Mittelalterliches Handwerk,* S. 653). ♣ BerÜN für den Spiegelhersteller oder PersÜN. ⬍ Der NT war nicht als Spiegelmacher, sondern als *chlingsmit* (‚Hersteller von Klingen für Schwerter, Messer, Degen') tätig. Das Vorliegen eines WN zu dem ÖN *im spiegel* in der Regensburger Wildwerkerwacht (vgl. Wolff: *Regensburgs Häuserbestand im späten Mittelalter,* S. 125; RUB I, 251, 524; RUB II, 43, 726, 768) ist unwahrscheinlich, da der NT als Besitzer eines Hauses in der Donauwacht bezeugt ist (s. RUB II, 888, 906, 939).

Spieß – *umb den Spiez* (1339; RUB I, S. 738). ▲ Mhd. *spieȝ* stM. ‚(Jagd-, Kampf-) Spieß; mit einem Spieß bewaffneter Krieger, Spießträger‘ (Lexer, 2, Sp. 1090). ♣ BerÜN für den Hersteller oder Benutzer. ⬍ Der Beruf des NT ist aus dem Kontext nicht ersichtlich.

Spitz – *von unserm sůn Chůnrat dem Spitzen* (†) (1363; RUB II, 539, Reg.). ▲ Zu mhd. *spiz, spitz(e)* Adj. ‚spitz, spitzig‘, auch bildlich, fnhd. *spiz* ‚spitzfindig‘ (Lexer, 2, Sp. 1104, Götze, S. 205). ♣ Eher PersÜN nach dem Verhalten als nach einem äußerlichen Merkmal (z. B. Kopfform, spitze Nase‘). ⬍ Beim Vorliegen eines WN (‚wohnhaft auf einem spitz zulaufenden Gelände‘) oder eines HN zu dem häufigen, gleich lautenden Ortsnamen wäre eine Ableitung auf *-er* zu erwarten gewesen.

Spitzhut – *Spitzhuͤt* (1338; RUB I, 806). ▲ Zu mhd. *spiz, spitz(e)* Adj. ‚spitz, spitzig‘ und mhd. *huot* stM. ‚Hut, Mütze‘ (Lexer, 2, Sp. 1104; 1, Sp. 1393f.). Nach DWB, 16, Sp. 2627 bezeichnet *Spitzhut* fnhd. auch den Träger eines spitzen Hutes, insbes. spöttisch den Geistlichen; in übertragener Bedeutung (mnd.) bezeichnet *Spitzhut* den Verräter, Betrüger, Schmeichler. ♣ PersÜN für den Träger oder BerÜN für den Hersteller. ⬍ Der Beruf des NT ist aus dem Kontext nicht ersichtlich.

Spörel – *Spoͤrel, der Weimptingerinn dyener* (1340; RUB I, S. 746). ▲ Zu mhd. *spor(e)* swM. ‚Sporn‘ + *-l*-Suffix (Lexer, 2, Sp. 1106f.; der BN<BB *sporaͤr* ‚Sporenmacher‘ ist im RUB belegt, s. Kohlheim: *Regensburger Beinamen,* S. 124). ♣ BerÜN für den Hersteller oder PersÜN für den Benutzer.

Stab – *Datz Perchtolt dem Stab* (1370; RUB II, 906). ▲ Mhd. *stap, -bes, stab* stM. ‚Stab; Stock zum Schlagen, Stock zum Gehen, Pilgerstab, Hirtenstab, bildl. Stütze; Stab als Zeichen der amtlichen Gewalt (z. B. des Richters)‘ (Lexer, 2, Sp. 1138ff.). ♣ Mehrdeutiger PersÜN oder BerÜN (vgl. Kohlheim: *Regensburger Beinamen,* S. 124 s. v. *Staͤblaͤr*).

Stängel – *der Staͤngel* (1324; RUB I, 465, Reg.); *der Stængel* (1338; RUB I, 806); *Elspet Staͤnglin* (1359; RUB II, S. 477); *Elspet Staͤnglinn* (1370; RUB II, 906). ▲ Mhd. *stengel* stM. ‚Stengel, Stange‘ (+ Movierungssuffix *-inne*) (Lexer, 2, Sp. 1176). ♣ PersÜN nach einem metaphorischen Vergleich (großer, hagerer Mensch).

Stärkel – *Ornolt der Sterchel* (1346; RUB I, S. 757). ▲ Zu mhd. *starc* Adj. ‚stark, gewaltig, kräftig, groß‘ + *-l*-Suffix (Lexer, 2, Sp. 1142) oder zu mhd. *storch(e), storc, storke* stswM. ‚Storch‘ + *-l*-Suffix (Lexer, 2, Sp. 1213; vgl. Schmeller, 2, Sp. 782: „*Der Störkel [...]* Mensch mit langen Beinen oder von überhaupt langem und hagerm Körper. [...] *storkeln, störkeln* [...] mit langen Beinen einherschreiten“). ♣ Mehrdeutiger ÜN nach einem äußerlichen Merkmal.

Stäuber – *an Herrn Hermann den Stiuber* (1336; RUB I, 777, Reg.).[94] ▲ Nom. ag. auf *-er* zu mhd. *stieben, stiuben* stV. ‚stieben, wie Staub umherfliegen, Staub von sich geben, stäuben; schnell laufen, rennen, fliegen, fliehen‘. ♣ Vieldeutiger PersÜN oder BerÜN (etwa für einen Müller). ⬍ Der Beruf des NT ist aus dem Kontext nicht ersichtlich.

Stauche – *umb Dyemut die Stuͤchein* (1340; RUB I, S. 746). ▲ Zu mhd. *stûche* swF. M. ‚der weite, herabhängende Ärmel an Frauenkleidern, auch an Männerkleidern; Kopftuch, Schleier; Tuch, Schürze‘ + Movierungssuffix *-inne* (Lexer, 2, Sp. 1259; vgl.

[94] Regesta boica 7, 161.

Schmeller, 2, Sp. 722 s. v. *Die Stauchen*). ♣ PersÜN nach einer Besonderheit der Kleidung oder BerÜN für den Hersteller von Kopftüchern und Schleiern.

Staudigel – *Dez Staudigels sun schusters* (1339; RUB I, S. 741); *der Stawdigel* (1356; RUB II, 191); *Herman Staůdigel* (1359; RUB II, 329); *der Staudiglin swester* (1359; RUB II, S. 478). ▲ Mhd. *stūdigel* stM. ‚Staudenigel' (+ Movierungssuffix *-inne*) (Lexer, 2, Sp. 1263). Vgl. auch DWB, 17, Sp. 1160 s. v. *Staudigel*: „scherzhafte bezeichnung eines mönches, vereinzelt im 15. jahrh.: *owe, bruder studigel! [...]*". Es dürfte sich hierbei um einen seltenen metaphorischen Gebrauch des Appellativs handeln, der für ältere Belege kaum zutrifft, ist doch der ÜN *Staudigel* in Süddeutschland lange vor dem 15. Jh. mehrfach nachzuweisen: In Nürnberg waren die Staudigel „ein ehrbares und gerichtsfähiges Geschlecht", *Hein[ricus] Studigil* ist ab a. 1200 bezeugt (Scheffler-Erhard: *Alt-Nürnberger Namenbuch,* S. 300). In Würzburg ist *Studigel* a. 1266 belegt (Nied: *Fränkische Familiennamen,* S. 145), drei weitere Belege aus dem 13. Jh. verzeichnet Brechenmacher, 2, S. 658. Da Igel sich vorzugsweise unter Stauden jeglicher Art aufhalten, dürfte mit *Staudigel* nur eine Verdeutlichung von *Igel* vorliegen (vgl. analog nd. *Tunigel* ‚Zaunigel' für ‚Igel', König: *dtv-Atlas zur deutschen Sprache,* S. 229, und engl. *hedgehog* ‚Igel'). Der bei dem ÜN *Igel* auch mögliche Bezug auf die gleichnamige Belagerungsmaschine wird durch die genauere Bezeichnung ausgeschlossen. ♣ Metaphorischer PersÜN nach dem Aussehen (Haartracht) oder dem abweisenden, „stachligen" Charakter.

Steckel – *Elspet Stekchlin* (1359; RUB II, S. 476). ▲ Mhd. *steckelīn,* Nbf. *steckel* stN., Dim. zu *stecke* (+ Movierungssuffix *-inne*) (→ *Stecken*).

Stecken – *di Stechinne* (1313; RUB I, 282, Reg.); *Fridreich dem Stekchen* (1361; RUB II, 407). ▲ Mhd. *stecke* swM. ‚Stecken, Knüttel, Pfahl, Pflock', bildl. *ein alter stecke* ‚alterssteifer Mann' + (Movierungssuffix *–inne*) (Lexer, 2, Sp. 1156). ♣ PersÜN nach einem metaphorischen Vergleich, etwa für einen steifen, unbeholfenen Menschen (Scheffler-Erhard: *Alt-Nürnberger Namenbuch,* S. 300) bzw. für einen langen, hageren Menschen (Grünert: *Die altenburgischen Personennamen,* S. 434f.) oder WN.

Steinern – *Gőtfrid Steinein*[95] (nach 1334; RUB I, S. 730). ▲ Mhd. *steinīn* Adj. ‚von Stein, steinern' (Lexer, 2, Sp. 1166; vgl. auch → *Bleiern,* → *Eisern,* → *Schweinern,* → *Zinnen*). ♣ BerÜN (Steinmetz, Steinbrecher) oder PersÜN für jemanden, der einen steinharten Charakter besitzt. ⬍ Der NT erscheint nur auf der *Liste der aus der Stadt Verwiesenen* (RUB I, S. 730f.), sein Beruf ist nicht ersichtlich.

Stelze – *Heinzil ůf der Steltzen* (nach 1334; RUB I, S. 730). ▲ Zu mhd. *stelze* swF. ‚Stelze, Stelzbein, Krücke, Schemel, auf dem sich ein Krüppel fortbewegt' (Lexer, 2, Sp. 1173f.). ♣ PersÜN nach einem äußerlichen Merkmal.

Stichel – *her Perchtolt der Stichel* (1325; RUB I, 481, Reg.); *frawe Elspet di Stichlinne* ([ca. 1340]; RUB I, 941).[96] ▲ Zu mhd. *stĕchel, stichel, stickel* Adj. ‚stechend, spitzig', mhd. *stichel* stM. ‚Stachel' (Lexer, 2, Sp. 1154, Sp. 1186) oder zu mhd. *stĕchel, stichel, stickel* Adj. ‚jäh, steil' (+ Movierungssuffix *-inne*) (Lexer, 2, Sp. 1154). ♣ Eher PersÜN für einen scharfzüngigen, unfreundlichen Menschen als WN nach der steilen Lage der Siedlungsstelle.

[95] In der Hs. durchstrichen.

[96] Kopie ca. 1340.

Stock – *Ludweig der Stokch* (1363; RUB II, 517, Reg.); *Leuͤtel der Stoch* (1368; RUB II, 765, Reg.). ▲ Mhd. *stoc, -ckes* stM. ‚Stock, Knüttel, Stab; Baumstamm, -stumpf; Weinstock; Grenzpfahl; Gefängnis' (Lexer, 2, Sp. 1206f.). ♣ Eher PersÜN nach einem metaphorischen Vergleich (etwa Steifheit, Schwerfälligkeit) als WN.

Stöckel – *Ulriches des Stoͤcklins tohter* (1314; RUB I, 299, Reg.); *Ulriches des Stoͤckleins tohtter* (1316; RUB I, 321, Reg.); *mit Perhttoldez des Stoͤchleins wizzen* (ebd.); *Chunrad der Stoͤkchel* (1358; RUB II, 300). ▲ Mhd. *stoc, -ckes* + *-l*-Suffix (→ *Stock*).

Störchel: → Stärkel.

Stößel – *Fridel Stoͤssel* (1345; RUB I, S. 754). ▲ Mhd. *stœʒel* stM. ‚Werkzeug zum Stoßen, Stößel' (Lexer, 2, Sp. 1218). Schmeller, 2, Sp. 791 weist für München (zweite Hälfte des 14. Jh.s) den *Salzstößel* nach, der das Recht hatte, das Salz, das in groben Scheiben gehandelt wurde, zu zerstoßen und im Kleinen zu verkaufen. Scheffler-Erhard: *Alt-Nürnberger Namenbuch,* S. 305 s. v. *Stozzer* weist auf den Beruf des Pflasterstößels hin, d. i. ‚der Stößer, der den Pflasterern mit dem *stœʒel* nachstößt' (vgl. Lexer, 2, Sp. 1218; Hellfritzsch: *Personennamen Südwestsachsens,* S. 263). ♣ Mehrdeutiger BerÜN oder eventuell BerN. ⬍ Der Beruf des NT ist aus dem Kontext nicht ersichtlich.

Stranz – *dez Strans sŭn dez muͤllners* (1326; RUB I, S. 733); *des Strantz hausfrawen* (1344; RUB I, S. 752). ▲ Zu mhd. *stranzen* swV. ‚müßig umherlaufen, großtun', mhd. *stranz* stM. ‚Prahlerei, Hochmut' (TWB, S. 213; Lexer, 2, Sp. 1225; vgl. Schmeller, 2, Sp. 817: *sich stranzen* ‚sich strecken, dehnen [aus Faulheit]', *der Strenzer* ‚der Faulenzer'; vgl. DWB, 19, Sp. 873: *Stranz* ‚verächtliche Bezeichnung männlicher Personen', Sp. 874 *Stranze* ‚faule, liederliche Weibsperson'). Ein ÜN *Stranz* auch bei Scheffler-Erhard: *Alt-Nürnberger Namenbuch,* S. 305 und Mulch: *Arnsburger Personennamen*, S. 227. ♣ PersÜN nach dem Verhalten.

Straub – *Conrad Strůve* (1351; RUB II, 39, Reg.). ▲ Mhd. *strūbe, strūp* Adj. ‚starrend, rau emporstehend (von Haaren), struppig; lockig, krausköpfig' (Lexer, 2, Sp. 1251; TWB, S. 215). ♣ PersÜN nach einem äußerlichen Merkmal (Haarbeschaffenheit).

Strauchinsgrab – *Dietel Strauch in daz grab* (nach 1334; RUB I, S. 731). ▲ ÜN in Satzform zu mhd. *strūchen* swV. ‚straucheln, stolpern, zu Fall kommen, sinken, stürzen' + Präposition + Artikel + mhd. *grap, -bes* stN. ‚Grab' (Lexer, 2, Sp. 1252f.; 1, Sp. 1070): etwa ‚strauchle/stürze in das Grab'. Ein formal und inhaltlich vergleichbarer Beleg stammt aus Augsburg. Um 1350 hieß dort ein Gauner *der Eilinsgrab* (Brechenmacher, 1, S. 390). ♣ PersÜN nach einem charakterlichen Merkmal (Kühnheit, Unerschrockenheit).

Strauß – *Im mairhof Strauss hofmeister* (1370; RUB II, 888). ▲ Zu mhd. *strūʒ* stM. ‚der Vogel Strauß' (Lexer, 2, Sp. 1256; DWB, 19, Sp. 1001–1005 s. v. [1]*Strausz* verweist auf verschiedene, z. T. aus der Antike stammende Vorstellungen von den Eigenschaften des exotischen Vogels, etwa langer Hals, lange Beine, Gefräßigkeit, Nachlässigkeit, Vergesslichkeit, scharfer Blick) oder zu mhd. *strūʒ* stM. ‚Widerstand, Zwist, Streit, Gefecht' (Lexer, 2, Sp. 1255f.; vgl. DWB, 19, Sp. 1005–1014: [2]*Strausz* ‚Gefecht, Wortwechsel'). Eine Ableitung von mhd. *strūʒ* stM. ‚Strauch, Büschel', zu folgern aus mhd. *gestriuʒe* stN. ‚Buschwerk, Gesträuch' und mhd. *striuʒach, strūʒach* stN. ‚Gebüsch' (Lexer, 2, Sp. 1255, Sp. 1245; 1, Sp. 934; vgl. DWB, 19, Sp. 1015: „das wort tritt mit beginnendem nhd. auf und bezeichnet das emporstehende oder das gesträubte, das buschartig aufgerichtete, eine straubige sammlung einzelner dinge", zum Beispiel ‚Federbusch, Kamm auf dem Kopf eines Vogels‘, ‚Federbusch als Schmuck auf Helm oder Hut‘) kommt für unseren Beleg wohl noch nicht infrage (vgl. Hellfritzsch: *Personennamen Südwestsachsens,* S. 264). ♣ PersÜN nach einem metaphorischen Vergleich mit dem Vogel oder PersÜN nach einem charakterlichen Merkmal (Streitsucht).

Streiter – *Marquarten dem Streyter* (1325; RUB I, 490). ▲ Zu mhd. *strīten* stV. ‚kämpfen, streiten (mit Worten oder Waffen)‘, mhd. *strīter* stM. ‚Streiter, Kämpfer‘ (Lexer, 2, Sp. 1242). ♣ Eher PersÜN nach einem charakterlichen Merkmal (Streitsucht) als Standesname.

Streun – *Chunr. der Straͤun* (1339; RUB I, S. 737); *der Straͤwn* (1342; RUB I, 982); *Streun rostauscher* (1345; RUB I, S. 756); *Rudlein Strawn* (1350; RUB II, S. 475); *dez Straͤunen an der Haͤubart vetern chint* (1356; RUB II, 201, Reg.); *Straͤwninn* (1373; RUB II, 1032, Reg.). ▲ Nom. ag. auf *-e* (apokopiert) (< ahd. *-o*) zu mhd. *striunen* swV. ‚neugierig oder verdächtig nach etwas forschen‘ (+ Movierungssuffix *-inne*) (Lexer, 2, Sp. 1245; TWB, S. 214; vgl. Schmeller, 2, Sp. 815: *streunen* ‚nach guten Bissen, kleinen Genüssen und Vorteilen umhersuchen‘, *die Streun* ‚Person, die sucht‘; Lexer, 2, Sp. 1245 verzeichnet *Striun* als Name eines Hundes bei Seifried Helbling). ♣ PersÜN nach dem Verhalten für einen neugierigen Menschen (vgl. Lipold: *Namen in und um Wien im 14. Jahrhundert,* S. 243), evtl. auch für einen naschhaften Menschen.

Streuner – *her Chůnrat der Strawner* (1344; RUB I, 1071, Reg.). ▲ Nom. ag. auf *-er* zu mhd. *striunen* swV. ‚neugierig oder verdächtig nach etwas forschen‘ (Lexer, 2, Sp. 1245; TWB, S. 214). *Streuner* in der Bedeutung von ‚Herumtreiber, Vagabund‘ ist erst bei J. Ayrer d. Ä. (1544–1605) bezeugt (DWB, 19, Sp. 1508). ♣ Mehrdeutiger PersÜN (→ *Streun*).

Striegel – *Domus dez Strigels* (1370; RUB II, 888). ▲ Mhd. *strigel* stM. ‚Striegel‘ (Lexer, 2, Sp. 1239; vgl. DWB, 19, Sp. 1594: „übertragen auf […] personen, die in […] ihrem aussehen einem striegel ähneln“). Brechenmacher, 2, S. 690 fasst *Stri(e)gel* als ÜN für einen rauen, kratzbürstigen Menschen auf. ♣ PersÜN nach dem Aussehen oder Verhalten oder BerÜN für den Hersteller bzw. Benutzer (etwa Stall-, Pferdeknecht). ⬍ Der Beruf des NT ist aus dem Kontext nicht ersichtlich.

Strobel – *Heinr. Stroͤbel der scroter* (1339; RUB I, S. 737); *umb Hainreichen den Straubelein den sporær* (1340; RUB I, S. 744) = *umb H. den Stroͤblein den sporer* (1340; RUB I, S. 746). ▲ Mhd. *strobel* Adj. ‚struppig‘ (Lexer, 2, Sp. 1246). ♣ PersÜN nach einem äußerlichen Merkmal (struppiges Haar).

Stüfel – *Der Stůffel dez schergen brůder* (1345; RUB I, S. 756). ▲ Zu mhd. *stüef(e)* Adj. ‚gerade, fest, stark, wacker, tapfer‘ + *-l*-Suffix (Lexer, 2, 1263; zu >ů< aus mhd. >üe< vgl. die Belege *Můlich, Můleich* < mhd. *müelich* s. v. → *Mühlich;* s. auch Brechenmacher, 2, S. 696 s. v. *Stüef, Stüff*). ♣ PersÜN nach dem Verhalten.

Stür – *Woͤlfel Stuͤr* (1370; RUB II, 906). ▲ Nom. ag. auf *-e* (apokopiert) (< ahd. *-o*) zu mhd. *stürn, stüren* swV. ‚stochern, stacheln, antreiben‘; vgl. auch mhd. *stürn* stN. ‚das Aufrühren‘ (Lexer, 2, Sp. 1281; vgl. Schmeller, 2, Sp. 780: „*stüren* […] an oder in einer Sache, stören, stöbern, stochern, als z. B. mit dem Finger in der Nase, mit etwas spitzigem in den Zähnen […]“). Bei Hans Sachs erscheint der *stürer* als ‚Hetzer, Aufrührer‘ (DWB, 20, Sp. 575). Brechenmacher, 2, S. 699 fasst *Stürler* als ÜN für jemanden, „der überall s. Nase drin hat“, auf. ♣ PersÜN nach einem äußerlichen Merkmal bzw. nach dem Verhalten oder AkzÜN.

Stürer – *Diemut Stiraͤrin* (1359; RUB II, S. 478). ▲ Nom. ag. auf *-er* zu mhd. *stürn, stüren* + Movierungssuffix *-inne*. In der Bedeutung von ‚Hetzer, Aufrührer‘ erscheint *stürer* bei Hans Sachs, 16. Jh. (DWB, 20, Sp. 575). ♣ PersÜN nach einem äußerlichen Merkmal bzw. nach dem Verhalten oder AkzÜN (→ *Stür*).

Stürk – *Heinr. der Stuͤrkk* (1339; RUB I, S. 739); *Der Stuͤrk der rostauchschaͤr* (1339; RUB I, S. 743) = *Der Sturkk rostauscher* (1340; RUB I, S. 745). ▲ Zu mhd. *sturch,* Nebenform von *storch* stswM. ‚Storch‘ (Lexer, 2, Sp. 1213; vgl. Schmeller, 2, Sp. 782: „*Der Störkel* [...] Mensch mit langen Beinen oder von überhaupt langem und hagerm Körper [...]. *storkeln, störkeln* [...] mit langen Beinen einherschreiten“). ♣ Metaphorischer PersÜN nach einem äußerlichen Merkmal.

Sturm – *Chunradus Stůrmo* (1248; RUB I, 73); *Paldwino Sturmone sacerdote et capellano sancti Georii Ratispone* (1294; RUB I, 166); *umb H. den Sturm* (1339; RUB I, S. 743). ▲ Mhd. *sturm* stM. ‚Unruhe, Lärm; Sturm, Unwetter; heftige Gemütsbewegung‘ (Lexer, 2, Sp. 1276f., vgl. Schmeller, 2, Sp. 783: „*Der Sturmian* [...] aufbrausende Person“). ♣ PersÜN für einen heftigen, leicht aufbrausenden Menschen. ⬍ Das äußerst seltene Vorkommen des RN *Stuͤrm* im spätmittelalterlichen Regensburg (s. Kohlheim: *Regensburger Rufnamen,* S. 330, S. 398) spricht gegen das Vorliegen eines BN<RN.

Suchentrunk – *Ulreichs des Suͤchentrunch* (1369; RUB II, 852, Reg.). ▲ ÜN in Satzform zu mhd. *suochen* swV. ‚suchen‘ + Artikel + mhd. *trunc* stM. ‚was man mit einem Mal trinkt, Trunk‘, etwa ‚such den Trunk‘ (Lexer, 2, Sp. 1320f., Sp. 1546; vgl. fnhd. *suchentrunk* ‚Stammgast‘, Götze, S. 212; DWB, 20, Sp. 855: „durch Luthers anwendung [...] üblich geworden, aber schon vor ihm bekannt“. Das 16. Jh. verwendet *Suchentrunk* im Sinne von ‚Schnorrer, Schmarotzer‘). ♣ PersÜN für einen Trinker oder vielleicht auch für einen Schnorrer.

Suchenwein – *umb Sůchenwein den sprecher* (1345; RUB I, S. 755). ▲ ÜN in Satzform zu mhd. *suochen* swV. ‚suchen‘ + Artikel + mhd. *wīn* stM. ‚Wein‘ (Lexer, 2, Sp. 1320f.; 3, Sp. 897): etwa ‚such den Wein‘. ♣ PersÜN für einen Weintrinker. ⬍ In Anbetracht des Berufs des NT (*sprĕcher* ‚Lied-, Spruchsprecher, der eigene oder fremde Gedichte aus dem Stegreif hersagt‘) besteht jedoch die Möglichkeit, dass es sich um einen selbstgewählten, publikumswirksamen „Künstlernamen“ handelt (vgl. Lexer, 2, Sp. 1321: „*suochen* = *suoche den* in imperat[ivischen] zunamen (von dichtern): *Suochendanc, -schaz, -sin, -trunc, -wirt*“).

Sumer – *[...] servi Ekkeberti Sumer* (1239; RUB I, 63).[97] ▲ Zu mhd. *sumer* stM. ‚Sommer‘ (Lexer, 2, Sp. 1297; vgl. Neumann: *Obersächsische Familiennamen,* I, S. 96), zu mhd. *sumber, sumer* stMN. ‚Geflecht, Korb, Getreidemaß; Handtrommel, Tambourin, Pauke‘ (Lexer, 2, Sp. 1295f.; vgl. Schmeller, 2, Sp. 283f.; RUB I, 1016: *und liez im auz tragen hundert sumer* [Körbe] *traides und hey [...]*) oder Nom. ag. auf *-er* zu mhd. *sūmen* swV. ‚hinhalten, verzögern, versäumen; warten lassen, aufhalten, hindern; zögern, säumen, sich verspäten‘ (Lexer, 2, Sp. 1296f.; vgl. Kappus: *Die Zunamen in den ältesten Urkunden von Freising und Regensburg,* S. 62; allerdings

[97] Kopie 15. Jh.

weisen die Belege aus dem 14. Jh., *Albreht der Sumer* [RUB I, 737] = *der Sumer* [RUB I, 806], nicht die zu erwartende Diphthongierung von mhd. >ū< zu >au< auf). Nach Schwarz: *Deutsche Namenforschung,* S. 141 darf man bei den ÜN *Sommer* und *Winter* vielleicht an Volksschauspiele denken, in denen die Gestalten des Sommers und Winters vertreten waren. ♣ Mehrdeutiger ÜN: RelÜN nach einem Zinstermin oder einer Arbeitsverpflichtung; BerÜN für einen Korbflechter oder Musikanten; PersÜN nach dem Verhalten oder nach einem charakterlichen Merkmal; AkzÜN nach einer Spielrolle. ⬍ Das seltene Vorkommen des RN *Sumer* (vgl. Kohlheim: *Regensburger Rufnamen,* S. 391) spricht gegen das Vorliegen eines BN<RN. Der Beruf des ersten NT ist nicht bekannt, der zweite NT, *Albreht der Sumer,* war ein Kürschner (s. RUB I, 737).

Suppe – *Heinreich Suppen* (1225; RUB I, 52).[98] ▲ Mhd. *suppe* swstF. ‚Brühe, Suppe; speziell Morgensuppe, Frühstück; Mahlzeit überhaupt‘ (Lexer, 2, Sp. 1324; vgl. Schmeller, 2, Sp. 318f. s. v. *Die Suppen*; vgl. den BN *Suppenesser* bei Brechenmacher, 2, S. 704). ♣ Eher PersÜN für einen Suppenliebhaber als BerÜN für einen Koch. ⬍ Der Beruf des NT ist aus dem Kontext nicht ersichtlich.

Sürfel – *Sifridus Surfel* (1251; RUB I, 81). ▲ Rückbildung von mhd. *sürfeln* swV. ‚schlürfen‘ (Lexer, 2, Sp. 1326; vgl. Schmeller, 2, Sp. 325 s. v. *sürfen, sürpfen, sürfeln, sürpfeln*). ♣ PersÜN für einen Menschen, der schlürfend aß oder trank.

Süß – *Alhardus Dulcis* (1244; RUB I, 69); *herr Heinrich der Suͤzze* (1278; RUB I, 117) = *her Heinrich der Suͤzz* (1300; RUB I, 196); *Ofmei deu alt Suͤzinne von Grazze* (1313; RUB I, 282, Reg.); *Leo Suzze* (1317; RUB I, 344) = *Leo der Suezz* (1320; RUB I, 386, Reg.);[99] *her Loͤutwein der Suͤz* (1322; RUB I, 433); *Leo der Sůzze* (1322; RUB I, 441); *Hirman Zuzz* (1348; RUB I, S. 761; verschrieben für *Suzz*?); *Margret und Ann Suͤzzin* (1359; RUB II, S. 476). ▲ Mhd. *süeȥe* Adj. ‚süß, mild, freundlich‘ (+ Movierungssuffix *-inne*) (Lexer, 2, Sp. 1287). ♣ PersÜN nach einem charakterlichen Merkmal.

T

Talken – *Chunr. Telikein* (1345; RUB I, S. 756); *des Taͤllikaͤns haus* (1370; RUB II, 873, Reg.; vgl. RUB II, S. 663 Berichtigungen). ▲ Mhd. Adj. **telikīn* zu mhd. *talke* swM. ‚klebrige Masse?‘, mhd. *talgen, telken* swV. ‚kneten‘, bair. *dalken* ‚mit oder in teigiger, klebriger Materie herum arbeiten‘, ‚in Verrichtung einer Sache ungeschickt sein‘, bair. *dalket* ‚teigig, klebrig, zähe, ungeschickt‘, nhd. *Talk* ‚übertragen auf einen dummen (unausgebackenen) Menschen‘ (Lexer, 2, Sp. 1398; Schmeller, 1, Sp. 505; DWB, 21, Sp. 100; vgl. auch Finsterwalder: *Tiroler Namenkunde,* S. 234 s. v. *Telk, Telch*). *Talck* im Sinne von ‚ungeschickte Person‘ ist auch im 1689 gedruckten *Glossarium Bavaricum* des Regensburger Gelehrten J. L. Prasch belegt (Zehetner: *Der Dialekt der Stadt Regensburg,* S. 317). ♣ PersÜN (Ungeschicklichkeit, Dummheit).

Tänzel – *Chůnrat der jung Taͤntzel, Hainreich des Taͤntzleins* (†) *Sohn* (1341; RUB I, 976, Reg.); *verkauft [...] frawen Elspeten der Tœntzlinn* (ebd.); *Seifrid dez Tœntzleins*

[98] Dt. Übersetzung aus dem Anf. des 15. Jh.s.

[99] Kopie 14. Jh.

průder (ebd.); *schaff [...] Elspeten der Tåntzlinn der reyberinn ½ lb* (1361; RUB II, 407). ▲ Zu mhd. *tanz* stM. ‚Tanz, Gesang, Spiel zum Tanz' + *-l*-Suffix oder Nom. ag. auf *-el* (< ahd. *-il*) zu mhd. *tanzen* swV. ‚tanzen' (+ Movierungssuffix *-inne*) (Lexer, 2, Sp. 1402f.). ♣ Eher PersÜN nach der Lieblingsbeschäftigung, auch für den Reigenführer bei Volkstänzen (vgl. Finsterwalder: *Tiroler Namenkunde,* S. 230) als BerÜN für einen Spielmann.

Täubel – *[...] schaf [...] der Tåublin chinden* (1350; RUB I, 1286); *daz weilent dez Taůbleins waz* (1352; RUB II, 55, Reg.); *Fridreich dem Taůbel* (1371; RUB II, 962, Reg.). ▲ Zu mhd. *toube* swM. ‚der Taube, der Empfindungslose, Stumpfsinnige' + *-l*-Suffix (+ Movierungssuffix *-inne*) (Lexer, 2, Sp. 1478) oder zu mhd. *tūbe* swF. ‚Taube' + *-l*-Suffix (Lexer, 2, Sp. 1554). ♣ Mehrdeutiger BN: PersÜN für einen tauben/stumpfsinnigen Menschen bzw. BerÜN für den Taubenzüchter, -händler oder PersÜN für einen sanftmütigen Menschen (Naumann, S. 266).

Taucher – *Heinreich der Tauchår* (1330; RUB I, 608) = *H. der Tauchar* (1340; RUB I, S. 768) = *H. Taucher* (1342; RUB I, 982); *[...] schaff [...] Margreten der Taucherinn* (1349; RUB I, 1251); *[...] schaff [...] Margreten der Tauchærinn* (ebd.); *Engelprecht der Taůcher* (1351; RUB II, 9); *Heinr. der Tawcher* (1355; RUB II, 157); *Albertus Tauher mercator de Ratispona* (1359; RUB II, 330); *hern Hainreich dez Tåuchår haus* (1368; RUB II, 768, Reg.); *der Taucherin Schwester* (1369; RUB II, 848, Reg.); *Engelprecht Taůcher* (1371; RUB II, 970). ▲ Mhd. *tūchære, -er* stM. ‚Tauchente' (+ Movierungssuffix *-inne*) (Lexer, 2, Sp. 1556). Die Tauchenten „kennzeichnen sich durch ihren kurzen, breiten und plumpen leib, dessen füsze sehr weit hinten stehen" (DWB, 21, Sp. 183), auch wurde der Balg der Tauchente vom Kürschner verarbeitet (vgl. Bickel: *Beinamen und Familiennamen,* S. 297). ♣ PersÜN nach einem metaphorischen Vergleich oder metonymischer BerÜN für den Kürschner. ⬍ Die NT gehören zu einem Regensburger Fernhändlergeschlecht, das in der zweiten Hälfte des 14. Jh.s die Ratsherrenwürde erlangte (Morré: *Ratsverfassung und Patriziat in Regensburg,* S. 94f.).

Tenk – *Cunradus Sinister* (1237; RUB I, 62); *herren Perhtolden den Tenken* (1281; RUB I, 128); *Ulr. der Dench* (1328; RUB I, 552) = *Ulreich der Denkke* (1329; RUB I, 576) = *her Ulrich der Tenkke* (1331; RUB I, 616); *mit der Tenkkinn* ([ca. 1342/43]; RUB I, 1023);[100] *Den Denkchen* (1353; RUB II, 102).[101] ▲ Mhd. *tenc, tenk* Adj. ‚link' (+ Movierungssuffix *-inne*) (Lexer, 2, Sp. 1422; Schmeller, 1, Sp. 524f.). ♣ PersÜN nach einem äußerlichen Merkmal (Linkshänder).

Tischmündel – *Ůll Tischmůndel* (1346; RUB I, S. 758). ▲ Zu bair. *tischen* ‚gierig nach etwas haschen' und mhd. *mündelīn, mündel* stN., Dim. zu *munt,* ‚Mündchen' (Schmeller, 1, Sp. 628; Lexer, 1, Sp. 2228f.; vgl. Schmeller, ebd.: „Kinder *tischen* nach Obst und Nüssen, die unter sie geworfen werden"). ♣ PersÜN, wohl für einen naschhaften oder gefräßigen Menschen.

Töbel – *Chunr. dem Tőbel* (1370; RUB II, S. 486). ▲ Zu mhd. *tobe* swM. ‚der Unsinnige' + *-l*-Suffix (Lexer, 2, Sp. 1452; TWB, Nachtr., S. 452). ♣ PersÜN nach einem geistigen Merkmal.

[100] Ungefähr gleichzeitige Kopie.

[101] Kopie ca. 1600 (Eppingers Diplomatar).

Tod – *umb Ch. den Tod den trager* (1340; RUB I, S. 749). ▲ Zu mhd. *tōt, -des* stM. ‚Tod‘ oder zu mhd. *tote, totte* swM. ‚Pate; Patenkind; bildl. Förderer, Beschützer‘ (Lexer, 2, Sp. 1470f.; vgl. Schmeller, 1, Sp. 633: *der Tott* ‚der Pate‘). ♣ PersÜN nach einem äußerlichen Merkmal, etwa für einen Menschen von leichenblassem bzw. „schreckhaftem Aussehen“ (Brechenmacher, 1, S. 321), AkzÜN, etwa nach einer Spielrolle (Schwarz: *Sudetendeutsche Familiennamen,* S. 321), oder RelÜN.

Topler – *Hainrich der Toplær* (1317; RUB I, 342, Reg.). ▲ Zu mhd. *topelære, -er* stM. ‚Würfelspieler‘ (Lexer, 2, Sp. 1462). ♣ PersÜN nach einer Vorliebe für das Würfelspiel.

Toraltel – *Toraltel muͤllner* (1345; RUB I, S. 756). ▲ Bei diesem einmaligen Beleg aus dem *Wundenbuch* ist die Etymologie unklar.

Töricht – *Chunr. der torat Lech* (1359; RUB II, S. 478). ▲ Mhd. *tōrëht,* Nbf. *tōrat* Adj. ‚töricht, närrisch, unbesonnen, dumm, verrückt‘ (Lexer, 2, Sp. 1464f.; TWB, S. 228; vgl. Schmeller, 1, Sp. 619: *tôret* ‚taub, gehörlos‘, ä. Sp. ‚unsinnig‘). ♣ Mehrdeutiger PersÜN. ⬍ Bei unserem Beleg dient *torat* der näheren Charakterisierung eines Angehörigen der patrizischen Familie Lech (s. Morré: *Ratsverfassung und Patriziat in Regensburg*, S. 54, S. 88).

Torsch – *[...] schuldet Wilhalm dem Torschen 7 lb 60 d* (1370; RUB II, 890, Reg.). ▲ Zu mhd. *torse* swM. ‚Kohlstrunk‘, bair. *die Dorsen, Dorschen* ‚der Strunk oder Stengel vom Kohl‘ (Lexer, 2, Sp. 1468; Schmeller, 1, Sp. 544; vgl. DWB, 2, Sp. 1304 s. v. *Dorse, Dorsche*; im Schwäbischen auch Bezeichnung für einen dürren Menschen, Fischer, 2, Sp. 283). Die BN *Dorsch* (a. 1372) und *Torsch* (a. 1462–96) sind auch in Nürnberg belegt (Scheffler-Erhard: *Alt-Nürnberger Namenbuch,* S. 90). ♣ PersÜN nach einem metaphorischen Vergleich (Magerkeit) oder BerÜN für den Gemüsebauern, -händler. ⬍ Aus dem Kontext von RUB II, 890 geht jedoch hervor, dass der NT und sein Bruder als Metallhändler (Eisen, Stahl) tätig waren.

Tötenochs – *Ruͤger Toͤtenachs* (1334; RUB I, 737) = *Ruͤger Toͤtenahsen* (1342; RUB I, 982). ▲ ÜN in Satzform zu mhd. *tœten* swV. ‚töten‘ + Artikel + mhd. *ohse* swM., Nbf. *achs* ‚Ochse‘ (Lexer, 2, Sp. 1472; Sp. 149): etwa ‚töte den Ochsen‘. ♣ BerÜN für den Fleischer oder AkzÜN. ⬍ Aus dem Kontext von RUB I, 737 geht hervor, dass der NT kein Fleischer, sondern Weber von Beruf war.

Trabel – *Ott der Trobel und Chuͤnr. der Trobl, dessen Bruder* (1367; RUB II, 745, Reg.). ▲ Nom. ag. auf *-el* (< ahd. *il*) zu mhd. *draben, traben* swV. ‚in gleichmäßiger Beeilung gehen oder reiten, traben‘ (Lexer, 1, Sp. 456). ♣ PersÜN nach der Gangart.

Träubel – *Albrecht Traͤubel, chuͤrsner* (1372; RUB II, 982c, Reg.); *Albrecht Traͤwbel* (1376; RUB II, 1134, Reg.). ▲ Mhd. *triubel* stM. ‚Traube‘, bildl. ‚vom gelockten Haar‘ (Lexer, 2, Sp. 1518). ♣ PersÜN nach einem körperlichen Merkmal oder BerÜN für einen Winzer, Weinschenk. ⬍ Die Berufsangabe *chuͤrsner* ‚Kürschner‘ spricht eher für einen PersÜN.

Treier – *Chunr. Trair pechenchneht* (1346; RUB I, S. 758). ▲ Nom. ag. auf *-er* zu mhd. *trei* stM. ‚Tanz‘ (Lexer, 2, Sp. 1502). ♣ PersÜN nach der Lieblingsbeschäftigung. ⬍ Die Berufsangabe *pechenchneht* (‚Bäckergeselle‘) spricht gegen das Vorliegen von mhd. *troie, treie* swF. ‚Jacke, Wams‘ (Lexer, 2, Sp. 1523; vgl. DWB, 22, Sp. 101 s. v. *Treie:* „die deutschen belege zeigen als heimat des wortes das ndd.; obd. kennt es bes. Neidhart [...] es bezeichnet in erster linie ein durch eingenähte metallstreifen u. dergl. stichfest gemachtes kriegswams“).

Trünkel – *Haintzel dez Trůnchleins sun dez măntler* (1340; RUB I, S. 746). ▲ Zu mhd. *trunc* stM. ‚was man mit einem Male trinkt, Trunk' + *-l*-Suffix (Lexer, 2, Sp. 1546). ♣ PersÜN für einen Trinker.

Tudichda – *Marquardum Tudichda* (1321; RUB I, 411); *Leupman Totida* (1326; RUB I, 509); *Heinr. Tutida* (1328; RUB I, 552) = *Heinreich der Tuedita* (1330; RUB I, 608, Siegel: HAINRICH.TVDITA, ebd., S. 338) = *her Hainreich der Tůdita* (1331; RUB I, 616) = *Heinr. Dodida* (1334; RUB I, 737) = *Heinr. Tůdida* ([vor 1336]; RUB I, 766) = *her Heinr. der Toddida* (1338; RUB I, 806) = *hern Heinr. dez Todida* (nach Weihnachten 1339; RUB I, 881) = *hern Hainraich des Tudita* (1340; RUB I, S. 765). ▲ Nach Schwarz: *Die Personennamengebung in Regensburg,* S. 37 handelt es sich bei dem „merkwürdigen" BN *Tudichda* wohl um „eine Abkürzung für eine längere Redewendung", die „in der Mundart *duadidô* ausgesprochen, aber nicht mehr etymologisch verstanden wurde". Die verschiedenen Schreibungen (*Totida, Tuedita, Tůdida, Dodida*) werden „als Zeugen des Zusammenfalls von anlautendem *t* und *d* [...], der mindestens im vierzehnten Jahrhundert in der Mundart vorhanden war", gewertet. Eine Etymologie des BN legt Schwarz jedoch nicht vor. Möglicherweise liegt ein ÜN in Satzform vor zu mhd. *sich dannen tuon* ‚sich zurückziehen' (TWB, Nachtr., S. 454f.): etwa ‚zieh dich zurück' oder zu bair. *tuen* ‚sich verfügen, sich begeben' (Schmeller, 1, Sp. 576): etwa ‚begib dich dahin'. ♣ PersÜN nach einer Redensart oder AkzÜN.

Tülker – *umb Per. den Tůlker den preuchneht* (1344; RUB I, S. 753). ▲ Nom. ag. auf *-er* zu mhd. *tolken, tulken* swV. ‚lallen' (Lexer, 2, Sp. 1460, Sp. 1564; Schmeller, 1, Sp. 505: „*dalken, dolken, dulken* [...] fehlerhaft sprechen, indem man von Zeit zu Zeit ein Wort nur nach großer Anstrengung der Organe hervorzubringen vermag; im Sprechen den Speichel von sich spritzen, mit vollem Munde sprechen; verächtlich: sprechen überhaupt"; vgl. auch den ÜN *Tulkener* bei Schwarz: *Sudetendeutsche Familiennamen des 15. und 16. Jh.s,* S. 305). ♣ PersÜN nach einem Sprachfehler.

Tursbein – *umb Ch. Turzpain* (1348; RUB I, S. 761). ▲ Zu mhd. *türse, turse* swM. ‚Riese' und mhd. *bein* stN. ‚Knochen, Bein, Schenkel' (Lexer, 2, Sp. 1587; 1, Sp. 159f.). ♣ PersÜN für einen Menschen mit besonders langen Beinen.

U

Umtuer – *her Hœinr. der Umbtůer* (1305; RUB I, 221) = *Hainr. der Umbtuœr* (1307; RUB I, 234); *der Ditrich Umptuăr* (1312; RUB I, 277); *fůr den Ummtuœr* (1315; RUB I, 316); *Dietreich der Umbtůăr* (1330; RUB I, 608); *schaff [...] der Umptůărinne* (1341; RUB I, 960); *Ulreichen dem Umbtuăr, chorherren ze Alten Cappellen* (1350; RUB I, 1286). ▲ Nom. ag. auf *-er* zu mhd. *einen umbe tuon* ‚[jemanden] herumbringen, von seiner Ansicht abbringen' (Lexer, 2, Sp. 1726), ‚jemanden zu Boden werfen, besiegen' (DWB, 23, Sp. 1235 mit Nachweis bei Ulrich von Lichtenstein [13. Jh.]) (+ Movierungssuffix *-inne*). ♣ PersÜN für einen charakterstarken Menschen, der andere leicht überzeugt, bzw. AkzÜN für jemanden, dem das einmal gelungen ist, oder auch AkzÜN für jemanden, der einen Gegner zu Boden geworfen hat.

Unholz – *Dietel Unholtz zing[iesser]* (1348; RUB I, S. 761). ▲ Mhd. *unholz* stN. ‚geringes Holz, Abfallholz' (Lexer, 2, Sp. 1898; vgl. Schmeller, 1, Sp. 1103). Da der

Beleg eindeutig im Nominativ steht, kann eine Ableitung von mhd. *unholt* Adj. ‚nicht geneigt, feindlich' (Lexer, 2, Sp. 1898) ausgeschlossen werden. ♣ BerÜN. ⬍ Die Berufsangabe (*zingiesser*) lässt an die Verwendung von Abfallholz als Brennholz im Rahmen der Berufstätigkeit denken.

Unruchel – *Albr. Unruchel* (1370; RUB II, 888) = *Albrecht des Unruͤchels Schwester* (1370; RUB II, 889b, Reg.). ▲ Zu mhd. *unruoch* stM. ‚Sorglosigkeit, Gleichgültigkeit, Vernachlässigung; der etwas vernachlässigt, versäumt; der rücksichtslos ist' + *-l*-Suffix (Lexer, 2, Sp. 1928). ♣ PersÜN nach einem charakterlichen Merkmal.

Unseld – *Herman Unsaͤld* (1338; RUB I, 806) = *Herman Unsald* (1342; RUB I, 982). ▲ Mhd. *unsælde* stF. ‚Unglück, Unheil' (Lexer, 2, Sp. 1929f.). Mit Schwarz: *Die Personennamengebung in Regensburg,* S. 34 kann hierbei an einen vom Unglück verfolgten Menschen gedacht werden. ♣ PersÜN nach den Lebensumständen.

Unsitte – *Ch. dem Unsit [...] 3 Vierling Weizen* (1369; RUB II, 829, Reg.); *Chunr. Unsitt* (1370; RUB II, 888). ▲ Mhd. *unsite* stM. ‚üble Sitte, Aufgebrachtheit, Zorn, unfeines Benehmen' (Lexer, 2, Sp. 1937f.). ♣ PersÜN nach dem Verhalten (Jähzorn, Grobheit).

Unspräch – *Ulr. der Unpraͤch* (1326; RUB I, S. 736; verschrieben für *Unspraͤch*). ▲ Mhd. *unspræche* Adj. ‚sprachlos, stumm' (Lexer, 2, Sp. 1939). ♣ PersÜN für jemanden, der stumm oder wenig gesprächig war (vgl. Schwarz: *Die Personennamengebung in Regensburg,* S. 34).

Unternagel – *Datz dem Undernagel* (1370; RUB II, 906). ▲ Wohl Rückbildung zu einem mhd. allerdings noch nicht belegten Verb **undernagelen* ‚[ein Hufeisen] unternageln' (s. DWB, 24, Sp. 1696: *unternageln*, belegt bei Campe, 18. Jh.). Möglich wäre auch eine Bildung zu mhd. *undære* Adj. ‚unfreundlich, schmerzlich, unangenehm, unansehnlich, schlecht' und mhd. *nagel* stM. ‚Nagel an Händen und Füssen, Nagel oder Schraube aus Metall oder Holz, um etwas zu befestigen', etwa ‚schlechter Nagel' (Lexer, 2, Sp. 1775; Sp. 15f.; vgl. DWB, 24, Sp. 435: *under* ‚nichtsnutzig'; Schmeller, 1, Sp. 532). ♣ BerÜN für den Hufschmied oder tadelnder BerÜN für den Nagelschmied. ⬍ Der Beruf des NT ist aus dem Kontext nicht ersichtlich.

Urgaul – *umb Ulr. den Urgaul* (1325; RUB I, S. 732). ▲ Mhd. *urgūl* stM. ‚alter Eber' (Lexer, 2, Sp. 2004; vgl. den Beleg *Urgulle* in den Traditionen des Kl. Tegernsee, Baumann: *Die Spitznamen,* S. 44). ♣ PersÜN nach einem metaphorischen Vergleich.

V

Vermis: → Wurm.

Verweis – *[...] verkauft [...] swester Alhaiden der Fuͤrweissin* (1349; RUB I, 1240, Reg.). ▲ Wohl zu mhd. *verwīȝ* stM. ‚strafender Tadel, Verweis' + Movierungssuffix *-inne* (Lexer, 3, Sp. 312). ♣ PersÜN nach einem charakterlichen Merkmal (Tadelsucht) oder AkzÜN.

Vetter – *dez Vetern haus* (1347; RUB I, 1184, Reg.); *des Vettern paumgarten* (1357; RUB II, 251, Reg.); *Irmgart Vetrinn* (1370; RUB II, 906). ▲ Mhd. *veter(e)* swM. ‚Vatersbruder, Vetter, Brudersohn' (+ Movierungssuffix *-inne*) (Lexer, 3, Sp. 331). ♣ RelÜN nach einem Verwandtschaftsverhältnis.

Vielspin – *Chun. Vilspinn fritscherg* (1345; RUB I, S. 755) = *Filspin der schirg* (1348; RUB I, S. 762). ▲ Zu mhd. *vil(e)* Adj. ‚viel, in Fülle, in Menge, sehr' und mhd. *spint* stM., Nbf. *spin* ‚Fett, Schmer' (Lexer, 3, Sp.348f.; 2, Sp. 1098, Sp. 1095; vgl. Schmeller, 2, Sp. 677 s. v. *Der Spind*). In den Traditionen des Kl. Schäftlarn ist der BN *Anspin* (= *āne spin* ‚ohne Fett') überliefert (Baumann: *Die Spitznamen,* S. 34), der als Gegenstück zu obigen Regensburger Belegen aufgefasst werden kann. ♣ PersÜN nach der äußerlichen Erscheinung.

Vikauz – *It. der Vikauz*[102] (nach 1334; RUB I, S. 730). ▲ Nach Suolahti: *Die deutschen Vogelnamen,* S. 172 begegnet die Bezeichnung *vichauz* für den Pirol „in einer Version des Märchens vom Zaunkönig aus dem 15. Jh." und ist als eine „Nachbildung des Naturlautes" zu begreifen. Viele mundartliche Bezeichnungen für den Vogel stehen „in engster Verbindung mit dem hellen flötenden Rufe des Pirols" (ebd.). ♣ PersÜN nach einem metaphorischen Vergleich für einen Menschen mit einer auffällig hellen Stimme.

Vitztum – *umb Vitzdum dechær* (1348; RUB I, S. 761). ▲ Mhd. *viztuom* stM. ‚Statthalter, Verwalter', auch eine Speise: *vitztumb von gersten und arbesz* (Lexer, 3, Sp. 383; vgl. Schmeller, 1, Sp. 852: „eine Art Suppe von Erbsen und Gerste, rumfordische Suppe vor Rumford!" – also eine ausgesprochene Armenspeise). ♣ RelÜN, der auf Beziehungen zu einem Amtsinhaber hinweist, oder PersÜN für einen Armen nach dessen Hauptnahrung. ⬍ Die Berufsangabe (*dechær* ‚Dachdecker') schließt einen Amtsnamen aus.

Vogel – *der Vogel* (1366; RUB II, 692, Reg.). ▲ Mhd. *vogel* stM. ‚Vogel' (Lexer, 3, Sp. 424f.). ♣ PersÜN nach einem metaphorischen Vergleich oder metonymischer BerÜN für den Vogelsteller.

W

Waage – *der Frid. mit der Wage* (1312; RUB I, 277). ▲ Zu mhd. *wāge* stF. ‚Waage' (Lexer, 3, Sp. 633f.). ♣ BerÜN für einen Wäger, Wägemeister oder Händler (vgl. Matzel/Riecke/Zipp, S. 350 s. v. *Wager/Woger*; Kohlheim: *Regensburger Beinamen,* S. 138; s. auch oben → *Schmerwaage*). ⬍ Der Beruf des NT ist aus dem Kontext nicht ersichtlich.

Wäch – *Seydel der Waͤch* (1370; RUB II, S. 486). ▲ Mhd. *wæhe* Adj. ‚glänzend, schön, fein, zierlich, schmuck, stattlich' (Lexer, 3, Sp. 641). ♣ PersÜN nach der äußeren Erscheinung.

Wacker – *her Chunrat der Wakcher* (1312; RUB I, 274); *der Wacher* (1312; RUB I, 277); *Wakkero* (1314; RUB I, 295); *dez Wachkers oͤheimen* ([ca. 1329]; RUB I, 590);[103] *Ott Wakker* (1334; RUB I, 738); *Offmey di Wæchrinne* (1336; RUB I, 770); *bei dem Wocher* (1345; RUB I, S. 754); *schaff [...] der Waͤkchrinn [...] 60 d* (1350; RUB I, 1272); *dictum Wacker* (RUB I, 1305);[104] *Offmey Wakcherin* (1359; RUB II, S.475). ▲ Mhd. *wacker* Adj. ‚wach, wachsam, rührig, munter, frisch, tüchtig, tapfer' (+ Movierungssuffix *-inne*) (Lexer, 3, Sp. 626). ♣ PersÜN nach dem Verhalten.

[102] In der Hs. durchstrichen.

[103] Kopie ca. 1343.

[104] Undatiert; Kopie ca. 1357.

Wagenrädel – *Mertl Wagenraͤdl* (1374; RUB II, S. 490). ▲ Zu mhd. *wagen* stM. ‚Wagen‘ und mhd. *redelīn,* Nbf. *rädel* stN., Dim. zu *rat,* ‚Rädchen‘ (Lexer, 3, Sp. 635f.; 2, Sp. 367), mhd. *wagenrat* stN. ‚Wagenrad‘ (TWB, S. 305). ♣ BerÜN (Wagenbauer, Fuhrmann). ⬍ Aufgrund des Kontextes – es ist die Rede von einem Überfall auf einen Regensburger Warentransport (RUB II, S. 490) – ist für den NT eine Tätigkeit als Fuhrmann durchaus denkbar.

Waise – *Eberbein der Ways* (1319; RUB I, 376, Reg.). ▲ Mhd. *weise* swM. ‚Waise‘ (Lexer, 3, Sp. 746; vgl. Schmeller, 2, Sp. 1020 s. v. *Der Wais*). ♣ RelÜN nach den familiären Verhältnissen.

Webeis(en) – *Walther Wepeiss* (1342; RUB I, 982) = *Wolther Wepeis* (1347; RUB I, 1185) = *Walther Wepeizz* (1351; RUB II, 20) = *Walthier der Wepeizze* (1355; RUB II, 133) = *Walther Wepeyzz* (1356; RUB II, 191); *Mechthilt die Wepeizzinn* (1369; RUB II, 856, Reg.). ▲ Wohl zu mhd. *wëbeīsen* stN. ‚der Weberkamm‘ (+ Movierungssuffix *-inne*) (Lexer, 3, Sp. 718; vgl. DWB, 27, Sp. 2618). ♣ BerÜN für einen Weber. ⬍ Der Beruf des NT ist aus dem Kontext nicht ersichtlich.

Wegehäuptel – *dez Wegenhaͤuppel tochter* (1370; RUB II, 906). ▲ ÜN in Satzform zu mhd. *wegen* swV. ‚bewegen, schütteln‘ und mhd. *houbet* stN., Nbf. *haupp* ‚Kopf‘ + *-l*-Suffix (Lexer, 3, Sp. 728; 1, Sp. 1346f.): etwa ‚bewege/schüttele das Köpflein‘. Bei *Wegenhaͤuppel* ist *-en-* als Fugenelement anzusehen, dessen Verwendung durch die häufigen Bildungen mit dem männlichen Artikel unterstützt wurde (vgl. Hellfritzsch: *Zum Problem der Satznamen,* S. 32f.). ♣ PersÜN für jemanden, der den Kopf schüttelte/bewegte. Ob der ÜN auf einen kranken, zitternden Menschen oder aber auf einen bedächtigen Menschen anspielte (vgl. Schwarz: *Deutsche Namenforschung,* S. 154), muss offenbleiben.

Weigerer – *Fridr[eich] Waigrer* (1376; RUB II, 1120). ▲ Nom. ag. auf *-er* zu mhd. *weigern* swV. ‚sich widersetzen, weigern; versagen, verweigern‘ (Lexer, 3, Sp. 743; vgl. auch DWB, 28, Sp. 634: *weigerer* ‚Personen, die etwas verweigern‘). ♣ PersÜN nach einem charakterlichen Merkmal.

Weiß(e) – *der Weisse* (1338; RUB I, 806); *der Weissinn sun vor Purch* (1340; RUB I, S. 746); *Ch. der Waiss* (1340; RUB I, S. 769) = *Ch. der Waizz* (1340; RUB I, S. 773); *Frid. Weiss* (1342; RUB I, 982); *Růdel Weizz* (1345; RUB I, S. 756); *Andre Weizze* (1356; RUB II, 191) = *Andre Weiz* (1360; RUB II, 397). ▲ Mhd. *wīʒ* Adj. ‚weiß, glänzend‘ (+ Movierungssuffix *-inne*) (Lexer, 3, Sp. 957). Die Schreibungen mit >ss< und >zz< sprechen gegen eine Ableitung von mhd. *wīse* Adj. ‚verständig, erfahren, klug, gelehrt, weise‘ (Lexer, 3, Sp. 936). Die Belege *Waiss, Waizz* sind nicht zu mhd. *weise* ‚Waise‘, sondern hierher zu stellen. Sie stammen aus dem *Handelsungeldregister* (RUB I, Beilage 4), wo die Diphthongierung von mhd. >ī< in der Regel als >ai< (und nicht als >ei<) wiedergegeben wird. ♣ PersÜN nach einem körperlichen Merkmal (vor allem nach der Haarfarbe).

Weißer – *Franzl Weisser* (1361; RUB II, 425).[105] ▲ Stark flektierte Form des mhd. Adj. *wīʒ* (→ *Weiß[e]*).

[105] Kopie ca. 1600 (Eppingers Diplomatar).

Wenig – *ein w[unde] umb Wenigs chünzel* (1345; RUB I, S. 755). ▲ Zu mhd. *wēnec, wēnic* Adj. ‚weinend, klagend; erbarmenswert, unglücklich; klein, gering, schwach' (Lexer, 3, Sp. 761f.). ♣ Mehrdeutiger PersÜN.

Weniger – *Hainr. der Weniger* (1326; RUB I, 517); *hern Haynreich den Wenigær B.z.R.* (1330; RUB I, 600, Reg.); *der Weningerinne swester tohtter* (nach Weihnachten 1339; RUB I, 881); *der Wenigar* (1340; RUB I, S. 775). ▲ Stark flektierte Form des mhd. Adj. *wēnec, wēnic, wēninc, wēning* (+ Movierungssuffix *-inne*) (→ *Wenig*).

Wesch – *Fridr. Weschk* (1371; RUB II, 939). ▲ Nom. ag. auf *-e* (apokopiert) (< ahd. *-o*) zu mhd. *waschen, weschen* stV. ‚waschen, spülen; bildl. schwatzen' (Lexer, 3, Sp. 701; vgl. fnhd. *weschhaft[ig]* ‚geschwätzig', fnhd. *wescher* ‚Schwätzer', fnhd. *wescherei* ‚Geschwätz', Götze, S. 228; Schmeller, 2, Sp. 1039f. verzeichnet unter *waschen, wäschen* auch die Bedeutung ‚klatschen, ausplaudern, schwatzen', *Die Wasch, Mari-Wasch* ‚plauderhafte Person'; DWB, 27, Sp. 2217 gibt s. v. *Wasche* ‚geschwätziges Weib' die Form *wesch* als ostfränkisch an) oder mhd. *wesche* swM. ‚Tuchwalker' (Lexer, 3, Sp. 798; vgl. Schmeller, 2, Sp. 1040). ♣ Eher PersÜN für einen geschwätzigen Menschen als BerN.

Wetterschelle – *Öttel Weterschel der trager* (1343; RUB I, S. 751) = *Ottel Wetersel trager* (1350; RUB I, S. 763). ▲ Zu mhd. *wëter, wëtter* stN. ‚Wetter (gutes oder böses), Witterung, Gewitter, Ungewitter' und mhd. *schëlle* swF. ‚Schelle, Glöckchen' (Lexer, 3, Sp. 806; 2, Sp. 691f.; vgl. auch *wëterliuten* stN. ‚das Läuten bei einem Gewitter', Lexer, 2, Sp. 807). ♣ PersÜN, wohl für jemanden, der für das Läuten bei einem Gewitter zuständig war.

Wiederkauf – *durch Ulreich den Wyderchaf* (1377; RUB II, 1172, Reg,). ▲ Mhd. *widerkouf* stM. ‚Wieder-, Rückkauf, Wiederkaufsrecht (um dieselbe Summe), Wiedereinlösung eines Pfandes, Rückzahlung eines Darlehens, Wiedervergeltung, Entschädigung' (Lexer, 3, Sp. 841; vgl. DWB, 29, Sp. 1063ff.). ♣ AkzÜN oder BerÜN (Kaufmann). ⇕ Der Beruf des NT ist aus dem Kontext nicht ersichtlich.

Wild – *der Jeorg Wilde* (1312; RUB I, 277); *Fridrich der Wild* (1316; RUB I, 324, Reg.); *deu Wildin* (1326; RUB I, S. 735); *di Wildinne* ([1340 Anf.?]; RUB I, 893);[106] *Jorgen dez Wyllden haus* (1370; RUB II, 906); *Ermolt Willd* (ebd.). ▲ Mhd. *wilde, wilt* Adj. ‚wild, unbewohnt, wüst; sittenlos, fremd(artig), seltsam, unheimlich' (+ Movierungssuffix *-inne*) (Lexer, 3, Sp. 884f.). ♣ PersÜN nach dem Aussehen oder Verhalten.

Wimmer – *Perhttolt Wimer der chanler* (1325; RUB I, S. 732). ▲ Mhd. *wimer, wimmer* stM. ‚knorriger, von einem erstickten Ast herrührender Auswuchs an einem Baumstamm; Auswuchs, Warze, Bläschen auf der Haut', fnhd. *wimmer* ‚knorrig gewachsenes Holz, Astknorren, Knäuel; Flegel' (Lexer, 3, Sp. 896; vgl. Schmeller, 2, Sp. 912f. s. v. *Der Wimmer*). Dass bereits eine kontrahierte Form von mhd. *widemer* stM. ‚Inhaber eines *widemen*' (Lexer, 3, Sp. 822f) vorliegt, wovon Eitler: *Münchner Familiennamen,* 322 für ihre Münchner Belege *Wimer* und *Wimerl* ausgeht, ist unwahrscheinlich, da für diesen Sachverhalt in Regensburg *Widenman* (a. 1339), *Wydenman* (a. 1370) und *Widman* (a. 1375), also zeitlich noch nach unserem Beleg, erscheinen (s. Kohlheim: *Regensburger Beinamen,* S. 142). ♣ PersÜN nach einem äußerlichen Merkmal oder nach einem groben Verhalten.

[106] Kopie ca. 1340.

Winter – *Ulr. der Winter* (1332; RUB I, 679, Reg.). ▲ Mhd. *winter* stM. ‚Winter' (Lexer, 3, Sp. 916). Nach Schwarz: *Deutsche Namenforschung,* S. 141 darf man bei den ÜN *Sommer* und *Winter* vielleicht an Volksschauspiele denken, in denen die Gestalten des Sommers und Winters vertreten waren. ♣ RelÜN nach einem Zinstermin bzw. einer Arbeitsverpflichtung oder AkzÜN nach einer Spielrolle. ⬍ Zwar kommt in der älteren Regensburger Überlieferung der RN *Winitheri/Wintherus/Winther* vereinzelt vor (s. Schwägerl: *Das Regensburger Althochdeutsch,* S. 359), doch spricht sein Fehlen im Regensburger RN-Inventar des Spätmittelalters (vgl. Kohlheim: *Regensburger Rufnamen,* S. 29–45) gegen die Anahme eines BN<RN.

Wirsing – *Ulrich der Wirsinck* (1351; RUB II, 19, Reg.). ▲ Ableitung auf *-ing* zu dem mhd. Wortstamm *wirs-* in *wirsic* Adj. ‚schlimm, übel', *wirsen* swV. ‚übler, schlimmer machen, schädigen, verletzen, ärgern' (Lexer, 3, Sp. 932; vgl. Scheffler-Erhard: *Alt-Nürnberger Namenbuch,* S. 329 s. v. *Wirsing*). Die Kohlart kommt für die BN-Bildung nicht infrage, da „*wirsing*, die schriftsprachlich gewordene form, [...] erst im späten 17 jh. greifbar" wird (DWB, 30, Sp. 628). ♣ PersÜN nach dem Charakter oder Verhalten.

Wohlfeil – *Chuͤntzel der Wolfail der messer an der Haͤwbart* (1340; RUB I, S. 749). ▲ Mhd. *wolveil(e)* Adj. ‚leicht zu kaufen, wohlfeil' (Lexer, 3, Sp. 974, Sp. 47f.). ♣ BerÜN für einen Krämer (vgl. Brechenmacher, 2, S. 828). ⬍ Die Berufsangabe *messer* ‚(städtischer) Messer, Meßbeamter' stützt diese Annahme nicht, sodass bei unserem Beleg entweder von einem festen BerÜN oder von einem PersÜN (vielleicht von einem Echonamen) auszugehen ist.

Wolf, Wulpin – *Ulrich der Wolff* (1362; RUB II, 483, Reg.); *Heinrich der Wolf* (1368; RUB II, 803, Reg.); *Alheit Wulpin* (1359; RUB II, S. 476). ▲ Mhd. *wolf* stM. ‚Wolf' bzw. mhd. *wülpinne* stF. ‚Wölfin' (Lexer, 3, Sp. 966f.; Sp. 986). Bei *Alheit Wulpin,* die in einem Leibgedingsregister erscheint, ist nicht von der Bedeutung ‚Weib von wölfischer Art, Dirne' (Lexer, 3, Sp. 986) auszugehen; vielmehr handelt es sich um die Frau oder Tochter eines Mannes namens *Wolf.* ♣ Mehrdeutiger ÜN: PersÜN (böser, gefährlicher Mensch; Träger eines Wolfspelzes), BerÜN (Jäger, Kürschner), AkzÜN (Teilnahme an einer Wolfsjagd). ⬍ Das Fehlen der KF *Wolf* im Regensburger RN-Inventar (vgl. Kohlheim: *Regensburger Rufnamen,* S. 45) spricht gegen die Annahme eines BN<RN.

Wunder – *Hans Wunder* (1338; RUB I, 806); *Wunter chramer* (1348; RUB I, S. 761); *Hans Wûnder* (1356; RUB II, 191); *Hans Wuͤnder* (1361; RUB II, 448). ▲ Mhd. *wunder* stN. ‚Verwunderung, Neugier; Gegenstand der Verwunderung: Tat, Ereignis, Wesen, Eigenschaft von außergewöhnlicher Art, Wunder, Neuigkeit', *ich hān,* [*ich*] *nime wunder* ‚ich wundere mich, bin neugierig zu erfahren' (Lexer, 3, Sp. 987f.; TWB, S. 328; vgl. DWB, 30, Sp. 1782-1824; Schmeller, 2, Sp. 956: „*Der Wunder, Gewunder* ‚Neugierde, Vorwitz'"). ♣ PersÜN, etwa nach einem neugierigen oder einem ungewöhnlichen, seltsamen Verhalten.

Wunderer – *Albrecht der Wunndraͤr* (1371; RUB II, 969, Reg.); *Chunrat dem Wundrer* (1375; RUB II, 1084d, Reg.). ▲ Mhd. *wunderære, -er* stM. ‚der Wunder oder wunderbare Taten tut; der sich wundert', mhd. *wundern* swV. ‚in Verwunderung geraten, sich wundern, zu wissen gespannt sein', fnhd. *wundrer* ‚Sonderling' (Lexer, 3, Sp. 988, Sp. 991f., Götze, S. 232). *Wunderer* ist auch der Name eines dämonischen Riesen in der spätmittelalterlichen Dietrich-Dichtung (de Boor: *Die deutsche Literatur im späten Mittelalter,* S. 168f.). ♣ Mehrdeutiger PersÜN, s. auch → *Wunder.*

Wunderwein – *Ulusch Wunderwein* ([ca. 1362]; RUB II, 509). ▲ Zu mhd. *wunder* stN. ‚Verwunderung, Wunder, Neuigkeit', auch ‚außergewöhnlich große Menge, außerordentlich viel' und mhd. *wīn* stM. ‚Wein' (Lexer, 3, Sp. 987f., Sp. 897; vgl. die Belege *Wunderweyn, Wunderwein, Wundrwayn, Wunderweynin* [ohne Erklärung] bei Schwarz: *Sudetendeutsche Familiennamen,* S. 349). In Komposita dient *wunder-* ganz allgemein der Steigerung (Wilmanns: *Deutsche Grammatik,* S. 558). ♣ PersÜN nach den Trinkgewohnheiten.

Wurf, Würfel – *umb Goͤtzlein den Wuͤrffel* (1339; RUB I, S. 741) = *umb Goͤtzlein den Wuͤrff* (1339; RUB I, S. 742). ▲ Zu mhd. *wurf* stM. ‚Wurf, speziell der Wurf beim Würfelspiel' + *-l*-Suffix (Lexer, 3, Sp. 1005f.). ♣ PersÜN für einen Spieler.

Würger – *Walther der Wuͤrgær* (1320; RUB I, 379) = *Walther Wuͤrger* (1326; RUB I, 509); *dez Wurgers freunt* (1339; RUB I, S. 741); *Burger Walthirs aidem* (1340; RUB I, S. 770); *Jurg Burger* (1348; RUB I, S. 761) = *Joͤrg Wůrger* (1350; RUB I, S. 763). ▲ Mhd. *würger* stM. ‚Würger', zu mhd. *würgen* swV. ‚an der Kehle zusammenpressen, würgen' (Lexer, 3, Sp. 1007f.). ♣ AkzÜN wohl für jemanden, der einen anderen bei einer Rauferei gewürgt hatte.

Wurm – *Wolframmus Wůrm* (1213; RUB I, 49); *Diepoldus Vermis* (1248; RUB I, 73). ▲ Mhd. *wurm* stM. ‚Wurm, Insekt, Spinne, Fliege, Mücke, Schlange, Drache', bildl. ‚Teufel' (Lexer, 3, Sp. 1008f.). ♣ PersÜN nach einem metaphorischen Vergleich.

Wurst – *di Wuͤrstinne*[107] (nach 1334; RUB I, S. 730). ▲ Mhd. *wurst* stF. ‚Wurst' + Movierungssuffix *-inne* (Lexer, 3, Sp. 1010f.). ♣ BerÜN (Wurstmacher, Fleischer) oder PersÜN nach der Lieblingsspeise. ⬍ Aus dem Kontext (*Liste der aus der Stadt Verwiesenen*) ist eine Beziehung zum Fleischerberuf nicht ersichtlich.

Z

Zabel: → Zobel.

Zahn – *Wolframmus Dens* (1242; RUB I, 67) = *herre Wolfram der Zant* (1286; RUB I, 138); *Zantoni date sunt 150 lb. Mon. pro 100 lb. d. Rat.* (1291–93; RUB I, 156); *schaff [...] Elspeten der Zændinne [...] 20 lb* (1327; RUB I, 524); *her Steffan und her Albreht die Zaͤnde die schulthaitzzen* (1331; RUB I, 616) = *her Stephan und her Alb. di Zaͤnd schulthaitzzen ze R.* (1334; RUB I, 737); *herm Stephann dem Zand* (1335; RUB I, 748, Reg.); *her Stephan und her Albreht die Zænde* (1335; RUB I, 752, Reg.); *Offney deu Zaͤndin* (1346; RUB I, 1136, Reg.);[108] *Albreht den Zan* (1347; RUB I, 1190). ▲ Mhd. *zant, -des, zan* stM. ‚Zahn' (+ Movierungssuffix *-inne*) (Lexer, 3, Sp. 1029). ♣ PersÜN nach einem körperlichen Merkmal.

Zalai – *Sigel Zalai* (nach 1334; RUB I, S. 731). ▲ Bei diesem einmaligen Beleg aus der *Liste der aus der Stadt Verwiesenen* ist die Etymologie unklar.

Zanger – *umb den Egprehtt den Zanger* (1339; RUB I, S. 740); *[vermacht] Petersen der Zengerin ein guͤldin haͤftel* (1359; RUB II, 327, Reg.). ▲ Mhd. *zanger* Adj. ‚beißend,

107 In der Hs. durchstrichen.

108 Kopie ca. 1357.

scharf; bildl. frisch, munter, lebhaft, rührig‘ (+ Movierungssuffix *-inne*) (Lexer, 3, Sp. 1027). ♣ PersÜN nach dem Charakter oder Verhalten.

Zänkel – *Chunrat der Zaͤnkel* (1330; RUB I, 608); *deu Zænklinne hubscherinn* (nach 1334; RUB I, S. 731). ▲ Nom. ag. auf *-el* (< ahd. *-il*) zu mhd. *zanken* swV. ‚zanken‘ (+ Movierungssuffix *-inne*) (Lexer, 3, Sp. 1028). ♣ PersÜN nach einem charakterlichen Merkmal (Streitsucht).

Zanktel – *Umb denn Zangtlein dez Zangtleins sun* (1376; RUB II, S. 494). ▲ Wohl zu mhd. *zankëht,* Nbf. *zenket* Adj. ‚mit Zacken, Spitzen versehen‘ + *-l*-Suffix (Lexer, 3, Sp. 1028; vgl. DWB, 31, Sp. 248 s. v. *zankicht*). ♣ PersÜN nach dem Charakter oder Verhalten (Unnahbarkeit, Unfreundlichkeit).

Zanner – *Hanricus Zannær* (1244; RUB I, 69) = *H. Zanner* ([1262–77]; RUB I, 113).[109] ▲ Nom. ag. auf *-er* zu mhd. *zannen* swV. ‚knurren, heulen, weinen, den Mund verziehen‘ (Lexer, 3, Sp. 1028; TWB, S. 330; vgl. DWB, 31, Sp. 257 s. v. *Zanner:* „grinser, greiner, wer die zähne bleckt, grimassen schneidet und boshafte worte macht“; Schmeller, 2, Sp. 1127: „*Die Zannen* […] läppische, weinerliche, verzerrte Miene, Grimasse […] *Der Zanner, die Zannerin*, der, die da häßlich weint“). ♣ PersÜN nach dem Verhalten.

Zaufe – *Engelbertus Zůfe* ([1191–92]; RUB I, 43) = *Engelbertus Zauf* (1229; RUB I, 55). ▲ Nom. ag. auf *-e* (< ahd. *-o*) zu einem allerdings erst fnhd. belegten Verb *zaufen* ‚rückwärts ziehen (die Zugtiere, das Haar); rückwärts gehen, ohne sich umzudrehen‘, bair. *zaufen* ‚(zunächst vom Zugvieh) rückwärts gehen, ohne sich jedoch umzukehren‘, bildl. ‚von einer Behauptung, Unternehmung zurücktreten‘ (Götze, S. 234, Schmeller, 2, Sp. 1087). ♣ PersÜN nach dem Verhalten, etwa für einen unentschlossenen oder unzuverlässigen Menschen.

Zehrer – *Perchtolt der Ziraͤr chursner* (1339; RUB I, S. 739). ▲ Mhd. *zerer* stM. ‚der großen Aufwand macht, Zecher‘, fnhd. *zerer* ‚Prasser‘ (Lexer, 3, Sp. 1065; Götze, S. 235; zu >-ir-< aus >-er-< s. Kranzmayer: *Historische Lautgeographie,* §4.g.2.). ♣ PersÜN nach dem Verhalten.

Zeiger – *di Zayger* (1364; RUB II, 536). ▲ Mhd. *zeiger* stM. ‚Zeiger, An-, Vorzeiger; Zeigefinger; Wegweiser; Aushängeschild eines Wirtshauses; Zeichen, Signal‘ (Lexer, 3, Sp. 1050). ♣ Eher PersÜN nach einem körperlichen Merkmal als BerÜN für einen Schankwirt. ⬍ Der Beruf der NT ist aus dem Kontext nicht ersichtlich.

Zerrenschaub – *Andre der Zirrenschaͤub, B. z. R.* (1375; RUB II, 1077, Reg.) = *Andre Zirrenschaube* (1375; RUB II, 1084c, Reg.); *Jordan Zirrenschaub* (1376; RUB II, 1120); *Chuͤnigund[a] dicta Zirrenschaͤubinn* (1378; RUB II, 1191). ▲ ÜN in Satzform zu mhd. *zerren,* Nbf. *zirren* swV. ‚zerren, reißen, zerreißen‘ + Artikel + mhd. *schoup, schoub,* Nbf. *schaub* stM. ‚Bündel, besonders Strohbund‘ (+ Movierungssuffix *-inne*) (Lexer, 3, Sp. 1076f.; 2, Sp. 775f.): etwa ‚[ich] zerre/reiße den Schaub‘. ♣ Mehrdeutiger BerÜN, etwa für den Dachdecker, den Bauern. ⬍ Ein NT, *Jordan Zirrenschaub,* ist a. 1397 im *Runtingerbuch* als Händler überliefert (Brechenmacher, 2, S. 854; der BN wird jedoch nicht näher erklärt).

Zetzegut – *Hainr. Smerpuͤheler Zetzgůt* (nach 1334; RUB I, S. 730). ▲ ÜN in Satzform zu mhd. *zecketzen, zetzen* swV. ‚reizen, necken; zücken, rauben‘ und mhd. *guote* Adv.

[109] Kopie 15. Jh.

zu *guot* ‚gut‘ (Lexer, 3, Sp. 1039; 1, Sp. 1122; Schmeller, 2, Sp. 1167 zitiert Hans Sachs: „Der mensch mit hochmut trutzt und zetzt“ und bringt einen Nürnberger Wörterbuchbeleg aus dem 18. Jh. bei: *Einen zetzen* ‚ihn vexieren, foppen‘): etwa: ‚[ich] necke gut‘. ♣ PersÜN nach dem Verhalten.

Zinnen – *Andre dez Zinein haus* (1368; RUB II, 760, Reg.);[110] *Hans Zyneyn* (1371; RUB II, 971). ▲ Mhd. *zinīn* Adj. ‚aus Zinn, zinnen, zinnern‘ (Lexer, 3, Sp. 1124; zu dem BN<BB *zingiesser* s. Kohlheim: *Regensburger Beinamen,* S. 149; vgl. auch → *Bleiern,* → *Eisern,* → *Schweinern,* → *Steinern*). Haushaltsgegenstände aus Zinn waren nur in reichen Bürgerhäusern üblich. Matzel/Riecke/Zipp, S. 375f. verzeichnen folgende Komposita mit *Zinn-*: *zingeschirr* ‚Hausgerät aus Zinn‘, *zinchandel* ‚(kleine) Kanne aus Zinn‘, *zin schússl* ‚Zinnschüssel‘, *Zin taller* ‚Teller aus Zinn‘. ♣ BerÜN für jemanden, der mit Zinn arbeitet (z. B. Zinngießer). ⬍ Der Beruf der NT ist aus dem Kontext nicht ersichtlich.

Zinnöhrl – *Der jung Zinoͤrl datz sand Haymmran* (1339; RUB I, S. 738). ▲ Zu mhd. *zin* stN. ‚Zinn‘ und mhd. *ærelīn* stN., Dim. zu *ære, ær* stN. ‚Henkel, Handhabe, Griff‘: ‚zinnernes Henkelchen‘ (Lexer, 3, Sp. 1122; 2, Sp. 164; Matzel/Riecke/Zipp, S. 217; vgl. RUB II, 1073: in seinem Testament hinterlässt *Ulreich der Wollaͤr in der Aekcherstrazz in dem Pach* [seinem] *swoger Steffan dem Ingelsteter einen flaͤdrein chopf* [Trinkgefäß] *mit einem sylbrein oͤr*). ♣ BerÜN für einen Zinngießer oder AkzÜN.

Zobel – *Hans Zobel* (1358; RUB II, 316). ▲ Zu mhd. *zobel* stM. ‚Zobel, Zobelfell, Zobelpelz‘ (Lexer, 3, Sp. 1144) oder zu mhd. *zabel* stN. ‚Spielbrett und Brettspiel; Scherzrede, Scherz‘ (Lexer, 3, Sp. 1015; vgl. Schmeller, 2, Sp. 1071f.). ♣ BerÜN für den Kürschner oder PersÜN für den Träger eines Zobelpelzes bzw. PersÜN nach der Vorliebe für Brettspiele. ⬍ Der Beruf des NT ist aus dem Kontext nicht ersichtlich.

Zöderl – *Ch. Zoͤderell der smitchneht* (1326; RUB I, S. 733). ▲ Nom. ag. auf *-er-* zu mhd. *zoten* swV. ‚langsam gehen, schlendern, wackelnd gehen‘ + *-l*-Suffix (Lexer, 3, Sp. 1154; 3, Nachtr., Sp. 406; vgl. Schmeller, 2, Sp. 1166: „*Der Zotterer* (Zadərə’), langsame Person männlichen […] Geschlechts“; Finsterwalder: *Tiroler Namenkunde,* S. 544 s. v. *Zoderer*): etwa ‚einer, der langsam, unsicher geht‘. ♣ PersÜN nach der Gangart.

Zuckschwert – *Hainreich dem Zukchswert, dem chramer* (1364; RUB II, 594, Reg.). ▲ ÜN in Satzform zu mhd. *zücken, zucken* swV. ‚schnell und mit Gewalt ziehen, schnell ergreifen, an sich reißen‘ und mhd. *swërt* stN. ‚Schwert‘ (Lexer, 3, Sp. 1165f.; 2, Sp. 1364f.): etwa ‚[ich] ziehe [das] Schwert‘. ♣ PersÜN nach dem Verhalten (Raufbold).

Zugäbel – *Chunrat Zuͤgaͤbel, schuster* (1370; RUB II, 891c, Reg.). ▲ Zu mhd. *zuogābe* stF. ‚Zugabe, Mitgift‘ + *-l*-Suffix (Lexer, 3, Sp. 1190; vgl. Brechenmacher, 2, S. 869, der den FN *Zugeld* < mhd. *zuogëlt* ‚Heiratsgut, Mitgift‘ verzeichnet). ♣ AkzÜN.

Zwerchstech – *der Twerchstech* (1342; RUB I, 982). ▲ Nom. ag. auf *-e* (apokopiert) (< ahd. *-o*) zu mhd. *twërch* Adj. ‚auf die Seite gerichtet, schräg, quer‘ und mhd. *stëchen* stV. ‚stechen, turnieren‘ (Lexer, 2, Sp. 1599, Sp. 1154f.): etwa ‚Quer-/ Schrägstecher‘. ♣ BerÜN für einen Kämpfer im Turnier (vgl. Kohlheim: *Regensburger Beinamen,* S. 127 s. v. *Stechær*) oder AkzÜN.

[110] Der Beleg *Andre Zmein* (1362; RUB II, 506) ist wohl verschrieben für *Zinein.*

Zwerg – *Berchtolt Twerg* (1225; RUB I, 52).[111] ▲ Mhd. *twërc* stN. ‚Zwerg' (Lexer, 2, Sp. 1598f.). ♣ PersÜN nach der Körpergröße.

Zwicksauf – *umb Frid. den Zwikksauf* (1339; RUB I, S. 739). ▲ ÜN in Satzform zu mhd. *zwicken* swV. ‚mit Nägeln befestigen; einklemmen, einkeilen; mit Eindrücken, Tupfen versehen; zwicken, zupfen, rupfen, zerren', mhd. *ëȝ* Pron. ‚es' und mhd. *ūf* Präp. ‚auf' (Lexer, 3, Sp. 1213f.; 1, Sp. 717; 2, Sp. 1687): etwa ‚zwicke es auf, befestige es'. ♣ Mehrdeutiger BerÜN. ⬍ Der Beruf unseres NT ist aus dem Kontext nicht ersichtlich. Bei dem von Eitler: *Münchner Familiennamen,* S. 442 nicht gedeuteten Beleg *Zwixauf pistor* von a. 1377 liegt ein BerÜN für den Bäcker vor, und zwar zu mhd. *die semelen zwicken* (mit Eindrücken/Tupfen versehen) bzw. zu mhd. *daȝ brōt ungezwicket lāȝen* (Lexer, 3, Sp. 1214; 2, Sp. 1893). Berger/Etter: *Die Familiennamen der Reichsstadt Esslingen,* S. 383 denken u. a. an einen BerÜN „für einen, der die Sohlen aufzwickt, mit Zwecken festmacht".

[111] Dt. Übersetzung aus dem Anf. des 15. Jh.s.

3 Auswertung

3.1 Formbezogene Analyse

3.1.1 Zusammenstellung und Chronologie der Erst- und Frühbelege

3.1.1.1 Vorbemerkungen

Wie in der „Einleitung“ dargelegt, ist davon auszugehen, dass den meisten mittelalterlichen Übernamen jeweils ein appellativisches Gegenstück entsprach. In vielen Fällen stellen die belegten Namen damit Früh- oder sogar Erstbelege der ihnen zugrunde liegenden appellativischen Wörter[112] dar. In der Folge sind diejenigen Übernamen aufgelistet, die (als Appellativ) in M. Lexers *Mittelhochdeutschem Handwörterbuch* (= Lexer) sowie seinem *Taschenwörterbuch* samt den Nachträgen von U. Pretzel (= TWB) nicht aufgeführt sind. Dabei wird unterschieden zwischen Namen, die in Grimms *Deutschem Wörterbuch* (= DWB) einschließlich der Neubearbeitung (= DWB, Neubearb.) nachzuweisen sind, und solchen, für die sich im neuhochdeutschen Sprachschatz keine Fortsetzung findet. Erstere erscheinen recte gedruckt, letztere kursiv. Da das DWB bekanntlich keinen Anspruch auf Vollständigkeit erhebt, wurden gelegentlich als Nachweis des Fortlebens eines Lexems andere Quellen herangezogen. So findet sich z. B. ein so alltägliches Kompositum wie *Krautschüssel* im DWB nicht, ist dagegen im *Pfälzischen Wörterbuch* (= PfWB) nachzuweisen.

Zweifelsohne enthalten die Regensburger Übernamen aber auch zahlreiche Okkasionalismen, ad-hoc-Bildungen, die einem Einfall des Namengebers entsprangen und auf den Einzelfall beschränkt blieben. Aufgeführt sollten sie dennoch werden, und zwar als Zeugnis für die wortschöpferische Kreativität dieser Übergangszeit von der mittelhochdeutschen zur frühneuhochdeutschen Sprachperiode. Man hat diese lexikalische Kreativität des 14. Jh.s mit der philosophischen Gedankenwelt des Nominalismus in Verbindung gebracht, die es als notwendig erscheinen ließ, „der Einzelerscheinung klare, eindeutige Bezeichnungen zu geben.“[113] Daher gilt auch für unseren appellativisch-onymischen Wortschatz, was D. Wolf bezüglich der Neologismen im Werk von Hans Sachs festgestellt hat, dass auch dann, wenn viele dieser „Wortneuschöpfungen hauptsächlich habitueller Art sind [...] und nicht, jedenfalls nicht direkt, zum Ausbau der schriftsprachlichen Lexik beitrugen,“[114] der „erste Gebrauch eines Wortes – Erstbeleg/Frühbeleg – aufschlußreich hinsichtlich der Gestaltung neuer Weltperspektiven und

[112] Nach Fleischer/Barz: *Wortbildung,* S. 51f. unterscheiden wir zwischen „Wörtern“ und „Lexemen“: Wörter umfassen auch Gelegenheitsbildungen (Okkasionalismen), Lexeme sind im Sprachschatz gespeicherte Wörter.

[113] Eggers: *Deutsche Sprachgeschichte,* S. 106.

[114] Wolf: *Lexikologie und Lexikographie des Frühneuhochdeutschen,* S. 1560.

Wirklichkeitsdimensionen, Differenzierungen von Lebenswelten und Lebenswirklichkeiten" ist.[115] „Im Einzelfall kann [...] auch die Einmaligkeit einer Wortschöpfung oder einer Gebrauchsinnovation von Interesse sein."[116] Dem möchten wir uns anschließen. Bei den so genannten Satznamen wurde allerdings eine Ausnahme gemacht, da sie nur selten eine Nachfolge als Appellativ im DWB gefunden haben. Sie werden daher unten (→ 3.1.3) gesondert untersucht. Ebensowenig wurden Kennzeichnungen, die noch nicht univerbiert erscheinen, aufgenommen (z. B. *Hnr. mit der pösen ê*). Mit einem prozentualen Anteil von 1,3% am Gesamtinventar der Regensburger Übernamen spielen solche präpositionalen Bildungen ohnehin eine sehr untergeordnete Rolle. Dagegen wurden Übernamen, bei denen ein Bedeutungswandel des zugrunde liegenden Appellativs in Richtung der heute gebräuchlichen Verwendung vorliegt, aufgeführt (vgl. *Buckel, Pranger*).

Bei 160 (ca. 28%) der 576 aus dem RUB gewonnenen Übernamen handelt es sich um Erst- oder Frühbelege. Sie werden im Folgenden in alphabetischer Reihenfolge und normalisierter Schreibung aufgelistet.[117]

3.1.1.2 Erst- und Frühbelege in alphabetischer Anordnung

Auerhahnschnabel (a. 1334) – Kompositum nicht in Lexer und nicht in TWB. Nicht in DWB. Als Appellativ belegt in *Gesammelte ornithologische und jagdliche Skizzen,* Kaiserlich-königliche Hof- und Staatsdruckerei, Wien 1884, S. 104: *Gelber Auerhahnschnabel.*

Baffer (a. 1356) – Ableitung nicht in Lexer und nicht in TWB. In DWB 1, Sp. 1075 nur das Verb *baffen* (17. Jh.).

Bartenstiel (a. 1341) – Kompositum nicht in Lexer und nicht in TWB. Nicht in DWB.

Bescherrel (a. 1358) – Ableitung nicht in Lexer und nicht in TWB. Nicht in DWB.

Bierfeind (a. 1345) – Kompositum nicht in Lexer und nicht in TWB. Nicht in DWB. Artikel *Ein berühmter Bierfeind* in: *Kraft und Schönheit,* Bd. 10 (1910), S. 27–28.

[115] Ebd., S. 1561.

[116] Ebd. Vgl. auch Gloning: *Organisation und Entwicklung historischer Wortschätze,* S. 27: „In der traditionellen Lexikologie hat man ad-hoc-Bildungen in der Regel nicht als Wortschatzelemente betrachtet und sie bei der Analyse mehr oder weniger unberücksichtigt gelassen. Aus einer kommunikativen Perspektive gibt es aber gute Gründe, auch ad-hoc-Bildungen und Ausdrücke in einem frühen Stadium der Konventionalisierung bei der Wortschatzanalyse mit einzubeziehen. Zum einen dienen auch sie Sprechern zur Realisierung kommunikativer Funktionen. Zum anderen erlauben sie Rückschlüsse auf noch fehlende oder erst im Aufbau begriffene Standardmittel des Wortschatzes. [...] Ad-hoc-Bildungen gehören zum Auswahlpool für den Wortschatzausbau. Viele ad-hoc-Bildungen bleiben kommunikative Eintagsfliegen, aber andere werden weiterverwendet und schließlich etabliert. Beide Typen, die Eintagsfliegen und die Bereicherungen, sind aufschlussreich für die Beurteilung des lexikalischen Haushalts in einem Sprachstadium."

[117] Diminutivbildungen auf *-(e)l* bleiben unberücksichtigt, ebenso das Suffix *-er* bei *Gäns(e)bein* und *Nindertheim.*

Blutwurst (a. 1370) – Kompositum nicht in Lexer und nicht in TWB. Nachgewiesen bei S. Schertlin von Burtenbach, 16. Jh. (DWB, 2, Sp. 197).

Bocker (a. 1370) – Ableitung nicht in Lexer und nicht in TWB. Nicht in DWB. Nachgewiesen in BWB, 2, Sp. 1539.

Bocksteche (a. 1213) – Ableitung nicht in Lexer und nicht in TWB. Nicht in DWB.

Breitmagen (a. 1340) – Kompositum nicht in Lexer und nicht in TWB. Nicht in DWB.

Buckel (a. 1313) – In Lexer, 1, Sp. 376 *buckel* nur im Sinne von ‚halbrund erhabener Metallbeschlag in der Mitte des Schildes'. Ebenso in TWB. Nach Kluge, S. 159 in der Bedeutung ‚(krummer) Rücken' erst ab 15. Jh. belegt. DWB, 2, Sp. 484f. weist *Buckel* in der Bedeutung *‚dorsum, cervix'* bei G. Henisch (16./17. Jh.) nach.

Dohlenauge (a. 1339) – Kompositum nicht in Lexer und nicht in TWB. Nicht in DWB. Belegt als Bildlegende *Dohlenauge sei wachsam!*, in: Sonsbeck lokalkompass.de (letzter Zugriff 26.06.2013).

Dornauge (a. 1326) – Kompositum nicht in Lexer und nicht in TWB. Nicht in DWB.

Dössel (a. 1358) – Ableitung nicht in Lexer und nicht in TWB. Nicht in DWB.

Dreischilling (a. 1326) – Kompositum nicht in Lexer und nicht in TWB. Nicht in DWB. Vgl. aber „die gelbe Dreischilling" [eine Briefmarke], KudoZ^{TM} translationhelp proz.com (letzter Zugriff 18.07.2013).

Dreischinken (a. 1333) – Kompositum nicht in Lexer und nicht in TWB. Nicht in DWB.

Düsel (a. 1370) – Ableitung nicht in Lexer und nicht in TWB. Nicht in DWB.

Edelsherz (a. 1364) – Kompositum nicht in Lexer und nicht in TWB. Nicht in DWB.

Ehrundgut (a. 1325) – Zusammenrückung nicht in Lexer und nicht in TWB. Nicht in DWB.

Faulschink (a. 1361) – Kompositum nicht in Lexer und nicht in TWB. Nicht in DWB.

Feirer (a. 1339) – Ableitung nicht in Lexer und nicht in TWB. Nachgewiesen in den Nürnberger Meisterliedern der ersten Hälfte des 16. Jh.s (DWB, 3, Sp. 1464).

Feuerauge (a. 1326) –Kompositum nicht in Lexer und nicht in TWB. Bezeugt bei Schiller, Bürger, Platen und Goethe, 2. Hälfte des 18. Jh.s (DWB, 3, Sp. 1588).

Foß (a. 1342) – Nomen nicht in Lexer und nicht in TWB. Nachgewiesen bei H. Sachs, 16. Jh. (DWB, 4, Sp. 42).

Frauenneffe (a. 1342) – Kompositum nicht in Lexer und nicht in TWB. Nicht in DWB.

Gäns(e)bein (a. 1339) – Kompositum nicht in Lexer und nicht in TWB; nachgewiesen in FnhdWB, 6, Sp. 77 für a. 1525 und bei J. H. Campe, 18. Jh. (DWB, 4, Sp. 1266).

Garnot (a. 1343) – Kompositum nicht in Lexer und nicht in TWB. Nicht in DWB.

Gaucher (a. 1357) – Ableitung nicht in Lexer und nicht in TWB; nachgewiesen bei K. Stieler, 2. Hälfte 17. Jh. (DWB, 4, Sp. 1533).

Geinel (a. 1340) – Ableitung nicht in Lexer und nicht in TWB. Nicht in DWB.

Geller (a. 1340) – Ableitung nicht in Lexer und nicht in TWB. Belegt bei M. Lexer, *Kärntnisches Wörterbuch,* 1862 (DWB, 5, Sp. 3041).

Gerstenhaupt (a. 1370) – Kompositum nicht in Lexer und nicht in TWB. Nicht in DWB.

Geutschner (a. 1349) – Ableitung nicht in Lexer und nicht in TWB. Nicht in DWB.

Glätt(n)er (a. 1338) – Ableitung nicht in Lexer und nicht in TWB. Nachgewiesen bei J. Frisius, a. 1556, als *gleter* (DWB, 7, Sp. 7751).

Glühmage (a. 1287) – Kompositum nicht in Lexer und nicht in TWB. Nicht in DWB.

Goldfuß (a. 1242) – Kompositum nicht in Lexer und nicht in TWB. Nachgewiesen bei J. A. Naumann, a. 1822–60, als Bezeichnung für eine Falkenart (DWB, 8, Sp. 776).

Goller (a. 1346) – Ableitung nicht in Lexer und nicht in TWB. Nicht in DWB.
Grellenort (a. 1374) – Kompositum nicht in Lexer und nicht in TWB. Nicht in DWB.
Gruchze (a. 1355) – Ableitung nicht in Lexer und nicht in TWB. Nicht in DWB.
Grün(s)klee (a. 1339) – Kompositum nicht in Lexer und nicht in TWB. Nicht in DWB.
Grünskraut (a. 1339) – Kompositum nicht in Lexer und nicht in TWB. Nachgewiesen als *grünskraut* bei J. Ayrer, Ende 16. Jh., nd. *gruenkrut* bereits a. 1500 (DWB, 9, Sp. 954).
Gurrhahn (a.1343) – Kompositum nicht in Lexer und nicht in TWB. Nicht in DWB.
Gürter (a. 1357) – Ableitung nicht in Lexer und nicht in TWB. Nicht in DWB.
Gutbrot (a. 1346) – Kompositum nicht in Lexer und nicht in TWB. Nicht in DWB.
Halbmetze (a. 1371) – Kompositum nicht in Lexer und nicht in TWB. Nicht in DWB. Nachgewiesen für Ulm, a. 1376/1445, in DRW, 4, Sp. 1458.
Herbsleben (a. 1340) – Kompositum nicht in Lexer und nicht in TWB. Nicht in DWB.
Heumücke (a. 1320) – Kompositum nicht in Lexer und nicht in TWB. Nicht in DWB.
Heuraufe (a. 1326) – Kompositum nicht in Lexer und nicht in TWB. Das Diminutiv als Appellativ nachgewiesen zwischen a. 1369 und a. 1376 bei Matzel/Riecke/Zipp, S. 138. *Heuraufe* als ‚Raufe für Heu über der Krippe der Tiere' nachgewiesen bei J. L Frisch, Ende 17./Anfang 18. Jh. (DWB, 10, Sp. 1291).
Heuschmeck (a. 1340) – Kompositum nicht in Lexer und nicht in TWB. Nicht in DWB.
hintenhoch (a. 1339) – Adjektiv nicht in Lexer und nicht in TWB. Nicht in DWB.
Hössel (a. 1339) – Ableitung nicht in Lexer und nicht in TWB. Nicht in DWB.
Humse (a. 1340) – Ableitung nicht in Lexer und nicht in TWB. *Humse* als ‚Hummel' nachgewiesen bei H. M. Moscherosch a. 1642 (DWB, 10, Sp. 1910).
Hüpfer (a. 1340) – Ableitung nicht in Lexer und nicht in TWB. Nachgewiesen bei K. Stieler, 2. Hälfte 17. Jh. (DWB, 10, Sp. 1956).
Kagermaus (a. 1344) – Kompositum nicht in Lexer und nicht in TWB. Nicht in DWB.
Kalbsbauch (a. 1339) – Kompositum nicht in Lexer und nicht in TWB. Nicht in DWB. Nachgewiesen in BWB, 1, Sp. 1355 (*kalbspauch,* München um 1365).
Kerrer (a.1328) – Ableitung nicht in Lexer und nicht in TWB. In DWB, 11, Sp. 614 ist *die Kerrerin* erwähnt: „keiferin. [...] so nannte kaiser Maximilian I. eins seiner geschütze."
Klaffschinke (a. 1156) – Kompositum nicht in Lexer und nicht in TWB. Nicht in DWB.
Kleinfleisch (a. 1337) – Kompositum nicht in Lexer und nicht in TWB. Nicht in DWB.
Klobschink (a. 1324) – Kompositum nicht in Lexer und nicht in TWB. Nicht in DWB.
Kornbauch (a. 1240) – Kompositum nicht in Lexer und nicht in TWB. Nicht in DWB.
Kossel (a. 1348) – Ableitung nicht in Lexer und nicht in TWB. Nicht in DWB.
Kraghals (a.1340) – Kompositum nicht in Lexer und nicht in TWB. Nicht in DWB.
Kranzagel (a.1339) – Kompositum nicht in Lexer und nicht in TWB. Nicht in DWB.
Kratzmann (a. 1370) – Ableitung nicht in Lexer und nicht in TWB. Nicht in DWB.
Krautschüssel (a. 1340) – Kompositum nicht in Lexer und nicht in TWB. Nicht in DWB. *Krautschüssel* als ‚Schüssel für Sauerkraut' nachgewiesen in PfWB, 4, S. 568.
Kribbel (a. 1248) – Ableitung nicht in Lexer und nicht in TWB. Nicht in DWB.
Krückner (a. 1338) – Ableitung nicht in Lexer und nicht in TWB. Nicht in DWB.
Küttfraß (a. 1318) – Kompositum nicht in Lexer und nicht in TWB. Nicht in DWB.
Langvorfuß (a. 1338) – Kompositum nicht in Lexer und nicht in TWB. Nicht in DWB.

Lapper (a. 1366) – Ableitung nicht in Lexer und nicht in TWB. In FnhdWB, 9, Sp. 281 ist *läpper* in der Bedeutung ‚(Flick)Schuster' belegt (Genf a. 1636), die für Regensburg nicht infrage kommt.

Leche (a. 1287) – Ableitung nicht in Lexer und nicht in TWB. Nicht in DWB. M. Kramer, a. 1719, verzeichnet das Adj. *lech* als oberd. mundartliche Form für ‚leck' (DWB, 12, Sp. 471f.); vgl. Götze, S. 147 *lech* ‚undicht, ausgetrocknet, schmachtend'. Kaum infrage kommt FnhdWB, 9, Sp.555: *lech* ‚ein Metall' (Schlesien a. 1509).

Leidgast (a.1278) – Kompositum nicht in Lexer und nicht in TWB. Nicht in DWB.

Leiner (a. 1370) – Ableitung nicht in Lexer und nicht in TWB. Nachgewiesen bei Schmeller, 1, Sp. 1477: *Lainer* ‚herumlehnender, träger Mensch'. Kaum infrage kommt das bei Ph. A. Nemnich, a. 1798, nachgewiesene Nomen *Leiner* M. ‚anas strepera, die Schnatterente' (DWB, 12, Sp. 707).

Lichtrauch (a. 1326) – Kompositum nicht in Lexer und nicht in TWB. Als poetische Umschreibung für ‚Morgenlicht' erscheint das Kompositum bei Heinse, *Ardinghello,* a. 1787 (DWB, 12, Sp. 889).

Listmar (Mitte 12. Jh.) – Adjektiv nicht in Lexer und nicht in TWB. Nicht in DWB.

Mischer (a. 1229) – Lexer, 3, Nachtr., Sp. 318 verzeichnet das Substantiv *mischer* stM. erst für den *Ackermann aus Böhmen,* 15. Jh. Nach DWB, 12, Sp. 2253 erstmals in *Judas* (1686–1695) von Abraham a Santa Clara.

Moltenschalk (a. 1365) – Kompositum nicht in Lexer und nicht in TWB. Nicht in DWB.

Murr (a. 1339) – In Lexer, 1, Sp. 2254 *murre, murr* Adj. nur im Sinne von ‚stumpfnasig'. Ebenso in TWB, Nachtr., S. 430. Erst DWB, 12, Sp. 2723 weist *Murre* in der Bedeutung ‚krummes Gesicht' nach (a. 1885).

Muskopf (a. 1276) – Kompositum nicht in Lexer und nicht in TWB. Nicht in DWB.

Musser (a. 1370) – Ableitung nicht in Lexer und nicht in TWB. Nicht in DWB.

Müßigsbrot (a. 1346) – Kompositum nicht in Lexer und nicht in TWB. Nicht in DWB.

Narrhahn (a. 1348) – Kompositum nicht in Lexer und nicht in TWB. Nicht in DWB.

Naschet (a. 1340) – Adjektiv nicht in Lexer und nicht in TWB. K. Stieler, 2. Hälfte 17. Jh., kennt *naschicht* (DWB, 13, Sp. 395 s. v. *näschicht*).

Niemandsgenoss (a. 1358) – Kompositum nicht in Lexer und nicht in TWB. Nicht in DWB.

Nindertheim (a. 1321) – Adverb nicht in Lexer und nicht in TWB. *Nirgendheim* belegt bei J. Fischart, a. 1575 (DWB, 13, Sp. 854).

Noll (a. 1370) – In Lexer, 2, Sp. 99 *nol* nur in der Bedeutung ‚mons Veneris'. In TWB, S. 152 *nol = nël, nëlle* ‚Spitze, Scheitel'. Nachgewiesen bei M. Höfer, a. 1815, als österreichisch für einen „dicken, kurzen Menschen" (DWB, 11, Sp. 1467).

Not(und)angst (a. 1338) – Zusammenrückung nicht in Lexer und nicht in TWB. Nicht in DWB.

Notscherf (a. 1338) – Kompositum nicht in Lexer und nicht in TWB. Nicht in DWB.

Obeinander (a. 1339) – Adverb nicht in Lexer und nicht in TWB. Nachgewiesen bei J. Aventin, 15./16. Jh. (DWB, 13, Sp. 1065).

Pappelkern (a. 1339) – Kompositum nicht in Lexer und nicht in TWB. Nachgewiesen in den *Erlauer Osterspielen*, 15. Jh. (DWB, 13, Sp. 1444).

Pechlauer (nach 1334) – Kompositum nicht in Lexer und nicht in TWB. Nicht in DWB.

Plauder (→ Ploderl) (a. 1340) – Ableitung nicht in Lexer und nicht in TWB. DWB, 13, Sp. 1927 kennt *Plauder f.* ‚das Plaudern' (18. Jh.).

Pochner (a. 1334) – Lexer, 1, Sp.320 verzeichnet das Substantiv *bocher* stM. erst bei J. Agricola (16. Jh.). Nicht in TWB. Etwas früher nachgewiesen in DWB, 2, Sp. 200 (bei J. Geiler von Kaisersberg, 15./16. Jh.) und FnhdWB, 4, Sp. 707, a. 1532 (schlesisch).

Pranger (a. 1342) – Lexer, 1, Sp. 340 bzw. 2, Sp. 290 verzeichnet *branger, pranger* stM. nur im Sinne von Pranger als Strafgerät. Ebenso in TWB. Erst DWB, 13, Sp. 2067 weist *Pranger* in der Bedeutung ‚ostentator, jactator' bei J. Maaler (16. Jh.) nach.

Raufer (a. 1356) – Ableitung nicht in Lexer und nicht in TWB. Nachgewiesen bei J. L. Frisch, 1. Hälfte des 18. Jh.s (DWB, 14, Sp. 261).

Rauscher (a. 1362) – Ableitung nicht in Lexer und nicht in TWB. Nachgewiesen bei J. B. Schupp(ius), 17. Jh. (DWB, 14, Sp. 314).

Reider (ca. a. 1342?) – Ableitung nicht in Lexer und nicht in TWB. Nicht in DWB.

Ringschwert (a. 1348) – Kompositum nicht in Lexer und nicht in TWB. Nicht in DWB.

Ringwert (a. 1347) – Adjektiv nicht in Lexer und nicht in TWB. Nicht in DWB.

Roggenhalm (→ Rughalm) (a.1356) – Setzt man für die Belege *Rughalm(e)* ‚Roggenhalm' an, so findet sich das Kompositum nicht in Lexer und nicht in TWB. Nicht in DWB. Belegt in DudenWB, 7, S. 3216.

Rotmund (a. 1339) – Kompositum nicht in Lexer und nicht in TWB. Nachgewiesen bei Ph. A. Nemnich, a. 1793–1798, und J. H. Campe, 18. Jh., in spezialisierter Bedeutung als Bezeichnung zweier Schneckenarten (DWB, 14, Sp. 1313).

Rügeweizen (→ Rugewaize) (a. 1156) – Kompositum nicht in Lexer und nicht in TWB. Nicht in DWB.

Säppel (a. 1359) – Ableitung nicht in Lexer und nicht in TWB. Nicht in DWB.

Sattelvlies (a. 1367) – Ableitung nicht in Lexer und nicht in TWB. Nicht in DWB.

Sauerkübel (a. 1359) – Kompositum in Lexer, 2, Sp. 1327 erst als fiktiver Name in einem Fastnachtspiel des 15. Jh.s belegt, ebenso in DWB, 14, Sp. 1872. Nicht in TWB.

Sauermaul (a. 1348) – Kompositum nicht in Lexer und nicht in TWB. Nachgewiesen bei A. Olearius, 17. Jh. (DWB, 14, Sp. 1873).

Sauerzapf (a. 1370) – Kompositum in Lexer, 2, Sp. 1326 erst als fiktiver Name in einem Fastnachtspiel des 15. Jh.s belegt, ebenso in DWB, 14, Sp. 1875. Dort auch als Appellativ nachgewiesen bei C. Melissander (a. 1719). Nicht in TWB.

Sauger (ca. a. 1190) – In Lexer, 2, Sp. 1291 ist nur das Kompositum *bluotsūger* erwähnt. Nicht in TWB. *Sauger* im Sinne von ‚Aussauger, Wucherer' erst bei Klopstock, 18. Jh., nachgewiesen (DWB, 14, Sp. 1892f.).

Schalkhart (a. 1359) – Ableitung nicht in Lexer und nicht in TWB. Nicht in DWB.

Schatzvliese (ca. a. 1150) – Ableitung nicht in Lexer und nicht in TWB. Nicht in DWB.

Scherfbeutel (nach a. 1334) – Kompositum nicht in Lexer und nicht in TWB. Nicht in DWB.

Schicke (a. 1287) – Ableitung nicht in Lexer und nicht in TWB. Nicht in DWB.

Schied (a. 1346) – Nomen im Sinne von ‚Rappfisch' nicht in Lexer und nicht in TWB. Nachgewiesen in diesem Sinn bei Ph. A. Nemnich, a. 1793–1798 (DWB, 14, Sp. 2675).

Schienennagel (a. 1374) – Kompositum nicht in Lexer und nicht in TWB. Nachgewiesen bei G. H. Zincke, a. 1731 (DWB, 15, Sp. 18).

Schirbling (a.1339) – Ableitung nicht in Lexer und nicht in TWB. Nicht in DWB.

Schlamper (a. 1370) – Ableitung nicht in Lexer und nicht in TWB. Nachgewiesen in der Bedeutung von ‚homo sordidus' bei K. Stieler, 2. Hälfte des 17. Jh.s (DWB, 15, Sp. 439).

Schlepf(e) (a. 1339) – Ableitung nicht in Lexer und nicht in TWB. Nicht in DWB.

Schlitfuß (a. 1348) – Kompositum nicht in Lexer und nicht in TWB. Nicht in DWB.

Schluder (a. 1339) – In Lexer und TWB ist *slūder* stF. nur im Sinne von ‚Schleuder' verzeichnet; sonst *slūderer* stM. DWB, 15, Sp. 807f. kennt *schluider* ‚nachlässiger Mensch' als Wort der Mundart von Ruhla/Thüringen (nach K. Regel, a. 1868).

Schmäutzel (a. 1357) – Ableitung nicht in Lexer und nicht im TWB. Nicht in DWB.

Schmitzer (a. 1340) – Ableitung nicht in Lexer und nicht in TWB. Nachgewiesen bei L. Fronsperger, 16. Jh., als ‚Spötter'; als ‚Färber von Fellen' bei M. Kramer, a. 1702 (DWB, 15, Sp. 1104). *Fellschmitzer* auch bei Schmeller, 2, Sp. 561.

Schmolle (a. 1363) – Nomen nicht in Lexer und nicht in TWB. Nachgewiesen in DWB, 15, Sp. 1105 nach Schmeller, 2, Sp. 549 und M. Höfer, a. 1815.

Schmotzler (a. 1358) – Ableitung nicht in Lexer und nicht in TWB. Nicht in DWB.

Schneevogel (a. 1328) – Kompositum nicht in Lexer und nicht in TWB. Nachgewiesen bei Ph. A. Nemnich, a. 1793–1798 (DWB, 15, 1242).

Schneuk (a. 1371) – Ableitung nicht in Lexer und nicht in TWB. Nicht in DWB.

Schottelmann (a. 1339) – Ableitung nicht in Lexer und nicht in TWB. Nicht in DWB.

Schrägel (a. 1340) – Ableitung nicht in Lexer und nicht in TWB. Das Diminutiv *Schrägelchen* nachgewiesen bei J. H. Campe, 18. Jh. (DWB, 15, Sp. 1620).

Schräghut (ca. a. 1180–83) – Kompositum nicht in Lexer und nicht in TWB. Nicht in DWB, aber als Fachausdruck für Trachtenhüte in der Gegenwartssprache belegt: amazon.de/Alpenflüstern (letzter Zugriff 01.08.2013).

Schrammicht (→ Schrammet [Hans]) (a. 1374) – Adjektiv (und Kompositum) nicht in Lexer und nicht in TWB. Nachgewiesen bei A. Corvinus, a. 1623 (DWB, 15, Sp. 1630).

Schruf (a. 1373) – Ableitung in unserem Sinn nicht in Lexer und nicht in TWB. In DWB, 15, Sp. 1801 mit anderer Bedeutung als schweizerisches Dialektwort verzeichnet.

Schweller (a. 1378) – Ableitung nicht in Lexer und nicht in TWB. Als Nom. ag. (als Pflanzenbezeichnung) nachgewiesen bei G. A. Pritzel/C. F. W. Jessen, a. 1882 (DWB, 15, Sp. 2509).

Sechsäu (a. 1338) – Kompositum nicht in Lexer und nicht in TWB. Nicht in DWB.

Seltenstich (a. 1374) – Kompositum nicht in Lexer und nicht in TWB. Nicht in DWB.

Sörgler (a. 1347) – Ableitung nicht in Lexer und nicht in TWB. Nicht in DWB.

Speckmuck (a. 1352) – Kompositum nicht in Lexer und nicht in TWB. Nicht in DWB.

Spitzhut (a. 1338) – Kompositum nicht in Lexer und nicht in TWB. Nachgewiesen in wörtlichem Sinn bei Amaranthes (= G. S. Corvinus), a. 1715, in übertragenem bei J. W. Zincgref, a. 1639 (DWB, 16, Sp. 2626f.).

Stäuber (a. 1336) – Ableitung nicht in Lexer und nicht in TWB. Nachgewiesen bei J. C. Adelung, 18. Jh. (DWB, 17, Sp. 1104f.).

Streun (a. 1339) – In Lexer, 2, Sp. 1245 *Striun* nur als Hundename bei Seifried Helbling. Nicht in TWB. Nachgewiesen als ‚Person, die sucht' bei Schmeller, 2, Sp. 815 (a. 1877).

Streuner (a. 1344) – Ableitung nicht in Lexer und nicht in TWB. Nachgewiesen bei H. Sachs, a. 1557 (DWB, 19, Sp. 1508).

Stür (a. 1370) – Ableitung nicht in Lexer und nicht in TWB. In unserer Bedeutung nicht in DWB.
Stürer (a. 1359) – Ableitung nicht in Lexer und nicht in TWB. Nachgewiesen in der Bedeutung von ‚Hetzer, Aufrührer' bei H. Sachs, 16. Jh. (DWB, 20, Sp. 575).
Sürfel (a. 1251) – Ableitung nicht in Lexer und nicht in TWB. Nicht in DWB.
Talken (a.1345) – Adjektiv nicht in Lexer und nicht in TWB. Nicht in DWB.
Tischmund (a. 1346) – Kompositum nicht in Lexer und nicht in TWB. Nicht in DWB.
Trabel (a. 1367) – Ableitung nicht in Lexer und nicht in TWB. Nicht in DWB.
Treier (a. 1346) – In der Bedeutung ‚Tänzer' nicht in Lexer und nicht in TWB. In DWB, 22, Sp. 102 nur in der Bedeutung ‚Drechsler', die für unsere Belege nicht infrage kommt.
Tülker (a. 1344) – Ableitung nicht in Lexer und nicht in TWB. Nicht in DWB.
Tursbein (a. 1348) – Kompositum nicht in Lexer und nicht in TWB. Nicht in DWB.
Umtuer (a. 1305) – Ableitung nicht in Lexer und nicht in TWB. Nicht in DWB.
Unternagel (a. 1370) – Ableitung nicht in Lexer und nicht in TWB. Nicht in DWB.
Vielspin (a. 1345) – Kompositum nicht in Lexer und nicht in TWB. Nicht in DWB.
Vikauz (nach a. 1334) – Nomen nicht in Lexer und nicht in TWB. Nicht in DWB. Nachgewiesen für das 15. Jh. als Bezeichnung für den Pirol bei H. Suolahti: *Die deutschen Vogelnamen,* S. 172.
Weigerer (a. 1376) – Ableitung nicht in Lexer und nicht in TWB. Nachgewiesen bei K. Stieler, 2. Hälfte des 17. Jh.s (DWB, 28, Sp. 634).
Wesch (a. 1371) – Ableitung nicht in Lexer und nicht in TWB. Bei O. Brenner/A. Hartmann, a. 1892, verzeichnet als ostfränkisch für ‚geschwätziges Weib' (DWB, 27, Sp. 2217 s. v. *Wasche*).
Wetterschelle (a. 1343) – Kompositum nicht in Lexer und nicht in TWB. Nicht in DWB. Belegt als Hausname in Mainz (16. Jh.) bei J. Wetter: *Kritische Geschichte der Erfindung der Buchdruckerkunst durch Johann Gutenberg zu Mainz,* Bd. 1, Mainz 1830, S. 430: „dem Haus zur Wetterschelle über".
Wirsing (a. 1351) – Ableitung im Sinne von ‚der Böse' nicht in Lexer und nicht in TWB. Nicht in DWB.
Wunderwein (ca. 1362) – Kompositum nicht in Lexer und nicht in TWB. Nicht in DWB.
Zänkel (a. 1330) – Ableitung nicht in Lexer und nicht in TWB. DWB, 31, Sp. 235 verweist auf Unger-Khull, S. 643, wo s. v. *Zänkel „Zänggl"* a. 1713 „als Schimpfwort" belegt ist.
Zanner (a. 1244) – Ableitung nicht in Lexer und nicht in TWB. Nachgewiesen bei H. Steinhöwel, 15. Jh. (DWB, 31, Sp. 257).
Zauf (a. 1191–92) – Ableitung nicht in Lexer und nicht in TWB. Nicht in DWB.
Zinnöhr (a. 1339) – Kompositum nicht in Lexer und nicht in TWB. Nicht in DWB.
Zoder (a. 1326) – Ableitung nicht in Lexer und nicht in TWB. Als *Zotter* nachgewiesen bei K. Stieler, 2. Hälfte des 17. Jh.s (DWB, 32, Sp. 137).
Zwerchstech (a. 1342) – Ableitung nicht in Lexer und nicht in TWB. Nicht in DWB.

3.1.1.3 Chronologie der Erst- und Frühbelege

Im Folgenden werden die Erst- und Frühbelege in der chronologischen Reihenfolge ihres Vorkommens angeordnet, wobei wir uns auf diejenigen beschränken, deren Fortsetzung im Sprachschatz nachgewiesen ist. Das ist der Fall bei 64 (= 40%) der Erst- und Frühbelege.

Zeitraum 1100–1199
Schräghut (ca. a. 1180–83)
Sauger (ca. a. 1190)

Zeitraum 1200–1299
Mischer (a. 1229)
Goldfuß (a. 1242)
Zanner (a. 1244)

Zeitraum 1300–1324
Buckel (a. 1313)
Nindertheim (a. 1321)

Zeitraum 1325–1349	
Dreischilling (a. 1326)	Pappelkern (a. 1339)
Feuerauge (a. 1326)	Rotmund (a. 1339)
Heuraufe (a. 1326)	Schluder (a. 1339)
Lichtrauch (a. 1326)	Streun (a. 1339)
Zoder (a. 1326)	Geller (a. 1340)
Kerrer (a.1328)	Humse (a. 1340)
Schneevogel (a. 1328)	Hüpfer (a. 1340)
Zänkel (a. 1330)	Krautschüssel (a. 1340)
Auerhahnschnabel (a. 1334)	Naschert (a. 1340)
Pochner (a. 1334)	Plauder (a. 1340)
Vikauz (nach a. 1334)	Schmitzer (a. 1340)
Stäuber (a. 1336)	Schrägel (a. 1340)
Glätt(n)er (a. 1338)	Foß (a. 1342)
Spitzhut (a. 1338)	Pranger (a. 1342)
Dohlenauge (a. 1339)	Wetterschelle (a. 1343)
Feirer (a. 1339)	Streuner (a. 1344)
Grünskraut (a. 1339)	Bierfeind (a. 1345)
Kalbsbauch (a. 1339)	Schied (a. 1346)
Murre (a. 1339)	Sauermaul (a. 1348)
Obeinander (a. 1339)	

Zeitraum 1350–1378	
Raufer (a. 1356)	Leiner (a. 1370)
Roggenhalm (a.1356)	Noll (a. 1370)
Gaucher (a. 1357)	Sauerzapf (a. 1370)
Sauerkübel (a. 1359)	Schlamper (a. 1370)
Stürer (a. 1359)	Wesch (a.1371)
Rauscher (a. 1362)	Schienennagel (a. 1374)
Schmolle (a. 1363)	Schrammhans (a. 1374)
Blutwurst (a. 1370)	Weigerer (a. 1376)
Bocker (a. 1370)	Schweller (a. 1378)

Die frühesten der insgesamt 64 Bildungen fallen noch in das 12. Jh., drei in das 13. und zwei in das erste Viertel des 14. Jh.s. Die große Mehrheit findet sich jedoch zwischen 1325 und 1378. Dabei ist die zeitliche Differenz zu den Erstbelegen im DWB oder anderen Quellen teilweise beträchtlich: Bei *Sauger* beträgt sie ca. 600 Jahre, bei *Auerhahnschnabel* 550 Jahre und selbst bei *Schneevogel* beträgt sie noch 470 Jahre. Allerdings kann nicht in allen Fällen, in denen ein mittelhochdeutsches Wort auch in der Gegenwartssprache nachweisbar ist, von einer Kontinuität im Wortgebrauch ausgegangen werden. Die Tatsache, dass das Wort *Schräghut,* das bereits Ende des 12. Jh.s als *Sgragehut* erscheint, in der gegenwärtigen Fach- und Werbesprache existiert, beweist noch nicht, dass es im Sprachgebrauch kontinuierlich verwendet wurde. Damals wie heute konnte das Wort spontan nach den deutschen Wortbildungsregeln gebildet worden sein. Es ist aber auch darauf hinzuweisen, dass mit einem breiten Übergangsfeld zwischen ad-hoc-Bildungen und etablierten Lexemen zu rechnen ist.[118]

3.1.2 Zur Wortbildung der Erst- und Frühbelege

3.1.2.1 Vorbemerkungen

Die morphologische Bildung der Übernamen kann unter zwei grundsätzlich verschiedenen Gesichtspunkten betrachtet werden: Untersucht werden kann einerseits die Bildung der den Übernamen zugrunde liegenden Wörter, andererseits die eigentliche Namenbildung. In den vorliegenden Untersuchungen zu mittelalterlichen Beinamen wird in dieser Hinsicht unterschiedlich verfahren: Während A. Linsberger „den Prozess der Namenbildung" analysiert, „indem untersucht werden soll, wie Elemente des appellativischen Wortschatzes zu Namen werden und welche morphologischen Prozesse bei der Namenbildung vor sich gehen",[119] untersucht V. Hellfritzsch die Übernamen aus Zwickauer und Chemnitzer Quellen hinsichtlich der Wortbildung des den Eigennamen zugrunde liegenden Wortschatzes.[120] Zwar wird A. Linsbergers Ansatz mehr dem Anliegen einer

[118] Hierzu Fleischer/Barz: *Wortbildung,* S. 23–25.
[119] Linsberger: *Wiener Personennamen,* S. 639.
[120] Hellfritzsch: *Personennamen Südwestsachsens,* S. 567–570.

„onomastischen Onomastik“[121] gerecht, doch möchten wir, gemäß der in der „Einleitung“ dargelegten Absicht, die Zusammenhänge zwischen allgemeiner Lexik und den frühen Beinamen herauszustellen und somit auch einen Beitrag zur weiteren Erschließung des Wortschatzes in der Zeit des Übergangs vom Mittelhochdeutschen zum Frühneuhochdeutschen zu leisten, wie V. Hellfritzsch verfahren und die der Namenbildung vorausgehenden Wörter analysieren.

Zudem ist eine morphologische Analyse, die nur den Übergang vom appellativischen Wortschatz zum proprialen Bereich erfassen möchte, gerade im Bereich der Übernamen nicht sehr ergiebig und mit manchen Unwägbarkeiten behaftet: So bestehen 64,29% der von A. Linsberger untersuchten Übernamen aus dem unveränderten Appellativ;[122] bei den von ihm getrennt behandelten Berufsübernamen sind es sogar 73,23%.[123] Bei 15,18% seines Materials handelt es sich um die Komposition zweier appellativischer Grundwörter.[124] Allerdings, und A. Linsberger weist auch ausdrücklich darauf hin, ist

> die Grenze zwischen den durch Komposition appellativischer Elemente entstandenen Beinamen und jenen, die durch Übernahme bestehender appellativischer Elemente entstanden, […] in manchen Fällen nicht eindeutig auszumachen, da oft schlichtweg nicht belegbar ist, ob ein Kompositum bereits zur Untersuchungszeit auch appellativisch oder nur onymisch gebraucht wurde (etwa *Brauneisen*).[125]

Bei unserem Material (576 Übernamen) handelt es sich in 361 Fällen (= 62,6%) um die Übernahme bereits bestehender Wörter, um „Namengebung ohne Namenbildung.“[126] Hierin enthalten sind Diminutivformen auf *-(e)l* und *-lein,* da man sie keinesfalls als Bildungen betrachten kann, die ausschließlich zur Kennzeichnung des proprialen Status eines Wortes dienen,[127] wenn auch manchen Übernamen das Diminutivsuffix erst im onymischen Stadium beigelegt zu sein scheint. Hier wäre zuvörderst an transponierte Adjektive wie *Planchl, Vaͤlschel* oder *Chargil* zu denken, aber auch bei Übernamen wie *Plutwuͤrstel* oder *Herschæftel* dürfte die *-(e)l*-Ableitung wohl erst proprial gebildet worden sein. Daneben finden sich Diminutive wie *Pokchel* (Nom.)/*Poͤchklein* (oblique Kasus), *Vischel, Froͤschel, Graͤfel* und viele andere, die sicherlich nicht erst als Proprium entstanden, sondern im geläufigen Wortschatz der Zeit vorhanden waren. Nun führen Matzel/Riecke/Zipp Diminutiva wie *Almareindl* als eigene appellativische Bildungen auf, die es wert sind beachtet zu werden,[128] und richten sich damit nach M. Lexers *Mittelhochdeutschem Handwörterbuch.* Wir sind dagegen der Ansicht, dass Diminutive in unserem Untersuchungszeitraum jederzeit ad hoc gebildet werden konnten. Hierfür sprechen Belege wie *Fridreich der Glaͤsel* (1330; RUB I, 608) = *Frid. Glas* (1342; RUB

[121] Nicolaisen: *Die Welt der Namen,* S. 20.
[122] Linsberger: *Wiener Personennamen,* S. 650.
[123] Ebd., S. 652.
[124] Ebd., S. 651.
[125] Ebd., S. 640.
[126] v. Polenz: *Name und Wort,* S. 5.
[127] Bach: *Die deutschen Personennamen,* 1, §154.6: „Die Diminutivformen können schon vor ihrer Verwendung als Bei- oder FN bestanden haben.“
[128] Matzel/Riecke/Zipp, S. 8.

I, 982), *Heintzel der Chropf* = *Haintzel der Chroͤppfel* (1338; RUB I, S. 732), *Ulreich der Chůmmer* (1368; RUB II, 758, Reg.) = *Ulr. Chuͤmerl* (1370; RUB II, 906). Daher werden Diminutive in der folgenden Analyse der Wortbildung (im Unterschied zum eigentlichen Namenbuch) nicht eigens berücksichtigt. Ebenso wird mit dem Movierungssuffix *-in,* das bei Übernamen weiblicher Namensträger Verwendung fand, verfahren. Einmal tritt *-er* an ein Kompositum (*Gänsbeiner*) und einmal an eine deadverbiale Transposition (*Nindernthеimer*). Hier liegt wahrscheinlich onymische Funktion vor und das Suffix bezeichnet die Zugehörigkeit zu einer Familie. Da dieses spät auftretende *-er* in seiner Funktion deutlich von dem deverbative und denominale Nomina agentis bildenden unterschieden ist, wird es hier nicht berücksichtigt.

Außerdem beschränkt sich die Untersuchung auf diejenigen Übernamen, die unter „Erst- und Frühbelege" aufgeführt sind. Es ergibt unseres Erachtens wenig Sinn, alle Übernamen bzw. die diesen zugrunde liegenden appellativischen Wörter mit ihrer großen Anzahl altererbter Lexeme zu untersuchen. Von Interesse sind dagegen die in unserem Material aufscheinenden Neubildungen. Nur anhand dieser Neologismen – und es ist anzunehmen, dass die in dieser Zusammenstellung enthaltenen Namen es weithin sind – kann verdeutlicht werden, welcher Wortbildungsmittel man sich in dieser sprachlich so dynamischen Zeit vorzugsweise bediente.

3.1.2.2 Wortbildungstypen

Im Folgenden erscheinen die urkundlich belegten Formen in Kursivschrift, die alphabetische Reihenfolge richtet sich nach dem in Klammern aufgeführten Lemmaansatz der entsprechenden Artikel des Namenbuchs.

3.1.2.2.1 Substantive

Simplizia

Pukkel (→ Buckel)
Vozz (→ Foß)
Noͤll (→ Noll)
Schi(e)t (→ Schied)
Smolle (→ Schmolle)
Vikauz (→ Vikauz)

Komposita

Die Substantivkomposita werden nach ihrem Erstglied klassifiziert. Dieses kann nach der klassischen Wortartklassifikation ein Substantiv, ein Adjektiv, ein Numeraladjektiv bzw. Numerale, ein Verb oder Adverb sein.

Substantiv als Erstglied

Orrhonsnobel (→ Auerhahnschnabel)
Portenstil (→ Bartenstiel)
Pirfeint (→ Bierfeind)
Plutwuͤrstel (→ Blutwürstel)
Tohenaugel (→ Dohlenäugel)
Dornawgel (→ Dornäugel)
Feyrauglein (→ Feueräugel)
Frawn nef (→ Frauenneffe)
Genspainer (→ Gänsbeiner)[129]
Gerstenhaupp (→ Gerstenhaupt)
Goltfûs (→ Goldfuß)
Grelluort (→ Grellenort)
Haͤumuͤkel (→ Heumückel)
Haͤurauffel (→ Heuraufel)
Hausmechk (→ Heuschmeck)
Chagermaͤusel (→ Kagermäusel)
Chalbspauch (→ Kalbsbauch)
Chlobschench (→ Klobschink)
Chornpauch (→ Kornbauch)
Chraghals (→ Kraghals)
Chronzogel (→ Kranzagel)
Chrautschuͤssel (→ Krautschüssel)
Chuͤtfras (→ Küttfraß)
Lichtroch (→ Lichtrauch)
Moltenschalkch (→ Moltenschalk)
Můschoph/Muschopf (→ Muskopf)
Niemtzgenoz (→ Niemandsgenoss)
Notscherf (→ Notscherf)
Popelchern (→ Pappelkern)
Pechlurel (→ Pechlauerl)
Rugewaize (→ Rugewaize)
Rughalm(e) (→ Rughalm)
Scherfpaͤutel (→ Scherfbeutel)
Schinagel (→ Schienennagel)
Snevogel (→ Schneevogel)
Spechmukk (→ Speckmuck)
Turzpain (→ Tursbein)
Weterschel (→ Wetterschelle)
Wunderwein (→ Wunderwein)
Zinoͤrl (→ Zinnöhrl)

Adjektiv als Erstglied

Praitzmaͤgel (→ Breitsmägel)
Edelshertze (→ Edelsherz)
Vaulschinkch (→ Faulschink)
Garnoͤtel (→ Garnötel)
Grunschle (→ Grün(s)klee)
Gruͤnschraͤutel (→ Grünskräutel)
Gutbrad (→ Gutbrot)
Halpmezz (→ Halbmetz)
Herbsleben/Harbsleben (→ Herbsleben)
Chlain(s)flaisch (→ Kleinfleisch)
Lanchvorfuz/ Lankerfûz (→ Langvorfuß)
Laikast (→ Leidgast)
Muͤssigsprot (→ Müßigsbrot)
Ringeswirt (→ Ringschwert)
Rotmunt (→ Rotmund)
Sawrchuͤbel (→ Sauerkübel)
Zulmeulin (→ Sauermaul)
Saurzapf (→ Sauerzapf)
Sgragehut (→ Schräghut)
Spitzhuͤt (→ Spitzhut)

Vilspinn/Filspin (→ Vielspin)

Numerale als Erstglied

Dreyschillinch (→ Dreischilling)
Dreischink (→ Dreischink)
Sechseu/Sechsew/Sechseů (→ Sechsäu)

[129] Zu dem Suffix *-er* s. oben.

Verb als Erstglied
Gluͤmag (→ Glühmage)
Guͤrrhan (→ Gurrhahn)
Clafschinke (→ Klaffschinke)
Narrhænel (→ Narrhähnel)
Slitfuͤssel (→ Schlitfüßel)
Tischmuͤndel (→ Tischmündel)

Adverb als Erstglied
Seltenstich (→ Seltenstich)

Zusammenrückungen
Er-und-gůt/Er und gůt/Erundgůt (→ Ehrundgut)
Notangst/Not-und-angst/Notundangst (→ Notangst)

Ableitungen
Ableitungen können nach ihrer Basis als deverbativ, deadjektivisch oder denominal klassifiziert werden. Unter den deverbativen Bildungen finden sich Rückbildungen, Ableitungen mit *-e*-Suffix, *-el*-Suffix, *-er*-Suffix sowie solche auf *-man* und auf *-hart.*

o **Deverbative Ableitungen**

❖ **Rückbildungen**
Nur sieben Bildungen unter den Neologismen lassen sich eindeutig zu der „noch nicht zureichend beschrieben[en]“[130] Gruppe der deverbativen Rückbildungen stellen:

Chrybel (→ Kribbel)
Murr (→ Murr)
Ploderl (→ Ploderl)
Sluder (→ Schluder)
Smaͤutzel/Smautzel (→ Schmäutzel)
Surfel (→ Sürfel)
Undernagel (→ Unternagel)

130 Erben: *Hauptaspekte der Entwicklung der Wortbildung,* S. 2530.

❖ Ableitungen mit *-e*-Suffix

Nomina agentis, die mit dem in mhd. Zeit zu *-e* abgeschwächten germanischen *-an* oder *-jan*-Suffix (ahd. *-o*) gebildet sind, „ragen noch [...] in das späte Mittelalter herein.“[131] Aus verschiedenen, vor allem lautlichen Gründen wird dieses „phonetisch undeutliche“ Suffix[132] schon seit ahd. Zeit durch das Lehnsuffix ahd. *-āri/-ari* zurückgedrängt.[133] Im oberdeutschen Bereich sind diese Formen nicht immer eindeutig erkennbar, da im Untersuchungszeitraum mit Apokopierung der abgeschwächten Endung *-e* gerechnet werden muss.[134] Unter diesem Vorbehalt zählen wir die folgenden Übernamen zu dieser Wortbildungsgruppe:

Ableitungen mit *-e*-Suffix auf Basis einfacher Verben

Grůchse (→ Gruchze)
Hums (→ Humse)
Leche (→ Leche)
Schikche (→ Schicke)
Schleppf (→ Schlepf)
Snuͤkin (→ Schneuk)
Schruf (→ Schruf)
Straͤun (→ Streun)
Stuͤr (→ Stür)
Weschk (→ Wesch)
Zůfe (→ Zaufe)

Unter den Neologismen finden sich vier Beispiele von *-e*-Ableitungen, denen nicht ein einfaches Verb, sondern eine Wortgruppe zugrunde liegt (z. B. *Pochstæche* < *boc* stM. ‚Bock‘ und mhd. *stëchen* stV. ‚stechen, schlachten‘). Ableitungen von Wortgruppen finden sich auch unter den Regensburger Beinamen aus Berufsbezeichnungen. Sie werden mit (teilweise apokopiertem) *-e*-Suffix, mit *-el*-Suffix und – am häufigsten – mit *-er*-Suffix gebildet.[135] Zu den aus dem RUB gewonnenen Erst- und Frühbelegen gehören Bezeichnungen für Handwerker und Händler sowie Angehörige anderer Berufsgruppen, etwa *chotschepf* ‚Unratbeseitiger, Kanalräumer‘,[136] *wîngeb,*[137] *Chuppfferslehel,*[138] *plattensloher,*[139] *zingiesser,*[140] *protverchauffer*[141] u. a.

[131] Schwarz: *Sudetendeutsche Familiennamen,* S. 26.
[132] Ganslmayer: *Wortbildungswandel,* S. 332.
[133] Henzen: *Deutsche Wortbildung,* S. 113.
[134] Vgl. Kohlheim: *Regensburger Beinamen,* S. 178; Kronenberger: *Die Substantivableitung*, S. 196, Fußn. 2.
[135] Vgl. Kohlheim: *Regensburger Beinamen,* S. 179–182.
[136] Ebd. , S. 44; Matzel/Riecke/Zipp, S. 234f.
[137] Kohlheim: *Regensburger Beinamen,* S. 143.
[138] Ebd., S. 47.
[139] Ebd., S. 99.
[140] Ebd., S. 149.
[141] Ebd., S. 103; Matzel/Riecke/Zipp, S. 63.

Ableitungen mit *-e*-Suffix auf Basis von Wortgruppen

Pochstœche (→ Bocksteche)
Satelflies (→ Sattelvlies)
Schazflieze (→ Schatzvliese)
Twerchstech (→ Zwerchstech)

❖ Ableitungen mit *-el*-Suffix

Nomina agentis auf *-el* (< ahd. *-il*) sind mit 10 Beispielen vertreten. Nicht immer ist eine eindeutige Trennung von den Diminutiva auf *-el* möglich.[142] So können die Belege *Cossel/Coͤssel* (→ Kossel) auch Diminutiva zu mhd. *kōse, kœse*, Nbf. *kōȝ* ‚Rede, Gespräch, Geschwätz' sein, umgekehrt kann bei *Gaͤntel* (→ Gäntel) ein Nom. ag. auf *-el* zu mhd. *ganten*, bei *Niezzl* (→ Nießel) zu mhd. *nieȝ(ȝ)en*, bei *Soͤrglin* (→ Sörgel) zu mhd. *sorgen* und bei *Taͤntzel* (→ Tänzel) zu mhd. *tanzen* vorliegen.

Pserrel (→ Bescherrel)
Tossel (→ Dössel)
Tuͤsel (→ Düsel)
Gainnel (→ Geinel)
Hoͤssel (→ Hössel)
Cossel/Coͤssel (→ Kossel)
Saͤppel (→ Säppel)
Schregel (→ Schrägel)
Trob(e)l (→ Trabel)
Zaͤnkel (→ Zänkel)

❖ Ableitungen mit *-er*-Suffix

Dieses schon früh aus dem Latein übernommene Lehnsuffix ahd. *-āri/-ari,* mhd. *-ære* erscheint im RUB in den Varianten *-ær, -aͤr, -êr, -ar* und *-er,* daneben in den „Erweiterungsformen"[143] *-ner* und *-ler.* Als äußerst produktives Morphem zur Bildung von Nomina agentis löst es undeutlich gewordene oder mehrdeutige Suffixe wie *-e* oder *-el* ab, sodass hier in der Übergangsepoche zwischen dem Mittelhochdeutschen und dem Frühneuhochdeutschen vom „Phänomen der *Suffixerneuerung* bei annähernd gleichbleibender Funktion"[144] gesprochen werden kann.

Pof(f)er (→ Baffer)
Pokchaͤr (→ Bocker)
Veyrer (→ Feirer)
Chaucherinn (→ Gaucher)
Geler (→ Geller)
Geutschner (→ Geutschner)
Glet(n)er (→ Glätt(n)er)
Goler (→ Goller)
Chuͤrtter (→ Gürter)
Hupfer (→ Hüpfer)
Cherrær (→ Kerrer)
Chruchenær (→ Krückner)
Lappaͤr (→ Lapper)
Lainaͤr (→ Lainer)

[142] Vgl. Henzen: *Deutsche Wortbildung*, S. 155–157.
[143] Erben: *Hauptaspekte der Entwicklung der Wortbildung,* S. 2531.
[144] Ebd.

Mischêr (→ Mischer)
Musser (→ Musser)
Pochner (→ Pochner)
Pranger (→ Pranger)
Rauffaͤr (→ Raufer)
Rauscher (→ Rauscher)
Ryder (→ Reider)
Sugœre (→ Sauger)
Slaͤmpperl (→ Schlamperl)
Smitzœr/Smitzzar (→ Schmitzer)
Smotzler/Smoͤtzler (→ Schmotzler)

Swellaͤr (→ Schweller)
Sorgler/Soͤrgler (→ Sorgler)
Stiuber (→ Stäuber)
Strawner (→ Streuner)
Stiraͤrin (→ Stürer)
Tuͤlker (→ Tülker)
Umbtuͤer/Umbtuœr (→ Umtuer)
Waigrer (→ Weigerer)
Zannœr (→ Zanner)
Zoͤderell (→ Zöderl)

❖ **Ableitungen auf *-man***

Schon Wilmanns bezeichnet das „Compositionsglied" *-man* „als Mittel der Ableitung."[145] Diesen „Charakter einer Ableitungssilbe"[146] nimmt *-man* insbesondere im onymischen Bereich an, sodass bei *Schoͤttelmann* nicht unbedingt davon auszugehen ist, dass diese Bildung schon im vorproprialen Stadium in dieser Form entstanden war. Dies trifft auch für die denominale Ableitung *Gratzman* (s. S. 128) zu.

Schoͤttelman/Schotelman (→ Schottelmann)

❖ **Ableitungen auf *-hart***

Schalchart(in) (→ Schalkhart)

o **Deadjektivische Ableitungen**

Wie im Lexikonteil dargelegt, kann der folgende Übername sowohl von einem Adjektiv wie von einem Verb mit dem alten Suffix *-ing* abgeleitet sein, doch sind in alter Zeit die deadjektivischen *-ing*-Ableitungen häufiger.[147]

Wirsinck (→ Wirsing)

o **Denominale Ableitungen**

Die folgenden drei Übernamen sind unterschiedlich von Nomina abgeleitet: durch das Suffixoid *-man,* durch das kombinierte Suffix *-ling* sowie durch das Nomina agentis bildende Suffix *-er.*

Gratzman (→ Kratzmann)

[145] Wilmanns: *Deutsche Grammatik*, S. 556.

[146] Bach: *Die deutschen Personennamen,* 1, §143. Vgl. auch Henzen: *Deutsche Wortbildung*, S. 192f., Kohlheim, S. 144.

[147] Henzen: *Deutsche Wortbildung,* S. 164–166.

Schirblinch (→ Schirbling)
Trair (→ Treier)

3.1.2.2.2 Adjektive

Komposita
Hintenhochel (→Hintenhöchel)
Listinar/Listmar (→ Listmar)
Ringwerd (→ Ringwert)

Ableitungen
Hierher stellen wir zwei mit dem mittelbairischen Suffix *-et,* das durch den Zusammenfall der Partizipialendung *-end* mit dem Adjektivsuffix *-eht* entstanden ist,[148] gebildete Adjektive sowie ein mit dem einen Stoff, eine Materie bezeichnenden Suffix mhd. *-īn* gebildetes Adjektiv.[149]

Nachschad (→ Naschet)
Schramat (→ Schrammet)
Telikein (→ Talken)

3.1.2.2.3 Adverbien

Niderntheimer (→ Nindertheimer)[150]
Obeinander (→ Obeinander)

148 Erben: *Einführung in die deutsche Wortbildungslehre,* S. 158, Fußn. 95.
149 Henzen: *Deutsche Wortbildung,* S. 195f.; Fleischer/Barz: *Wortbildung,* S. 335f.; Erben: *Einführung in die deutsche Wortbildungslehre,* S. 124f.
150 Zu dem Suffix *-er* s. oben.

3.1.2.3 Frequenz der einzelnen Wortbildungstypen

Die folgende Übersicht zeigt, wie häufig die einzelnen Wortbildungstypen unter den untersuchten 160 Neologismen vertreten sind.

Substantive		
Simplizia		6
Komposita		71
	mit Substantiv als Erstglied	40
	mit Adjektiv als Erstglied	21
	mit Numerale als Erstglied	3
	mit Verb als Erstglied	6
	mit Adverb als Erstglied	1
Zusammenrückungen		2
Ableitungen		73
	deverbativ	69
	ohne Suffix (Rückbildungen)	7
	mit *-e*-Suffix von einfachen Verben	11
	mit *-e*-Suffix von Wortgruppen	4
	mit *-el*-Suffix	10
	mit *-er*-Suffix	35
	auf *-man*	1
	auf *–hart*	1
	deadjektivisch	1
	denominal	3
Adjektive		
Komposita		3
Ableitungen		3
Adverbien		2

Wie auch andernorts festgestellt,[151] wird der Wortschatz in dieser Übergangsszeit zwischen dem Mittelhochdeutschen und dem Frühneuhochdeutschen weniger durch die Neuschöpfung von Simplizia als durch die Komposition vorhandener Lexeme oder Ableitungen von ihnen bereichert. Dabei sind Komposita gegenüber den Ableitungen geringfügig schwächer vertreten (71:73). Hierin unterscheidet sich die Wortbildung der Übernamen bzw. der ihnen zugrunde liegenden Lexeme von der des gleichzeitigen rein appellativischen Wortschatzes, bei dem die Komposition überwiegt.[152] Unter den komponierten Substantiven sind nahezu doppelt so viele mit einem Substantiv wie mit einem Adjektiv als Erstglied gebildet (40:21); die übrigen Wortarten (Verb: 6, Numerale:

[151] Schulze: *Lemmatisierung und Bedeutungsbestimmung von Substantivkomposita*, S. 92; Ganslmayer: *Wortbildungswandel,* S. 326.

[152] Vgl. ebd., S. 329.

3, Adverb: 1) spielen als Erstglied nur eine untergeordnete Rolle. Unter den deverbativen Ableitungen stechen die mit *-er*-Suffix gebildeten hervor (35). Immerhin noch an zweiter Stelle finden sich Ableitungen auf *-e* (15), das jedoch meist apokopiert ist, sodass diese Ableitungen gegenüber den Rückbildungen (7) nicht immer zweifelsfrei zu bestimmen sind. Auch deverbative Ableitungen mit *-el*-Suffix sind durchaus noch vorhanden (10). Anders als bei den Neologismen im Bereich der Regensburger Handwerker- und Händlerbezeichnungen[153] spielen denominale Ableitungen im Bereich der Übernamen mit drei Beispielen nur eine sehr marginale Rolle.

Dass unter den als Übernamen erscheinenden Neubildungen die Substantive noch mehr überwiegen als unter den fnhd. Neologismen insgesamt,[154] ist naheliegend. So wurden nur sechs Adjektive und zwei Adverbien zur Namenbildung verwendet. Auch diese adjektivischen und adverbialen Neologismen sind durchwegs wortgebildet und bestätigen somit den von Ch. Ganslmayer anhand fnhd. appellativischen Materials gewonnen Eindruck des Deutschen als einer „wortbildungstypischen Sprache“[155] auch im onymischen Bereich.

3.1.3 Satznamen

3.1.3.1 Vorbemerkungen

Im Unterschied zu den anderen Übernamen ist bei den meisten Satznamen davon auszugehen, dass sie nicht primär appellativisch, sondern eigens zum proprialen Gebrauch gebildet wurden, freilich aus appellativischen Bestandteilen. Unter den 37 im RUB belegten Satznamen finden sich auch drei, die, wohl sekundär, auch Eingang in den appellativischen Wortschatz fanden: *Achtseinnicht* ist a. 1612 als Appellativ nachgewiesen,[156] *Schabab* ist Anfang des 16. Jh.s in der *Zimmerischen Chronik*[157] und bei Hans Sachs belegt,[158] *Suchentrunk* kommt in den Fastnachtspielen aus dem 15. Jh. vor[159] und wird a. 1501 in der Bedeutung *parasitus* im *Vocabularius optimus* aufgeführt.[160]

Bei den Übernamen in Satzform zielte der Namengeber darauf, den Namensträger aufgrund einer von ihm (gewohnheitsmäßig oder auch nur einmalig) ausgeführten Handlung zu charakterisieren.[161] Die Satznamen dienten also „zur Bezeichnung dessen

[153] Vgl. Kohlheim: *Regensburger Rufnamen,* S. 187–190.

[154] Ganslmayer: *Wortbildungswandel,* S. 324.

[155] Ebd., S. 360.

[156] Sieh DWB, 1, Sp. 171.

[157] Lexer, 2, Sp. 620f.

[158] Sieh DWB, 14, Sp. 1944f.

[159] Lexer, 2, Sp. 1321.

[160] Sieh DWB, 20, Sp. 855.

[161] Man darf freilich hierbei nicht vergessen, dass solche Übernamen auch von Angehörigen mancher Berufsgruppen (Spielleute, Söldner) zur eigenen Selbstdarstellung angenommen bzw. bei der Gesellentaufe in Anlehnung an bereits vorhandene Muster (ohne echten Bezug zum Namensträger) vergeben werden konnten.

[…], der das in dem Verb Ausgedrückte tut".[162] Unter den Regensburger Satznamen begegnen uns Berufsübernamen, die auf einen Arbeitsgang im Rahmen der Berufstätigkeit hinweisen (z. B. *Richtentisch*), persönlichkeitsbezogene Übernamen, die auf äußere Merkmale oder auf das Verhalten des Namensträgers anspielen (etwa *Wegehäuptel*, *Hebdenstreit*), und akzidentelle Übernamen, die auf eine einmalige Begebenheit zurückgeführt werden können (z. B. *Hupf-auf-Gans*).

Der Wortbildungsstatus der Satznamen wird sehr unterschiedlich beurteilt.[163] Mit V. Hellfritzsch,[164] R. Schützeichel[165] und W. Fleischer möchten wir in ihnen keine Komposita, sondern Zusammenrückungen sehen, zeigen sie doch, wie W. Fleischer dargelegt hat, „einen deutlichen strukturellen Unterschied gegenüber den sonstigen Zusammensetzungen."[166] Vor allem sind bei ihnen „die Bedeutungsbeziehungen zwischen den unmittelbaren Konstituenten […] explizit ausgedrückt."[167] Das ist bei den eigentlichen Komposita bekanntlich nicht der Fall.

3.1.3.2 Bildungstypen der Satznamen

Die 37 im RUB belegten Satznamen – sie machen insgesamt 6,4% der Übernamen aus – lassen sich neun Bildungstypen zuweisen,[168] wie aus der folgenden Tabelle hervorgeht. Am häufigsten (16 Übernamen) ist der Bildungstyp II (Verb + Artikel + Substantiv im Akkusativ) vertreten, der als charakteristisch für Süddeutschland gilt,[169] aber auch noch in Südwestsachsen dominiert.[170] Mit 7 Beispielen ist Typ I (Verb + Substantiv im Akkusativ ohne Artikel) der zweithäufigste Bildungstyp; demgegenüber treten die übrigen Bildungstypen stark zurück.

	Bildungstypen	**Übernamenbelege**	**Zahl**
I	Verb + Substantiv im Akkusativ ohne Artikel	*Pachzelt*	7
		Prenneysen	
		Fegeisen	
		Raͤumschauppel	
		Snelpog	
		Wegenhaͤuppel	
		Zukchswert	

[162] Schützeichel: *Einführung in die Familiennamenkunde,* S. 56.
[163] Vgl. Hellfritzsch: *Zum Problem der Satznamen,* S. 32; Hellfritzsch: *Satznamen,* S. 436.
[164] Sieh ebd.; Hellfritzsch: *Personennamen Südwestsachsens*, S. 568.
[165] Schützeichel: *Einführung in die Familiennamenkunde,* S. 55.
[166] Fleischer: *Wortbildung*, S. 62. Vgl. auch Erben: *Einführung in die deutsche Wortbildungslehre*, S. 37 und Fleischer/Barz: *Wortbildung*, S. 87f.
[167] Fleischer: *Wortbildung,* S. 62.
[168] Nach Dittmaier: *Ursprung und Geschichte der deutschen Satznamen* und Schützeichel: *Einführung in die Familiennamenkunde,* S. 57ff. – Bei flektierten Belegen wird ein Nominativansatz gebildet.
[169] Dittmaier: *Ursprung und Geschichte der deutschen Satznamen,* S. 77.
[170] Hellfritzsch: *Personennamen Südwestsachsens,* S. 569.

II	Verb + Artikel + Substantiv im Akkusativ	*Pintennapf* *Pornnogel* *Hefdenstrit* *Lardennapf* *Leihnwuͤrffel* *Losdennapf/Loͤsennapf* *Machenschalt* *Richtentisch* *Schuttenhelm* *Slingenfuͤs* *Sneidenwint* *Spanshaͤutel* *Suͤchentrunch* *Sůchenwein* *Toͤtenachs* *Zirrenschaͤub/Zirrenschau b*	16
III	Verb + Präposition	*Chleban* *Schabab* *Slaufan*	3
IV	Verb + Adverb	*Zetzgůt*	1
V	Verb + Pronomen + Adverb	*Maxeid/Magseid* *Tudichda*	2
VI	Verb + Pronomen + Präposition	*Pringsaus* *Zwikksauf*	2
VII	Verb + Präposition + (Artikel) + Substantiv	*Aulenchampf* *Habanslant* *Hupf auf gans* *Strauch in daz grab*	4
VIII	Verb + Negation	*Schodenis*	1
IX	Verb + Pronomen + Negation	*Achtseinniht*	1

3.1.3.3 Chronologie der Satznamen

Die 37 im RUB belegten Satznamen werden im Folgenden in chronologischer Reihenfolge in normalisierter Form aufgeführt:

Zeitraum 1100–1199
Kleban (a. 1180–83)

Zeitraum 1200–1299
Keine Belege

Zeitraum 1300–1324
Machsgescheid (a. 1312)
Bindennapf (a. 1319)
Tudichda (a. 1321)

Zeitraum 1325–1349	
Bringsaus (a. 1326)	*Habansland* (a. 1340)
Schüttenhelm (a. 1326)	*Hupf-auf-Gans* (a. 1340)
Tötenochs (a. 1334)	*Leerdennapf* (a. 1340)
Hebdenstreit (nach a. 1334)	*Lösdennapf* (a. 1340)
Strauchinsgrab (nach a. 1334)	*Machenschalt* (a. 1340)
Zetzegut (nach a. 1334)	*Schnellbog* (a. 1340)
Schneidenwind (a. 1338)	*Spannshäutel* (a. 1344)
Bohrennagel (a. 1339)	*Backzelte* (a. 1345)
Fegeisen (a. 1339)	*Schadenicht* (a. 1345)
Räumschäubel (a. 1339)	*Suchenwein* (a. 1345)
Zwicksauf (a. 1339)	*Schlaufan* (a. 1346)
Eilenkampf (a. 1340)	

Zeitraum 1350–1378	
Achtseinnicht (a. 1352)	*Schabab* (a. 1370)
Brenneisen (a. 1359)	*Wegehäuptel* (a. 1370)
Zuckschwert (a. 1364)	*Schlingenfuß* (a. 1373)
Suchentrunk (a. 1369)	*Zerrenschaub* (a. 1375)
Leihenwürfel (a. 1370)	*Richtentisch* (a. 1378)

Bis auf *Kleban* (a. 1180–83) fallen alle Belege für Satznamen in das 14. Jahrhundert. Dass die meisten Satznamen erstmals zwischen 1325 und 1349 dokumentiert sind, ist vor allem überlieferungsbedingt. Von den 23 in diesem Zeitraum auftretenden Satznamen stammen 16 Beispiele aus dem *Wundenbuch* und 3 Beispiele aus der *Liste der aus der Stadt Verwiesenen*, d. h. aus zwei Dokumenten, in denen Angehörige der unteren Schichten der Regensburger Bevölkerung stark vertreten sind. Somit bestätigt auch unser Material die bisherige Erkenntnis, dass Satznamen „eher eine sozial geringere Stellung zum Ausdruck bringen können."[171]

[171] Hellfritzsch: *Zum Problem der Satznamen,* S. 33f.

3.1.4 Zur Deklination der Regensburger Übernamen mit *-l*-Suffix

3.1.4.1 Besonderheiten des Deklinationsmusters

Bekanntlich gilt im oberdeutschen Sprachbereich das *-l*-Suffix als Kennzeichen der Diminution.[172] Im onymischen Bereich dient es außerdem zum Ausdruck von Zuneigung und Wohlwollen, von Geringschätzung und Spott sowie von Generationsunterschieden. In gleicher Funktion erscheint, ebenfalls im Oberdeutschen, neben dem *-(e)l*-Suffix das ursprünglich aus *-l-* und *-īn* kombinierte Suffix *-līn,* nhd. *-lein.* Heute signalisiert dieses Suffix eine „gehoben[e], altertümelnde“ Stilebene, die „auf den Bereich Bibel, Volkslied, Märchen“ verweist.[173] Henzen charakterisiert dieses kombinierte Suffix als „pleonastisch und steigernd“.[174] In unseren Belegen kommen beide Varianten vor, jedoch in markanter komplementärer Verteilung: Das einfache *-l*-Suffix (graphematisch als *-l, -el, -dl, -del* und *-erl* realisiert) erscheint vorwiegend bei Belegen im Nominativ, während *-līn* (graphematisch als *-lein, -lin, -lœn, -lain* realisiert) in der großen Mehrzahl der Fälle in den obliquen Kasus auftritt. Dabei wird der Genitiv in der Regel durch das zusätzliche Kasus-Morphem *-s* (graphematisch auch als *-z* realisiert) gekennzeichnet. Auf dieses Distributionsverhältnis hat wohl als Erster K. Finsterwalder hingewiesen, in dessen Tiroler Namenbelegen aus dem 14. Jh. diese Verteilung der Suffixe ausnahmslos zu herrschen scheint.[175] V. Kohlheim konnte diese Distribution der hypokoristischen Suffixe bei seinen Untersuchungen zu den Regensburger Rufnamen des 13. und 14. Jh.s ebenfalls konstatieren. Die Verteilung der Suffixe bei hypokoristischen Rufnamenformen war auch dort eindeutig, wenn auch nicht ausschließlich realisiert. Gelegentlich ließen sich „Regelwidrigkeiten“ feststellen.[176] Zusammenfassend konnte jedoch bereits dort eine Grammatikalisierung der beiden Suffixvarianten festgestellt werden: Neben ihrer semantischen Funktion, die man als „hypokoristisch“ bezeichnen kann, erfüllten die beiden Varianten auch die Funktion der Kasusmarkierung.[177] Im Folgenden sollen nun unsere Übernamenbelege daraufhin untersucht werden, ob und inwieweit sich das bei den Regensburger Rufnamen festgestellte Schema auch hier findet. Die Ergebnisse sind nicht zuletzt deshalb von besonderem Interesse, als sie dank der besonderen Nähe der Übernamen zum appellativischen Wortschatz auch Rückschlüsse auf das Verhalten suffigierter appellativischer Formen erlauben. Es mag an dem seltenen Vorkommen diminuierter Formen in Urkunden, Geschäftsbriefen und anderen kanzleisprachlichen Quellen liegen, dass dieses Phänomen bei der Behandlung der Diminutiva in historischen Grammatiken und Abhandlungen bislang keine Erwähnung fand.

[172] Zur Herkunft und geographischen Verbreitung s. Tiefenbach: *-CHEN* und *-LEIN.*

[173] Ebd., S. 14.

[174] Henzen: *Deutsche Wortbildung,* S. 146.

[175] Finsterwalder: *Die Familiennamen in Tirol,* S. 58.

[176] Kohlheim: *Regensburger Rufnamen,* S. 113–125.

[177] Ebd., S. 125.

3.1.4.2 Analyse der Übernamenbelege

Die Untersuchung beschränkt sich auf die im Belegteil der Namenartikel enthaltenen Übernamenbelege mit -*l*-Suffix. Sie werden im Folgenden für die Zeitabschnitte 1200–1299, 1300–1349 und 1350–1378 geschlossen aufgeführt. Die alphabetische Reihenfolge der Belege richtet sich nach dem neuhochdeutschen Lemmaansatz im Lexikonteil. So werden beispielsweise *Plutwuͤrstel* (Lemma *Blutwürstel*) unter B, *Vischel* (Lemma *Fischel*) unter F und *Churtzel* (Lemma *Kürzel*) unter K eingeordnet. Die folgende Zusammenstellung enthält nur Belege im Singular, Movierungen und latinisierte Beinamenbelege werden nicht berücksichtigt.

Zeitraum 1200–1299

Diminutivsuffix -*l* im Nominativ

Ulricus Pokchel	(1240; RUB I, 65, Reg.)
Ulrich Groppel	(1213; RUB I, 49)
Walchůn Hæmel	(ca. 1200; RUB I, 46, Reg.)
Heinricus Herschæftel	(1262; RUB I, 99)
Růpertus Kærgel	(1213; RUB I, 49)
Heinricus cognomine Chrempel	([13. Jh. Mitte]; RUB I, 77)
Ulricus Ræckel	(1248; RUB I, 73)

Diminutivsuffix -*l* in den obliquen Kasus

keine Belege

Diminutivsuffix -*lein* im Nominativ

keine Belege

Diminutivsuffix -*lein* in den obliquen Kasus

keine Belege

Zeitraum 1300–1349

Diminutivsuffix -*l* im Nominativ

Tohenaugel	(1339; RUB I, S. 742)
Chunrat Vischel	(1338; RUB I, S. 806)
Fichschel der auftrager	(1339; RUB I, S. 737)
Ch. Fichsel	(1340; RUB I, S. 773)
Ulr. der Froͤschel	(1345; RUB I, S. 754)
Heinr. der Gaͤntel[178] *der chursner*	(1325; RUB I, S. 732)
her Fridreich der Garnuͤtel	(1343; RUB I, 1041, Reg.)
Fridreich der Garnoͤtel	(1343; RUB I, 1047, Reg.)
Cheurel fleischawer	(nach 1334; RUB I, S. 730)

[178] Das Vorliegen eines Nom. ag. auf -*el* zu mhd. *ganten* swV. ‚auf der *gant* verkaufen' ist nicht auszuschließen.

Gaissel freyhait (1340; RUB I, S. 745)
Gsmeidel (1338; RUB I, 806)
Seyfrit der Glaͤsel (1325; RUB I, S. 732)
Fridreich der Glaͤsel (1330; RUB I, 608)
Ůlrich Graͤfel in dem Obern wird (1339; RUB I, S. 738)
Grasmukkel (1348; RUB I, S. 761)
Dietreich der Haͤumuͤkel (1320; RUB I, 608)
Dietreich Haͤmůkel (1334; RUB I, 737)
Chunr. Haͤmukel (ebd.)
Dietreich Hœmuͤkel (1338; RUB I, 806)
Dietr. Hamuͤkel (1342; RUB I, 982)
her Hainreich der jung Hœmuͤkel (1334; RUB I, 1066, Reg.)
Seytz Haͤmukkel (1347; RUB I, 1185)
Dietr. Hemuͤkel (1349; RUB I, 1250)
Ott der alt Haͤurauffel der nodlaͤr (1326; RUB I, S. 734)
H. Hiersel (1340; RUB I, S. 747)
Ulrich der Hutel (1307; RUB I, 233)
der Huͤetel ([1329]; RUB I, 589)
Seidel Chagermeusel (1345; RUB I, S. 755)
Hauch Chetzel (1326; RUB I, 509)
der Hauch Chaͤtzel (1326; RUB I, 517)
Chraͤtzel der messer (1340; RUB I, S. 748)
Woͤlfel der Chroͤnel muͤllner chneht (1339; RUB I, S. 738)
Haintzel der Chroͤppfel (1338; RUB I, S. 732)
Losel (1326; RUB I, 509)
her Liebhart der Loͤsel (1326; RUB I, 517)
Merwot der Moͤdel (1339; RUB I, S. 738)
Ch. Medel (1339; RUB I, S. 739)
Perhttolt der Maͤgerll der chrauter (1339; RUB I, S. 739)
Chůnrat der Moͤstel (1326; RUB I, S. 736)
Ch. Mostel (1348; RUB I, S. 761)
Narrhœnel der protverchauffer (1348; RUB I, S. 761)
Maͤrchel der Oͤbsel (1340; RUB I, S. 748)
Wolfel Pechlurel (nach 1334; RUB I, S. 731)
Pfaͤffel schreiber (1340; RUB I, S. 748)
Frid. der Pfaffel (1342; RUB I, S. 750)
Ewerhart Plœttel (1348; RUB I, S. 760)
Ottel der Ploderl der trager an der Prunleit (1340; RUB I, S. 746)
Herman der Raͤkkel (1330; RUB I, 608)
Peter Raͤschel (1342; RUB I, S. 750)
Peter Regzzel (1348; RUB I, S. 762)
Chunrat Roͤsel (1318; RUB I, 347, Reg.)
Ulr. der Rozzel (1319; RUB I, 373)
Ulreich der Roͤzzel (1330; RUB I, 608)
der Friderich Rotel (1312; RUB I, 277)
Friderich der Roͤtel (1316; RUB I, 321, Reg.)

Heinr. der Saͤverll (1339; RUB I, S. 737)
Henricus Schæubel (1318; RUB I, 359)
Heinr. der Scheibel (1319; RUB I, 373)
Heinr. Schaubel der schuͤster in Prukk strazz (1339; RUB I, S. 737)
der Schaͤubel (1347; RUB I, 1185)
H. Slitfuͤssel der duchler (1348; RUB I, S. 761)
Ulr. Schoͤnel under sporern (1325; RUB I, S. 732)
Ulr. Schonel (1342; RUB I, 982)
der Schoͤndel der schreiber (1345; RUB I, S. 755)
Heinr. der Schoͤttel der sommer (1325; RUB I, S. 732)
Ch. Spanshaͤutel der trager in der Rostrench (1344; RUB I, S. 753)
Chunrat Spekchel der flaischman (1348; RUB I, 1218, Reg.)
Spoͤrel (1340; RUB I, S. 746)
Ornolt der Sterchel (1346; RUB I, S. 757)
Der Stůffel dez schergen brůder (1345; RUB I, S. 756)
Chůnrat der jung Taͤntzel[179] (1341; RUB I, 976, Reg.)
Uͤll Tischmuͤndel (1346; RUB I, S. 758)
Der jung Zinoͤrl datz sand Haymmram (1339; RUB I, S. 738)
Ch. Zoͤderell der smitchneht (1326; RUB I, S. 733)

Diminutivsuffix *-l* in den obliquen Kasus

umb Chunrat den Poͤchel (1326; RUB I, S. 733)
umb Eberllein Praitzmaͤgel den muͤllner (1340; RUB I, S. 748)
umb Haintzlein den Dornawgel (1326; RUB I, S. 733)
Chunrades des Chleimels bruder sun (1300; RUB I, 196)
umb den Gruͤnschraͤutel (1339; RUB I, S. 737)
hern D. dez Hamuͤkkels tohtter (1339; RUB I, 881)
umb daz Hintenhoͤchel (1339; RUB I, S. 744)
umb Chagermaͤusel den lechner (1344; RUB I, S. 752)
umb Hainreich den Chæmel den muͤlnerchneht (1339; RUB I, S. 744)
umb Wernher den Choͤrbel den hantschůster (1345; RUB I, S. 754)
umb Frid. den Chumerel den flaischauer (1326; RUB I, S. 734)
Ulr. den Chuͤmmerl den flaigshauær (1326; RUB I, S. 735)
umb Chunr. den Muͤndel den trager (1326; RUB I, S. 734)
datz Heinr. dem Spechel (1338; RUB I, S. 731f.)
umb Goͤtzlein den Wuͤrffel (1339; RUB I, S. 741)

Diminutivsuffix *-lein* im Nominativ

keine Belege

[179] Das Vorliegen eines Nom. ag. auf *-el* zu mhd. *tanzen* swV. ‚tanzen' ist nicht auszuschließen.

Diminutivsuffix *-lein* in den obliquen Kasus

umb Poͤchklein der Schaͤrnaͤglinn sun	(1343; RUB I, S. 751)
umb Hinzlein Pochlein	(1347; RUB I, S. 733)
Alheit dez Praitmaͤgleins muͤllner hausfraw	(1344; RUB I, S. 752)
dez Voͤnleins sun im Staͤtzenpach	(1340; RUB I, S. 747)
Seyfrit dez Feyraugleins sun	(1326; RUB I, S. 733)
umb Chuͤntzlein den Voͤsslein den mullner	(1342; RUB I, S. 751)
umb Ch. Vossellein	(1348; RUB I, S. 761)
umb Peslein den Glæslein den poten	(1347; RUB I, S. 759)
umb Ulreich den Græflein den figser	(1326; RUB II, S. 735)
Ch. dem Graflain	(1340; RUB I, S. 776)
datz dem Hemmlein dem smit	(1325; RUB I, S. 733)
umb Haͤmmlein den vischer	(1329; RUB I, S. 742)
umb Seitlein den Chagermaisslin	(1348; RUB I, S. 762)
umb Seytlein den Chagermeussellein	(ebd.)
dem Chelblein datz den predigern	(1341; RUB I, 975)
dez Choͤferleinz haus	(1347; RUB I, 1184, Reg.)
Heinr. dez Laͤzzleins sun	(1339; RUB I, 881)
umb Ůllein den Lazzlein	(1346; RUB I, S. 757)
Ulr. im Mæntlein zimerman von Geisenvelt	(1346; RUB I, S. 758)
umb Ůllein den chursner den Maisterlein	(1340; RUB I, S. 745)
umb Chunr. den Moͤstlein	(1326; RUB I, S. 735)
umb Haintzel den Pfaͤfflein	(1339; RUB I, S. 743)
dez Pfaͤrrlein aiden	(1340; RUB I, S. 749)
umb Ewerlein den stainmaizzel den Ploͤderlein	(1348; RUB I, S. 760)
umb Hnr. Raitlœn den schroder	(1347; RUB I, S. 759)
umb Haintzlein dem Raͤumschaupplein	(1339; RUB I, S. 741)
Ůlrichen dem Roͤsslein	(1325; RUB I, 481, Reg.)
hern Ůlrichs tochter des Roͤsslins	(ebd.)
Ulrich dem Rosslein	(1326, RUB I, 507, Reg.)
umb Poͤslein den Schaͤntlein	(1326; RUB I, S. 736)
Ulriches des Stoͤcklins tohter	(1314; RUB I, 299, Reg.)
Ulriches des Stoͤckleins tohtter	(1316; RUB I, 321, Reg.)
mit Perhttoldez des Stoͤchleins wissen	(ebd.)
Hainreich des Taͤntzleins (†) *Sohn*	(1341; RUB I, 976, Reg.)
Seifrid dez Tæntzleins pruͤder	(ebd.)
Haintzel dez Truͤnchleins sun dez maͤntler	(1340; RUB I, S. 746)

Zeitraum 1350–1378

Diminutivsuffix *-l* im Nominativ

Ulreich der Altmandl	(1375; RUB II, 1071)
Plutwuͤrstel chn[echt]	(1370; RUB II, 906)
Ulr. Thumberl	(1370; RUB II, 888)

der Vaͤlschel	(1358; RUB II, 316)
der Valschel	(1361; RUB II, 448)
Ruger der Vederl	(1358; RUB II, 300)
Vischl chuffer	(1362; RUB II, 506)
Hainr. Glatzzel	(1370; RUB II, 906)
Fridr. Goldel	(1371; RUB II, 939)
Rudger Haberl	(1366; RUB II, 663, Reg.)
Dietr. Hemůkel	(1351; RUB II, 20)
der Heinr. Haůmukkel	(1356; RUB II, 221)
Fridel der jung Haůͤmuͤkkel	(1357; RUB II, 273)
Heinreich der Haumuͤkkel	(1358; RUB II, 281, Reg.)
Chunr. Hoͤsel	(1362; RUB II, 507)
Chunrat Chaͤml	(1364; RUB II, 592, Anm.)
her Reichker der Kaͤrgel	(1366; RUB II, 679, Reg.)
der Choͤfferl	(1348; RUB I, S. 761)
Ulr. Chuͤmerl	(1370; RUB II, 906)
Heinr. Churtzel	(1356; RUB II, 191)
Heinreich der Chuͤrtzl	(1370; RUB II, 889a, Reg.)
Ruͤger der Lederl	(1356; RUB II, 197, Reg.)
Fridel Laidel	(1370; RUB II, 906)
Nyclas Laidel	(ebd.)
Heinr. Listl	(1370; RUB II, 888)
Chunr. Loͤsl	(1359; RUB II, S. 478)
Chuͤnrat der Schaͤnderl	(1361; RUB II, 432, Reg.)
Hans Schaͤtzel	(1370; RUB II, 902, Reg.)
Heinr. der Schaͤtzzel	(1376; RUB II, 1124)
Chunr. Scheůbel	(1351; RUB II, 9)
Chunrat der Schaůͤbel	(1351; RUB II, 20)
der Schaůbel	(1352; RUB II, 67)
Andre der Schemerl	(1370; RUB II, 890, Reg.)
Chunr[at] Schaͤrl	(1376; RUB II, 1120)
Chuntzel Slaͤmpperl	(1370; RUB II, 906)
Ulreich Schoͤberl	(1377; RUB II, 1155a)
Ch. Spechl	(1361; RUB II, 448)
Chunrad der Stoͤkchel	(1358; RUB II, 300)
Albr. Unruchel	(1370; RUB II, 888)
Mertl Wagenraͤdl	(1374; RUB II, S. 490)
Chunrat Zuͤgaͤbel, schuster	(1370; RUB II, 891c, Reg.)

Diminutivsuffix -*l* in den obliquen Kasus

Oertel dem Planchl	(1370; RUB II, S. 476)
Domus des Feurhaͤkel	(1371; RUB II, 939)

Domus Heinr. des Moͤltel (1370; RUB II, 888)[180]
Chunrat Niezzel[181] (1373; RUB II, 1027)
Chunrat des Oerl (1368; RUB II, 790a, Reg.)
Heinr. dem Seuͤberl 2 lb (1352; RUB II, 63)
Fridreich dem Tauͤbel (1371; RUB II, 962, Reg.)
Chunr. dem Toͤbel (1370; RUB II, S. 486)
Albrecht des Unruͤchels Schwester (1370; RUB II, 889b)
dez Wegenhaͤuppel tochter (1370; RUB II, 906)
umb Goͤtzlein den Wuͤrffel (1339; RUB I, S. 741)

Diminutivsuffix *-lein* im Nominativ
Ulreich Choferlein (1350; RUB II, S. 475)

Diminutivsuffix *-lein* in den obliquen Kasus
Perchtolt dem Poferlein (1357; RUB II, 237, Reg.)
Leubleins des Gayssleins Hausfrau (1371; RUB II, 935, Reg.)
Dietrich des Haaͤmuͤklins hausfrau (1355; RUB II, 137, Reg.)
an Seytzen dem Haͤmůkklein (1356; RUB II, 195, Reg.)
Ch. des Hemuͤkklein chinden (1357; RUB II, S. 482)
dez Chloͤsterlin (1376; RUB II, S. 495)
dez Saͤuberleins haus (1361; RUB II, 443, Reg.)
dez Saͤwberleins (1376; RUB II, 1119)
Heinreich des Soͤrgleins[182] (1366; RUB II, 690, Reg.)
daz weilent dez Taůbleins waz (1352; RUB II, 55, Reg.)
Umb denn Zangtlein (1376; RUB II, S. 476)

180 Vgl. auch RUB II, S. 663.

181 Das Vorliegen eines Nom. ag. auf *-el* zu mhd. *nieȝ(ȝ)en* stV. ‚inne haben, gebrauchen, benutzen, genießen (bes. vom Liebesgenuss); als Nahrung brauchen, essen und trinken, verzehren‘ ist nicht sicher auszuschließen.

182 Das Vorliegen eines Nom. ag. zu mhd. *sorgen* swV. ‚in Sorge, besorgt, bekümmert sein‘ ist nicht sicher auszuschließen.

3.1.4.3 Ergebnisse

Die folgende tabellarische Übersicht zeigt die Häufigkeit der Diminutivsuffixe *-(e)l* und *-lein* im Nominativ und in den obliquen Kasus bei den untersuchten Belegen:

	1200–1299	1300–1349	1350–1378
Verhältnis *-l* im Nominativ: *-l* in obliquen Kasus		75 : 15 (83,3% : 16,%)	41 : 11 (78,8% : 21,2%)
Verhältnis *-lein* im Nominativ: *-lein* in obliquen Kasus	0 : 0	0 : 36	1 : 11

Man kann aus obiger Tabelle ersehen, dass die unterschiedliche Verteilung der Diminutivsuffixe *-(e)l* und *-lein* bei Regensburger Übernamen bis 1378 – genauso wie bei den hypokoristischen Rufnamenformen[183] – weitgehend grammatikalisiert ist: *-(e)l* markiert den Nominativ, *-lein* die obliquen Kasus.[184] Im Unterschied zu den Rufnamen haben Übernamen auf *-lein* im Nominativ Ausnahmecharakter. Das idealisierte Deklinationsparadigma der Regensburger Übernamen des 14. Jh.s gestaltet sich demnach folgendermaßen:

Nom.: *der Glaͤsel*
Gen.: *des Glaͤslein(s)*
Dat.: *dem Glaͤslein*
Akk.: *den Glaͤslein*

Wie konnte es zu dieser Distribution der beiden hypokoristischen Suffixe kommen? Möglicherweise hat hier die für Eigennamen charakteristische schwache Flexion[185] auf die Entstehung dieses Paradigmas eingewirkt. Doch deutet sich ab der Mitte des 14. Jh.s eine zunehmende Unsicherheit im Gebrauch des vorgestellten Deklinationsmusters an. Der prozentuale Anteil der Belege mit *-(e)l* in den obliquen Kasus nimmt im Zeitraum 1350–1378 um 4,5% zu. Heute befindet sich Regensburg im Zentrum des Gebiets, in dem Familiennamen, soweit sie auf diminuierte Formen zurückgehen, auf *-l* enden,[186] d. h., die Nominativform hat sich durchgesetzt, und zwar in ihrer typisch bairischen

[183] Vgl. Kohlheim: *Regensburger Rufnamen,* S. 124f.

[184] Gelegentlich werden Übernamen auf *-el,* die kein hypokoristisches Suffix enthalten, analog dekliniert. Das trifft z. B. für den Beleg *umb H. den Stroͤblein den sporer* (1340; RUB I, S. 746) zu, dem das mhd. Adj. *strobel* ‚struppig' zugrunde liegt. Bei Nom. ag. auf *-el* finden sich ebenfalls Beispiele für *-lein* in den obliquen Kasus: *Ulreichen dem Toͤsslein an dem Marcht* (1358; RUB II, 280, Reg.), *Dietreich des Saͤppleins* (1359; RUB II, 322, Reg.). Hierauf verweist auch Finsterwalder: *Tiroler Familiennamenkunde,* S. 74.

[185] Bach: *Die deutschen Personennamen,* 1, §46.

[186] DFA 3, S. 430, Karte 205.

synkopierten Form. Während diminuierte Übernamenbelege auf *-el* bis 1349 vorherrschend sind, nehmen synkopierte Formen auf *-l* ab der Mitte des 14. Jh.s deutlich zu. Belege mit dem Gleitlaut *-d-* nach Nasal (*Schöndel, Altmandl*) sind sehr selten, ebenso solche mit dem Gleitlaut *-r-* (*Schemerl, Thumberl*).

Regensburg steht mit seinem Flexionsparadigma der hypokoristischen Suffixe nicht allein. Ein Blick auf die Verhältnisse im Wien des 15. Jh.s zeigt ein ähnliches Bild:[187] Es finden sich neben Belegen wie *Jörig der Pogl* (a. 1406),[188] *Andre der Vischel* (a. 1400),[189] *Michel der Fuchsel* (a. 1429),[190] *Fridreich Hasl, der sneider* (a. 1464),[191] *Hanns der Hêmerl* (a. 1416),[192] *Michel Hölczl, der pekch* (a. 1470),[193] *Thoman Möstl, der stainmecz* (a. 1452),[194] *Hainreich der Mükkel, der vischer* (a. 1402)[195] mit *-(e)l* im Nominativ und Belegen wie *Hainreichen des Phlênzleins* (a. 1422),[196] *Merten des Plümleins* (a. 1430),[197] *Jörgen dem Dienstlein* (a. 1400),[198] *Stephans des Fraunschuechleins* (a. 1404),[199] *Seifrids des Fuchsleins* (a. 1404),[200] *Jorgen dem Hechtlein* (a. 1428),[201] *Hannsen dem Köpplein* (a. 1446),[202] *Jacobs des Mäusleins* (a. 1404)[203] mit *-lein* in den obliquen Kasus auch Belege wie *Jacobs des Pökchel* (a. 1408),[204] *Hannsen Trunkhl* (a. 1498),[205] *dem Füchsel* (a. 1404),[206] *Micheln des Hechtel* (a. 1436),[207] *Hanns den Hölczel* (a. 1433),[208] *Steffans Meusl, des pekchen* (a. 1457),[209] *Cristoffn Rossl, dem vorsprechen* (a. 1489)[210] mit *-(e)l* in den obliquen Kasus. Wie auch in Regensburg ist *-lein* im Nominativ (z. B. *Chonrat das Herscheftlein,* a. 1413)[211] äußerst selten. Inwieweit im 15. Jh. das Flexionsmuster mit *-(e)l* im Nominativ und *-lein* in den obliquen Kasus noch fest etabliert ist, inwieweit es

[187] Die Belege stammen aus Linsberger: *Wiener Personennamen.*
[188] Ebd., S. 115.
[189] Ebd., S. 207.
[190] Ebd., S. 229.
[191] Ebd., S. 288.
[192] Ebd., S. 302.
[193] Ebd., S. 320.
[194] Ebd., S. 444.
[195] Ebd., S. 445.
[196] Ebd., S. 100.
[197] Ebd., S. 111.
[198] Ebd., S. 153.
[199] Ebd., S. 229.
[200] Ebd., S. 220.
[201] Ebd., S. 294.
[202] Ebd., S. 373.
[203] Ebd., S. 430.
[204] Ebd., S. 114.
[205] Ebd., S. 165.
[206] Ebd., S. 229.
[207] Ebd., S. 294.
[208] Ebd., S. 320.
[209] Ebd., S. 430.
[210] Ebd., S. 500.
[211] Ebd., S. 305.

durch das Vordringen von hypokoristischen Formen auf *-(e)l* in Auflösung begriffen ist, müsste genauer untersucht werden.[212]

3.1.5 Die Onymisierung von Appellativen zu Beinamen

Den Vorgang der Onymisierung, d. h. der Umwandlung eines Appellativs in einen Eigennamen, hat man im Bereich der Beinamen bislang an unterschiedlichen Kriteria versucht nachzuweisen: Fortfall des bestimmten Artikels, Vererbung des Beinamens vom Vater auf den Sohn, gleicher Beiname bei Geschwistern, Gegensatz zwischen einem Beinamen nach dem Beruf und der beigefügten Berufsangabe. Nicht in den Blickwinkel bisheriger Forschung getreten ist ein grammatisches Phänomen, das zumindest im Bereich der Übernamen den Übergang vom Gattungs- zum Eigennamen eindeutig erkennen lässt: die Anpassung des grammatischen Geschlechts (Genus) des der Namenbildung zugrunde liegenden Appellativs an das natürliche (Sexus) des Namensträgers. Da die in unseren Regensburger Quellen belegten Übernamen weitgehend in Konstruktionen mit dem bestimmten Artikel auftreten, kommt es immer dann zu einem „obligatorische[n] Genus-Sexus-Konflikt",[213] wenn dem Übernamen bei Referenz auf einen männlichen Namensträger ein Appellativ femininen oder neutralen Geschlechts zugrunde liegt. Durch die große Anzahl an hypokoristischen Formen mit *-l*-Suffix ist diese Situation recht häufig gegeben. Es zeigt sich, dass in unserem Material fast ausschließlich Kongruenz nach dem natürlichen Geschlecht des Namensträgers (*constructio ad sensum*) auftritt; Kongruenzformen, die sich nach dem grammatischen Geschlecht des Basisworts richten (*constructio ad formam*), sind die Ausnahme. Im Folgenden werden zunächst die Belege aus unserem Material geboten, die diesen Wandel eindeutig erkennen lassen:

Grammatisches Geschlecht: Feminin	**Übername: Maskulin**	
mhd. *alrūne* stswF. ‚Alraune'	*Leupman der Alrawne*	(1347; RUB I, 1167, Reg.)
mhd. *gurre* swF. ‚schlechte Stute, schlechtes Pferd'	*der Gurr*	(1362; RUB II, 506)
mhd. *hose* swF. ‚Bekleidung der Beine'	*dem Hosen datz der pfærr*	(1341; RUB I, 975)
mhd. *rīter* swF. ‚Sieb'	*umb Chunrat den Raitter*	(1325; RUB I, S. 732)

[212] Linsberger: *Wiener Personennamen*, S. 651 hält offensichtlich *-el* und *-lein* für Suffixvarianten, deren Distribution auf Zufall beruht. Die Funktion der Kasusmarkierung erkennt Linsberger nicht.

[213] Fleischer: *Grammatische und semantische Kongruenz,* S. 165.

fnhd. (obd.) *smolle* F. ‚das Weiche im Brot'	*Fridreich der Smolle*	(1374; RUB II, 1059, Reg.)
mhd. *sëhs* ‚sechs' und mhd. *ouwe* stF. ‚Schaf'	*Ulreich der Sechsew*	(1354; RUB II, 112, Reg.)
mhd. *sælde* stF. ‚Güte, Wohlgeartetheit; Segen'	*Chunrad der Saͤld* *Chunrad der Sald*	(1358; RUB II, 300) (1365; RUB II, 626, Reg.)
Grammatisches Geschlecht: Neutrum	**Übername: Maskulin**	
mhd. *velīs* stN. ‚Mantelsack, Felleisen'	*Ruprecht der Vaͤlas*	(1367; RUB II, 719, Reg.)
mhd. *viur, vi(u)wer* stN. ‚Feuer'	*her Wolfhart der Fewr* *der Feuͤr*	(1366; RUB II, 701, Reg.) (1374; RUB II, S. 488)
mhd. *geschrei(e)* stN. ‚Geschrei, Ruf'	*umb Lieblein den Geschray*	(1340; RUB I, S. 746)
mhd. *ring* ‚schlecht' + mhd. *swërt* stN. ‚Schwert'	*umb Hnr. den Ringeswirt*	(1348; RUB I, S. 761)
mhd. *swërt* stN. ‚Schwert'	*umb Ulr. den Swert*	(1342; RUB I, S. 750)
wohl zu mhd. *wëbeīsen* stN. ‚Weberkamm'	*Walthier der Wepeizze*	(1355; RUB II, 133)

Grammat. Geschlecht: Neutrum (-*l*-Suffix)
Übername: Maskulin

Ulreich der Altmandl	(1375; RUB II, 1071, Reg.)
umb Chunrat den Poͤchel	(1326; RUB I, S. 733)
umb Haintzlein den Dornawgel	(1326; RUB I, S. 733)
der Vaͤlschel	(1358; RUB II, 316)
der Valschel	(1361; RUB II, 448)
Ruger der Vederl	(1358; RUB II, 300)
umb Chuͤntzlein den Voͤsslein	(1342; RUB I, S. 751)
Ulr. der Froͤschel	(1345; RUB I, S. 754)
Heinr. der Gaͤntel der chursner[214]	(1325; RUB I, S. 732)

[214] Das Vorliegen eines Nom. ag. auf *-el* zu mhd. *ganten* swV. ‚auf der *gant* verkaufen' ist nicht auszuschließen.

Fridreich der Garnoͤtel	(1343; RUB I, 1047, Reg.)
Seyfrit der Glaͤsel	(1325; RUB I, S. 732)
Fridreich der Glaͤsel	(1330; RUB I, 608)
umb Peslein den Glæslein den poten	(1347; RUB I, S. 759)
umb Ulreich den Græflein den figser	(1326; RUB I, S. 735)
umb den Gruͤnschraͤutel	(1339; RUB I, S. 737)
Dietreich der Haͤumuͤkel	(1320; RUB I, 608)
Hainreich der jung Hæmuͤkel	(1334; RUB I, 1066, Reg.)
der Heinr. Haůmukkel	(1356; RUB II, 221)
Fridel der jung Haͤumuͤkkel	(1357; RUB II, 273)
Heinreich der Haumuͤkkel	(1358; RUB II, 281, Reg.)
Ott der alt Haͤurauffel der nodlaͤr	(1326; RUB I, S. 734)
Ulrich der Huͤtel	(1307; RUB I, 233)
der Huͤetel	([1329]; RUB I, 589)
umb Hainreich den Chæmel	(1339; RUB I, S. 744)
her Reichker der Kaͤrgel	(1366; RUB II, 679, Reg.)
der Choͤfferl	(1348; RUB I, S. 761)
umb Wernher den Choͤrbel	(1345; RUB I, S. 754)
Woͤlfel der Chroͤnel	(1339; RUB I, S. 738)
Haintzel der Chroͤppfel	(1338; RUB I, S. 732)
umb Frid. den Chumerel	(1326; RUB I, S. 734)
Ulr. der Chuͤmmerl der flaigshauær	(1326; RUB I, S. 735)
Heinreich der Chuͤrtzl	(1370; RUB II, 889a, Reg.)
umb Ŭllein den Lazzlein	(1346; RUB I, S. 757)
Ruͤger der Lederl	(1356; RUB II, 197, Reg.)
her Liebhart der Loͤsel	(1326; RUB I, 517)
Merwot der Moͤdel	(1339; RUB I, S. 738)
Perhttolt der Maͤgerll der chrauter	(1339; RUB I, S. 739)
umb Ŭllein [...] den Maisterlein	(1340; RUB I, S. 745)
umb Chunr. den Moͤstlein	(1326; RUB I, S. 735)
Chůnrat der Moͤstel	(1326; RUB I, S. 736)
umb Chunr. den Muͤndel den trager	(1326; RUB I, S. 734)
Maͤrchel der Ŏbsel	(1340; RUB I, S. 748)
umb Haintzel den Pfaͤfflein	(1339; RUB I, S. 743)
Frid. der Pfaffel	(1342; RUB I, S. 750)
Ottel der Ploderl der trager	(1340; RUB I, S. 746)
umb Ewerlein [...] den Ploͤderlein	(1348; RUB I, S. 760)
Herman der Raͤkkel	(1330; RUB I, 608)
Ulr. der Rozzel	(1319; RUB I, 373)
Ulreich der Roͤzzel	(1330; RUB I, 608)
Friderich der Roͤtel	(1316; RUB I, 321, Reg.)
Heinr. der Saͤverll	(1339; RUB I, S. 737)
umb Poͤslein den Schaͤntlein	(1326; RUB I, S. 736)

Chuͤnrat der Schaͤnderl	(1361; RUB II, 432, Reg.)
Heinr. der Schaͤtzzel	(1376; RUB II, 1124, Reg.)
Heinr. der Scheibel	(1319; RUB I, 373)
der Schaͤubel	(1347; RUB I, 1185)
Chunrat der Schauͤbel	(1351; RUB II, 20)
der Schaůbel	(1352; RUB II, 67)
der Schoͤndel der schreiber	(1345; RUB I, S. 755)
Heinr. der Schoͤttel der sommer	(1325; RUB I, S. 732)
Ornolt der Sterchel	(1346; RUB I, S. 757)
Chunrat der Stoͤkchel	(1358; RUB II, 300)
Der Stůffel dez schergen brůder	(1345; RUB I, S. 756)
Chůnrat der jung Taͤntzel[215]	(1341; RUB I, 976, Reg.)
umb Goͤtzlein den Wuͤrffel[216]	(1339; RUB I, S. 741)
Umb denn Zangtlein	(1376; RUB II, S. 476)
Der jung Zinoͤrl datz sand Haymmram	(1339; RUB I, S. 738)

Einziges Beispiel aus Regensburg, bei dem das grammatische Geschlecht eindeutig beibehalten wird, ist der Beleg *umb daz Hintenhoͤchel* (1339; RUB I, S. 744).

Ergänzend soll ein Blick auf die Wiener Beinamen des 15. Jh.s geworfen werden. Auch hier ist die Nicht-Übereinstimmung zwischen natürlichem und grammatischem Geschlecht mehrfach nachzuweisen. Die folgenden ausgewählten Beispiele wurden aus A. Linsbergers Untersuchung *Wiener Personennamen. Ruf-, Bei- und Familiennamen des 15. Jahrhunderts aus Wiener Quellen* entnommen:

Grammatisches Geschlecht: Feminin	**Übername: Maskulin**
mhd. *vloite* swstF. ‚Flöte‘	*Wolfgang der Floit* (a.1429)[217]
mhd. *krieche* swF. ‚Pflaumenschlehe, Vogelkirsche, Krieche‘	*Hanns der Kriech* (a. 1428)[218]
mhd. *nahtegal(e)* stswF. ‚Nachtigall‘	*Oswalden den Nachtigaln* (a. 1467) *Niclasen den Nachtigaln* (a. 1467)[219]
mhd. *stantveste* stF. ‚Beständigkeit‘	*Erharts des Stantvesten* (a. 1441)[220]
mhd. *zistel* stF. ‚Korb‘	*Seiczen des Cistels* (a. 1405)[221]

[215] Das Vorliegen eines Nom. ag. auf *-el* zu mhd. *tanzen* swV. ‚tanzen‘ ist nicht auszuschließen.

[216] Zu mhd. *wurf* stM. ‚Wurf, speziell der Wurf beim Würfelspiel‘ + *-l*-Suffix.

[217] Linsberger: *Wiener Personennamen,* S. 212.

[218] Ebd., S. 385.

[219] Ebd., S. 451.

[220] Ebd., S. 566.

[221] Ebd., S. 626.

Grammatisches Geschlecht: Neutrum	**Übername: Maskulin**
mhd. *vürste* swM. ‚Fürst' + mhd. *kind* stN. ‚Kind'	*Niclas der Fürstenkind* (a. 1414)[222]
mhd. *trucken* Adj. ‚trocken' + mhd. *brōt* stN. ‚Brot'	*Liephart der Trukchensprot* (a. 1400)[223]
mhd. *lôrber* stNF. ‚Lorbeere'	*Seifrid der Lorber ze Wienn* (a. 1404)[224]

Grammatisches Geschlecht: Neutrum (-*l*-Suffix)
Übername: Maskulin

Hans der Plodel (a. 1400)
Thomas der Plödl (a. 1414)[225]
Jörig der Pogl (a. 1406)[226]
Andre der Vischel (a. 1400)[227]
Michel der Fuchsel (a. 1429)[228]
Herman der Hêsel (a. 1416)[229]
Hanns der Hêmerl (a. 1416)[230]
Hainreich der Mukkel (a. 1402)[231]

Wie auch in Regensburg ist die grammatische Kongruenz nur selten beibehalten, so etwa bei den Belegen *Chonrat das Herscheftlein* (a. 1413)[232] und *Michel das Kind* (a. 1412).[233]

Dass das Genus der spätmittelalterlichen Beinamen schon früh „dem natürlichen des Namenträgers […] angeglichen" wurde,[234] haben zwar bereits Bach und auch Finsterwalder beobachtet,[235] doch haben weder sie noch andere darin ein Zeichen der Onymisierung gesehen. Diese wird durch den Genuswechsel jedoch in eindeutiger Weise markiert, was ein Vergleich mit den Kongruenzformen des Appellativs ahd. *wīb,* nhd. *Weib* zeigt. Eine rezente, sich auf eine reichhaltige Materialbasis stützende diachrone Untersuchung der Kongruenzformen von ahd. *wīb,* nhd. *Weib* vom Althochdeutschen bis

[222] Ebd., S. 230.
[223] Ebd., S. 163.
[224] Ebd., S. 418.
[225] Ebd., S. 111.
[226] Ebd., S. 115.
[227] Ebd., S. 207.
[228] Ebd., S. 229.
[229] Ebd., S. 286.
[230] Ebd., S. 302.
[231] Ebd., S. 445.
[232] Ebd., S. 305.
[233] Ebd., S. 358.
[234] Bach: *Die deutschen Personennamen,* 1, §40.2.
[235] Finsterwalder: *Tiroler Familiennamenkunde*, S. 9.

zur Gegenwartssprache zeigt, dass „die Artikel bzw. das attributiv verwendete Demonstrativpronomen [...] ausschließlich neutrale oder genusindifferente, jedoch nie feminine Kongruenzformen“ aufweisen.[236] „Insgesamt“, fasst der Autor der Studie, J. Fleischer, zusammen, „erweisen sich die Artikel und die attributiv gebrauchten Demonstrativpronomen als ganz klare Domäne der ‚constructio ad formam‘.“[237] Mit diesem Befund kontrastieren unsere Beinamen gänzlich; hier dominiert eindeutig die „constructio ad sensu“. Auffällig ist, dass sich heutige Spitznamen, bei denen ein Vergleich mit mittelalterlichen Übernamen doch sehr naheliegt, in dieser Hinsicht wohl durchgehend anders verhalten: Bachs Feststellung, dass Spitznamen – wie er das auch ursprünglich für die Beinamen annimmt – „das Geschlecht des zu ihrer Bildung verwandten Appellativums“ besitzen,[238] wird durch einen Blick auf die dörflichen Spitznamen, die Kany beibringt, bestätigt. In seinem Material finden sich zum Beispiel:

's Biftekl
die Bollschaft (ein Mann!)
die Gretel (ein Mann!)
die Kartoffel (ein Mann!)
's Schreibl
's Schweißdrähtl
die Schweiz (für einen Bauernknecht)
die Zigarr (für einen Zigarrenraucher)
die Zwíwwel (für einen Gemüsebauern).[239]

Ohne diesen zeitgenössischen Spitznamen aufgrund der Beibehaltung ihres grammatischen Geschlechts nun gleich Namencharakter absprechen zu wollen, ist doch festzuhalten, dass die spätmittelalterlichen Übernamen, die sich fast ausnahmslos dem natürlichen Geschlecht der betreffenden Namenträger anpassen, den Schritt vom Appellativ zum Proprium in eindeutigerer Weise vollzogen haben als aktuelle Spitznamen.

[236] Fleischer: *Grammatische und semantische Kongruenz,* S. 176.
[237] Ebd.
[238] Bach: *Die deutschen Personennamen,* 1, §40.1.
[239] Beispiele aus Kany: *Inoffizielle Personennamen,* S. 277, S. 278, S. 280, S. 282, S. 288, S. 291.

3.2 Semantisch-mentalitätsgeschichtliche Analyse

3.2.1 Semantische Aspekte

3.2.1.1 Vorbemerkungen

Eine treffende Definition der Übernamen hat Horst Naumann vorgelegt: Sie

> kennzeichneten den ersten Träger vor allem aus der Sicht der Mitmenschen auf Grund bestimmter körperlicher, geistiger, charakterlicher, moralischer Merkmale und Qualitäten, hinsichtlich bestimmter Lebensgewohnheiten und Verhaltensweisen sowie hinsichtlich bestimmter sozialer Beziehungen.[240]

Man kann allgemein davon ausgehen, dass jeder Beinamenvergabe ein komplexer Selektionsprozess vorausgeht,[241] der jeweils zur Auswahl eines für „die zu benennende Person typische[n] Merkmal[s] führt."[242] Das Hauptproblem bei der Untersuchung der Semantik der Übernamen besteht darin, dass zwar in der Regel die Etymologie ermittelt werden kann, die vielfältigen Anlässe, die zur Namengebung geführt haben, aber wegen der Ungunst der Überlieferung nicht immer mit Sicherheit aufgedeckt werden können.[243] Das gilt insbesondere für metonymische und metaphorische Übernamen. Wenn Bezeichnungen für Tiere und Pflanzen, Gegenstände und Materialien, Nahrungsmittel und Getränke, weltliche und geistliche Würdenträger zum Namen werden, so wandelt sich nach Silvio Brendler im Anschluss an Ernst Hansack[244] „die Denotation des Appellativs zu einem Teil der Konnotationen des Namens, und mindestens eine Konnotation des Appellativs kann in die Denotation des Namens übergehen."[245]

Adolf Bachs semantische Klassifizierung der Übernamen umfasst 15 Bedeutungsgruppen, die nach den den Übernamen „zugrunde liegenden Wörter[n]" aufgestellt wurden: 1. Körperliche Eigenschaften, Körperteile, Krankheiten und krankhafte Zustände, 2. Eigenschaften des Geistes und Charakters, 3. Tiere, Körperteile von Tieren, 4. Pflanzen, ihre Teile und Früchte, 5. Gegenstände (Geräte, Werkzeuge und ähnliches, Waffen und Rüstung, Kleidung, Speisen und Getränke), 6. Gestirne, Naturerscheinungen, 7. Jahres- und Tageszeiten, Monate und Wochentage, Festtage, 8. Kirchliches, 9. Geld und Geldeswert, 10. Besitz, 11. Gelegentliche oder gewohnheitsmäßige Handlungen, 12.

[240] Naumann: *Deutsche Familiennamen,* S. 26; vgl. auch Naumann, S. 25.

[241] Šrámek: *Das Problem der Selektion in der Namengebung,* S. 193ff.

[242] Wenzel: *Studien zu sorbischen Familiennamen,* S. 26f. Vgl. auch Walther: *Historisch-gesellschaftliche Determinanten in Benennungsakten,* S. 46f.: „Der Schöpfer einer Benennung steht [...] unter dem Zwang einer unausweichlichen Selektion aus dem vorliegenden Merkmalsbündel, das das benannte Denotat unverwechselbar kennzeichnet. Sie stellt deshalb eine vereinfachte, verkürzte und verdichtete Repräsentation des benannten Objekts dar."

[243] Vgl. dazu Kany: *Inoffizielle Personennamen,* S. 217: „Schwierig erweist sich [...] die Trennung von Anlässen und Motiven [...]. Motive finden sich nur bei Namengebern, Anlässe dagegen [...] in der Person des Trägers [...]."

[244] Hansack: *Der Name im Sprachsystem,* S. 240f., S. 272.

[245] Brendler: *Deskriptive Konnotationen,* S. 22.

Abstammung, Verwandtschaft und ähnliches, 13. Weltliche und geistliche Würdenträger, 14. Reihenfolge, 15. Vorstellungen des Volksglaubens.[246] Bis heute ist diese Klassifizierung in mehr oder weniger stark modifizierter Form in zahlreichen Arbeiten anzutreffen.[247] Sie basiert auf der etymologischen Bedeutung der Übernamen und bietet daher im Wesentlichen eine Übersicht darüber, welche Bereiche des Allgemeinwortschatzes zur Bildung von Übernamen herangezogen wurden. Die Mehrzahl der aufgestellten Bedeutungsgruppen (etwa Tiere, Pflanzen, Gegenstände, weltliche und geistliche Würdenträger u. a.) sagt aber kaum etwas über die Anlässe zur Übernamenvergabe aus. Brendlers Klassifizierung der Zunamen nach den deskriptiven Konnotationen, „die aus den Denotationen der den Zunamen zugrundeliegenden Wörter beziehungsweise Lexeme und Morpheme entstanden sind",[248] stellt einen methodischen Schritt zwischen Namenetymologisierung und Namendeutung dar, der durchaus zu einer „systematischen Erfassung der Zunamensemantik" beitragen kann.[249] So kann man beispielsweise den Regensburger Übernamen *Fröschel* zunächst den „Tiere konnotierende[n] Zunamen" mit der Konnotation ‚Person, die in irgendeiner Beziehung zu einem Frosch/zu Fröschen' steht, zuordnen oder auch den Übernamen *Holzapfel* zu den „Pflanzen konnotierende[n] Zunamen" mit der Konnotation ‚Person, die in irgendeiner Beziehung zu dieser Frucht steht', stellen.[250] Der nächste Schritt, eine einwandfrei fundierte, ganzheitliche Namendeutung, kann nur in Ausnahmefällen vollzogen werden, da in der Regel keine Äußerungen des Namengebers zu seiner Motivation vorliegen.[251] Allerdings ist es in manchen Fällen möglich, unter Berücksichtigung der deskriptiven Konnotation und des Urkundenkontextes sowie durch Heranziehung weiterer Quellen und geschichtlicher Untersuchungen das Benennungsmotiv zumindest teilweise zu erfassen und zu einer verhältnismäßig sicheren Namendeutung zu gelangen. So kann man beispielsweise bei *Fröschel* und *Holzapfel* von der metaphorischen Kennzeichnung eines Menschen mit hervortretenden Augen bzw. mit einem herben Charakter ausgehen, aus dem Kontext[252] kann man bei *Semmel* schließen, dass es sich um einen Berufsübernamen für einen Bäckergesellen handelt. Ferner liefert Morrés Arbeit über das Regensburger Patriziat einen zuverlässigen Hinweis zur Motivation des Übernamens *Reich*, da die Reichs bis in die zweite Hälfte des 14. Jh.s tatsächlich die reichste Familie dieser Gesellschaftsschicht waren.[253]

[246] Bach: *Die deutschen Personennamen,* 1, §255.

[247] Vgl. z. B. Neumann: *Obersächsische Familiennamen,* I, S. 188ff.; Mulch: *Arnsburger Personennamen,* S. 383–396; Neumann: *Obersächsische Familiennamen,* S. 291–296; Kewitz: *Coesfelder Beinamen und Familiennamen,* S. 552ff.; Kunze, S. 141–151; Wenzel: *Familiennamen,* S. 715; Hellfritzsch: *Personennamen Südwestsachsens,* S. 572–580; Linsberger: *Wiener Personennamen,* S. 669f.

[248] Brendler: *Deskriptive Konnotationen,* S. 24.

[249] Ebd., S. 35.

[250] Vgl. ebd., S. 33f.

[251] Zum Unterschied zwischen deskriptiven und motivationalen Konnotationen s. ebd., S. 38ff.

[252] Sieh RUB I, S. 760.

[253] Vgl. Morré: *Ratsverfassung und Patriziat,* S. 55, S. 84f.

Im Folgenden stellen wir ein Klassifikationsmodell vor, mit dem wir versuchen, diejenigen Merkmale und Eigenschaften der zu benennenden Person zu erfassen, welche dem Namengeber offensichtlich als Anlass zur Namengebung dienten und die Namenvergabe motivierten. Man kann davon ausgehen, dass der Vergabe von Übernamen prinzipiell zwei Anlässe zugrunde liegen: ein konstantes/dauerhaftes Merkmal oder ein nicht-konstantes/akzidentelles Merkmal des Namensträgers.[254] Als konstante/dauerhafte Merkmale erweisen sich (1) solche, die der Person des Benannten unmittelbar anhaften: äußere Merkmale (etwa Aussehen, Haarbeschaffenheit, auffällige Körperteile, krankhafte Erscheinungen und Gebrechen, Gangart, Kleidung) sowie geistige, moralische und charakterliche Merkmale, Verhalten, Gewohnheiten und Vorlieben, Sprechweise, Lebensumstände, Vermögensverhältnisse, Ansehen; (2) Merkmale, die aus dem beruflichen Umfeld des Namensträgers stammen; (3) Merkmale, die aus Beziehungen des Namensträgers zu anderen Personen oder Institutionen herrühren (Abgabeverpflichtungen, Zinstermine, ein Abhängigkeits- oder Dienstverhältnis, familiäre Beziehungen). Als nicht-konstante/akzidentelle Merkmale sind u. a. vorübergehende Handlungen oder Tätigkeiten (z. B. eine Pilgerfahrt, eine Spielrolle), einmalige Begebenheiten (z. B. eine bemerkenswerte Äußerung bzw. ein außergewöhnliches Verhalten bei einer bestimmten Gelegenheit) anzusehen. Daraus ergeben sich vier Übernamenkategorien:

- Persönlichkeitsbezogene Übernamen, d. h. Übernamen, die sich ausschließlich auf ein Merkmal/eine Eigenschaft der benannten Person selbst beziehen, nicht auf etwas, was sie mit ihrer Umwelt in Beziehung setzt.
- Berufsübernamen, d. h. Übernamen, die den Benannten durch ein Merkmal seines Berufs charakterisieren.
- Relationale Übernamen, d. h. Übernamen, die auf soziale oder familiäre Beziehungen des Namensträgers Bezug nehmen.
- Akzidentelle Übernamen, d. h. Übernamen, die den Namensträger durch ein einmaliges, zufälliges Merkmal oder ein einmaliges Ereignis charakterisieren.

In der Praxis lässt sich der Anlass der im RUB belegten Übernamen wegen der Ungunst der Überlieferung nicht immer ermitteln. Dies trifft z. B. für solche Übernamen zu, denen zwei (oder mehrere) Etyma zugrunde liegen können. So kann der Übername *Hose* sowohl auf mhd. *hose* ‚Bekleidung der Beine' als auch auf mhd. *hase* ‚Hase, Feigling' zurückgeführt werden. Im ersteren Fall kommt ein Berufsübername für den Hersteller oder ein persönlicher Übername für den Träger infrage, im zweiten Fall ist von einem metaphorischen Übernamen für einen feigen Menschen oder auch von einem Übernamen nach einer Abgabe[255] auszugehen. Ferner gibt es viele Übernamen, deren Etymologie zwar eindeutig ist, die aber zwei oder mehr Kategorien zugeordnet werden können: Bei *Alrawne* konkurriert beispielsweise ein Berufsübername für den Alraunenhändler, den Apotheker oder den Wundarzt mit einem akzidentellen Übernamen nach abergläubischen Handlungen. Da der Kontext keine Angaben zur Person bzw. zur beruflichen Tätigkeit des Namensträgers enthält, ist eine nähere Deutung nicht möglich. Dies ist auch bei *Kunig*

[254] Moreu-Rey: *Renoms, Motius, Malnoms,* S. 23, S. 53.
[255] Vgl. den Artikel *Hose* im Lexikonteil.

der Fall, der als persönlichkeitsbezogener Übername nach einem charakterlichen Merkmal (Angeberei, Stolz, Hochmut), als relationaler Übername nach einem Dienstverhältnis oder als akzidenteller Übername (Spielrolle, Schützenkönig) aufgefasst werden kann.

3.2.1.2 Semantische Analyse

Um das für die Namengebung relevante Merkmal sprachlich zu realisieren, standen dem Namengeber grundsätzlich drei Möglichkeiten zur Verfügung: die direkte Nennung des jeweiligen Merkmals (*Daum, Zant, Faist, Lang, Reich*), die metaphorische Benennung (*Froͤschel, Pfawe*), die metonymische Benennung (*Pischof, Semel*).[256] Wir behandeln im Folgenden vor allem solche Übernamen, die sich mit großer Wahrscheinlichkeit einer der vier aufgestellten Kategorien zuordnen lassen und aufgrund ihrer Semantik Hinweise auf die Mentalität und das Wertesystem der spätmittelalterlichen Gesellschaft geben können.[257]

3.2.1.2.1 Persönlichkeitsbezogene Übernamen

a) Äußere Merkmale

Die äußere Erscheinung spielte für den mittelalterlichen Namengeber eine große Rolle. Daher finden sich in unserem Material zahlreiche Übernamen, die sich auf ein äußeres Merkmal des ersten Namensträgers beziehen. Auf ein schönes Aussehen weisen Übernamen wie *Plankch, Planchl, Seuͤberl, Schoͤnel, Waͤch* (‚schön, stattlich') sowie metaphorisch *Mayenpluͤd* und *Grunschle* (‚Grünsklee') hin, auf ein unheimliches, seltsames Aussehen *Graͤul* und *Wild.* Der Übername *Růswurm* steht metaphorisch für einen schmutzigen, ungepflegten Menschen. *Altmandl* und *Grais* beziehen sich auf das Lebensalter der Benannten. Auf die Körpergröße des ersten Namensträgers nehmen einerseits *Lang, Langman, Grozz* sowie metaphorisch *Riso, Gygkant, Schrautan,* andererseits *Chlain, Churtzel, Wenig, Weniger* sowie metaphorisch *Twerg* Bezug. Auffällig schlanke Menschen wurden mit Übernamen wie *Maͤgerll* sowie metaphorisch als *Ofenwisch, Schaubel, Snok* (‚Schnake'), *Stængel, Torsch* (‚Kohlstrunk') charakterisiert, besonders dicke Menschen mit Übernamen wie *Faist, Sinwel* (‚rund'), *Noͤll* (‚kurzer, dicker Mensch'), *Puterich* (nach einem Gefäß, also ‚dickbäuchig'), *Chornpauch, Spechmukk* (‚Specksau'), *Taucher* (nach dem kurzen, breiten Leib der Tauchente), *Vilspinn* (‚viel Fett') bedacht. Das Aussehen des ersten Namensträgers hat ferner Übernamen wie *Gilb, Gluͤmag* (‚glühender Mohn', also ‚rot, rötlich') und *Pechlurel* für einen Menschen von dunkler Komplexion beigesteuert.

Auffällige Körperteile boten Anlass zur Vergabe vieler Übernamen. Kopf: *Groppel* (‚Kaulkopf', ein Fisch mit einem großen Kopf und einem breiten Maul); Augen: *Aeuglinna, mit den pesen augen, Tohenaugel* (‚Dohlenäugel', also ‚schwarzäugig'),

[256] Vgl. Fleischer: *Die deutschen Personennamen,* S. 147f.; Kunze, S. 139.

[257] Bei flektierten Belegen wurde ein Nominativansatz gebildet. Um das Verständnis zu erleichtern, finden sich bei Bedarf knappe Bedeutungsangaben, prinzipiell sei jedoch auf den Lexikonteil verwiesen.

Feyraugel (‚Feueräugel‘), *Froͤschel* (‚hervortretende Augen‘), *Schilher* (‚Schieler‘); Ohren: *Oerl*; Nase: *Orrhonsnobel* (Vergleich der Nasenform mit dem gebogenen Auerhahnschnabel); Mund: *Maul, mit dem munde/Mund, Muͤndel, Grans, Rotmunt, Zant;* Hände: *Daum, Finger, Zayger* (‚Zeigefinger‘), *Tenk* (‚Linkshänder‘); Hinterbacke: *Guffe;* Beine: *Genspainer* (‚dünnbeinig‘), *Stuͤrkk* (‚Storch‘, also ‚langbeinig‘), ebenso *Turzpain* (‚Riesenbein‘).

Das Haar hat zahlreiche Übernamen in Deutschland sowie in anderen europäischen Ländern gestiftet.[258] In unserem Regensburger Material begegnen uns die Übernamen *Rot, Rotel, Swarz, Weisse, Weisser, Snevogel* (‚weißhaarig‘) und *Nebelchra* (‚Nebelkrähe‘, also ‚grauhaarig‘) nach der Haarfarbe, *Raitlæn* (‚lockig‘) und metaphorisch *Traͤubel* für den Lockenkopf, *Strůve, Stroͤbel* und metaphorisch *Gerstenhaupp* für Menschen mit struppigem Haar. Auf die Haartracht bzw. den fehlenden Haarwuchs spielen die Übernamen *Beschoren* und *Glatzzel* an.

Recht häufig sind auch die Übernamen, die eine Anspielung auf die auffällige Gangart des ersten Namensträgers enthalten: Wer schnell lief, wurde *Hossel, Rauscher* oder *Trobel* benannt, auf eine schwerfällige, langsame oder unsichere Gangart deuten *Saͤppel, Zoͤderell* und *Geutschner* (‚jemand, der einen schwankenden Gang hat‘) hin. Zu dieser Gruppe gehören ferner die Übernamen *Hupfer, Schieke* (‚der mit schiefen, einwärts oder auswärts gesetzten Füßen geht‘), *Slingenfuͤs, Slitfuͤssel* und *Schregel* (‚der mit schrägen Beinen geht‘). Die ersten Träger der Übernamen *Chruchenær/auf der Chrůchen* (‚Krücke‘), *ůf der Steltzen* (‚Stelzbein, Krücke, Schemel, auf dem sich ein Krüppel fortbewegt‘), *Chlobschench* (‚Holzbein‘) fielen durch ihre Gehbehinderung auf. Auf krankhafte Erscheinungen sind die Übernamen *Chropf, Wimer* (‚Warze‘), *Pukkel* und *Hintenhoͤchel* für Bucklige, *Ryder* und *Schotelman* für Zitternde zurückzuführen. *Chraͤtzel, Gratzman* und *Schramat* kennzeichneten Menschen mit einer auffälligen Narbe.

Es ist sicher naheliegend, einen Menschen durch seine Kleidung zu charakterisieren. Das gilt freilich auch für Schmuck, Waffen, Rüstung und andere persönliche Gegenstände. Bei den präpositionalen Bildungen *im Chittel* und *im Mæntlein* handelt es sich eindeutig um persönlichkeitsbezogene Übernamen für die Träger der jeweiligen Kleidungsstücke. Bei *Puntschuch, Chuttner, Huͤtel, Sgragehut, Spitzhuͤt* u. a. konkurriert ein Übername für den Träger mit einem Berufsübernamen für den Hersteller.

b) Persönlichkeitsinhärente und soziale Merkmale

Geistige, charakterliche und moralische Merkmale, Verhalten, Gewohnheiten und Vorlieben, Sprechweise, Lebensumstände, Vermögensverhältnisse, Ansehen werden hier grob als persönlichkeitsinhärente und soziale Merkmale zusammengefasst. Übernamen aus diesen Bereichen sind im untersuchten Material stärker vertreten als solche nach äußeren Merkmalen. Neben negativen Eigenschaften kommen, allerdings seltener, auch positive Eigenschaften zur Sprache. Auf Dummheit und Torheit beziehen sich Übernamen wie *Thumberl, Toͤbel* (‚unsinnig‘), *Torat* (‚töricht, dumm‘), *Lappaͤr* (‚einfältiger Mensch, Laffe‘), *Chaucher(inn)* (‚närrischer Mensch‘) sowie metaphorisch *Chelbl* und *Ohs,* auf Klugheit die Übernamen *Listl* und *Listmar.* Güte und Ehrlichkeit wurden mit Übernamen wie *Gut, Pyderman, Edelshertze, Erbar* belohnt, während Bosheit,

[258] Vgl. Kohlheim: *Typologie und Benennungssysteme bei Familiennamen,* S. 1254.

Unehrlichkeit und Heimtücke mit Übernamen wie *Pöz, Wirsinck* (,schlimm, übel'), *Laidel* (mhd. *leit* ,betrübend; böse, verhasst'), *Půb, Schel* (,Schelm, Betrüger'), *Meldær* (Verräter), *Schalchart, Välschel, Smautzel* (,Schmeichler'), *Häl* (,verhohlen'), *Schade* (,Schädiger'), *Schantt, Schäntl, Schänderl* getadelt wurden.

Mehrere Übernamen halten den zornigen Charakter bzw. das streitsüchtige Verhalten des ersten Namensträgers fest: *Tossel* (,der den Zorn auslässt'), *Schelle* (,Jähzorn'), *Sturm* metaphorisch für einen heftigen, leicht aufbrausenden Menschen, *Spitz* (,spitzfindig'), *Unsit* (,Aufgebrachtheit, Zorn, unfeines Benehmen'), *Pofer* und *Poferl* (zu mhd. *baffen* ,zanken'), *Streyter* und *Räuffär, Zänkel* sowie die Satznamen *Hefdenstrit, Schuttenhelm* und *Zukchswert.* Eine weitere häufig bezeugte Übernamengruppe nimmt Bezug auf die Unfreundlichkeit und Unzugänglichkeit der Benannten: *Müleich* (,schwer umgänglich'), *Murr, Niemptzgenoz, Zanner* (zu mhd. *zannen* ,knurren, heulen, weinen'), *Hums* (zu fnhd. *humsen* ,brummen [von der Hummel]'), *Stichel* (,unfreundlich, scharfzüngig') *Sawrchübl, Zulmeul* (,Sauermaul'), *Saurzapf* sowie *Holzapfel* und *Slehe* nach einem bildlichen Vergleich mit dem säuerlich-herben Geschmack dieser Früchte. Diesen beiden Gruppen gegenüber stehen solche Übernamen, die auf ein sanftes, freundliches, frohes Wesen anspielen: etwa *Cheurel* (mhd. *gehiure* ,sanft, lieblich, angenehm'), *Gemach* (,angenehm, rücksichtsvoll'), *Gogel* (,ausgelassen, lustig'), *Senft, Süzz* (,mild, freundlich'), *Smotzler* (,jemand, der lächelt').

Die Vergabe einer ganzen Reihe von Übernamen wurde durch Geschwätzigkeit und Verleumdung sowie neugieriges Verhalten veranlasst: *Ploderl* (zu mhd. *plōdern* ,ausplaudern'), *Cossel* (,Schwätzer'), *Snapp* und *Snoper* (,Schwätzer'), *Weschk* (zu mhd. *weschen* ,schwatzen'), metaphorisch *Snabel* und *Swolbe, Smezzer* (,Schwätzer, Verleumder'), *Smitzær* (,Verleumder'), *Virwitzz* (,neugierig'), *Streun* und *Strawner* (zu mhd. *striunen* ,neugierig oder verdächtig nach etwas forschen'). Das entgegengesetzte Verhalten wurde mit Übernamen wie *Tüsel* (zu mhd. *tūȥen* ,sich still verhalten') und *Un[s]präch* (,stumm, wenig gesprächig') ausgedrückt. Der Übername *Tülker* (zu mhd. *tulken* ,lallen') weist auf die Sprechweise des ersten Namensträgers hin, *Vikauz* metaphorisch auf einen Menschen mit einer hellen Stimme. Laute Menschen standen oft im Visier der Namengeber und wurden mit Übernamen wie *Geler* (zu mhd. *gëllen* ,schreien'), *Geschray, Goler* (zu fnhd. *golen* ,Narrheiten treiben, lärmen'), *Cherrær* (zu mhd. *kërren* ,schreien') bedacht.

Neid, Eitelkeit, Verschwendung, Angeberei und Prahlerei wurden von den Mitmenschen genau registriert. Davon zeugen Übernamen wie *Neithart, Pfawe, Schazflieze* (,Schatzverlierer'), *Gleisser* (,Gleisner'), *Pronger* (,Prahler'), *Pochner* (fnhd. *pocher* ,Prahler'). Ebenso erweckten Habgier und Geiz die Aufmerksamkeit der Namengeber, wie die Übernamen *Geyer* und *Sugære* (,Sauger') sowie *Charg* und *Kærgel* (,geizig') zeigen. Auf Sparsamkeit bzw. den richtigen Umgang mit Geld weist der Übername *Notscherf* hin. Tatsächlich geht aus Morrés Studie über das Regensburger Patriziat hervor, dass den Notscherf der Aufstieg vom Krämerstand zu einem bedeutenden Regensburger Geschlecht gelungen war.[259]

Kühnheit, Unerschrockenheit, Mut und Tapferkeit gaben Anlass zu den Übernamen *Freche* (,mutig, kühn. tapfer'), *Helt, Stůffel* (mhd. *stüef* ,stark, wacker, tapfer'), *Strauch*

[259] Morré: *Ratsverfassung und Patriziat in Regensburg,* S. 99.

in daz grab (etwa ‚strauchle/stürze in das Grab‘), *Helletamph* (‚Höllendampf‘), Unbekümmertheit und Gleichgültigkeit zu den Übernamen *Achtseinniht* und *Unruchel* (mhd. *unruoch* ‚Sorglosigkeit, Gleichgültigkeit‘), Leichtfertigkeit zu *Losel* sowie metaphorisch zu *Grill*, entsprechend der Rolle der Grille in der Tierfabel. Mit *Chisling* (‚Kieselstein‘) wurde bildlich auf den harten, strengen Charakter des ersten Trägers hingewiesen, mit *Swellåͤr* und *Waigrer* (‚Verweigerer‘) auf eigensinnige Menschen. Auf ein ungewöhnliches, seltsames Verhalten deutet der Übername *Fromd(inn)* (mhd. *from[e]de* ‚seltsam, wunderlich, sonderbar‘) hin, während der Übername *chlosner* metaphorisch den zurückgezogen Lebenden bezeichnete.

„Eine ganz geläufige Anschauung setzt einen ungeschlachten, rohen Menschen einem Stück Holz oder sonst einer plumpen Masse gleich. Dieser Vergleich muss sehr beliebt gewesen sein, denn es ergibt sich eine ganze Reihe von Namen, die so erklärt sein wollen“, stellte bereits H. Reichert vor mehr als 100 Jahren bei seiner Analyse der Breslauer Übernamen fest.[260] Diese Beobachtung gilt auch für unser Regensburger Namenmaterial, das Übernamen wie *Knebl, Chnoͤdel, Chnuͤttl(inne), Cholb(inn), Schroͤll(in), Schuͤbel, Schull* (‚Scholle‘), *Stekch, Stekchl(in), Stokch, Stoͤckl* enthält. Ihnen gegenüber steht nur der Übername *Hoͤbsch,* der auf ein feines, gesittetes Benehmen anspielt.

Im Regensburg des 13. und 14. Jh.s gehen mehrere Übernamen auf ein eifriges, munteres, lebendiges Verhalten zurück. Neben der latinisierten Form *Spectatus* (‚tüchtig‘) finden sich in unserem Material die deutschen Formen *Hiuzzo* (mhd. *hiuȝe* ‚munter‘), *Check* (mhd. *kĕc* ‚lebendig, munter‘), *Råͤschel* (mhd. *rasch* ‚schnell, gewandt‘), *Resch* (mhd. *resch[e]* ‚schnell, munter, lebhaft‘), *Snell, Wakcher* (mhd. *wacker* ‚rührig, munter, tüchtig‘) und *Zanger* (mhd. *zanger* ‚munter, lebhaft, rührig‘). Auch die entgegengesetzten Eigenschaften – Faulheit und Trägheit – sind unter den Regensburger Übernamen stark vertreten: *Vaulschinkch, Feyerabent, Veyrer* (zu mhd. *vīren* ‚feiern, müßig sein‘), *Vozz* (fnhd. *foß* ‚Taugenichts‘), *Lazzl* (mhd. *laȝ* ‚matt, träge‘), *Lainåͤr* (zu mhd. *leinen* ‚sich zur Ruhe begeben‘, bair. *Lainer* ‚träger Mensch‘), *Leinein* (mhd. *līnīn* ‚schwächlich, träge‘), *Musser* (zu mhd. *muoȝen* ‚freie Zeit haben, zur Ruhe kommen‘), *Muͤssigsprot, Snekke* (metaphorisch für einen langsamen Menschen), *Seltenstich, Strantz* (zu mhd. *stranzen* ‚müßig umherlaufen‘).

Ein auffälliges Verhalten im Hinblick auf Essen und Trinken findet seinen Niederschlag in Übernamen wie *Praitzmåͤgel* (‚breiter Magen‘, also ‚jemand, der unmäßig isst‘), *Pirfeint* (‚Bierfeind‘), *Lardennapf* (‚leere den Napf‘), *Nachschad* (‚naschhaft‘), *Sebåͤr* (mhd. *seber* ‚Schmecker, Koster‘), *Suͤchentrunch, Suͤchenwein, Suppen* für einen Suppenliebhaber, *Surfel* (‚der schlürfend isst oder trinkt‘), *Tischmuͤndel* (zu bair. *tischen* ‚gierig nach etwas haschen‘), *Truͤnchl, Wunderwein* (mhd. *wunder* ‚außergewöhnlich große Menge, außerordentlich viel‘), *Ziråͤr* (‚Zecher‘).
Auf habituelle Handlungen beziehen sich Übernamen wie *Gainnel* (zu mhd. *geinen* ‚gähnen‘), *Fuͤrweiss* (mhd. *verwīȝ* ‚strafender Tadel, Verweis‘) und *Ratgeb* für Menschen, die gerne tadelten bzw. Ratschläge erteilten, *Zetzgůt* für jemanden, der gerne seine Mitmenschen neckte, *Schikche* für jemanden, der gerne etwas verfügte, anordnete. Mit

[260] Reichert: *Die deutschen Familiennamen nach Breslauer Quellen,* S. 129. Er verzeichnet u. a. die Übernamen *Clocz(il), Dremel, Flegil, Knebil, Kloppfil, Knote, Knorre, Kewle, Knawer.*

Taͤntzel, Toplaer (‚Würfelspieler') und *Wuͤrff* (‚der Wurf beim Würfelspiel') wird die Lieblingsbeschäftigung des ersten Namensträgers angesprochen. Wiederholt gebrauchte Redensarten waren oft Anlass für die Vergabe eines Übernamens. Im spätmittelalterlichen Regensburg finden sich mehrere Beispiele: *Er-und-gůt, Magseid* (etwa ‚mach es gescheit'), *Notundangst, Obeinander* (‚zusammen, beisammen'), *Schodenis* (etwa ‚[ich] verursache keinen Schaden'), *Tudichda* (etwa ‚zieh dich zurück' oder ‚begib dich dahin').

Die Lebensumstände der Mitmenschen entgingen nicht der Beobachtung der Namengeber. Das bestätigen Übernamen wie *Saͤld* (‚Glück') und *Sanftleben* einerseits, *Unsaͤld, Herbsleben, Ellend* (‚unglücklich, jammervoll'), *Grasmukkel* (metaphorisch für jemanden, der ausgenutzt wird), *Namloz* (‚ohne Rang und Würde'), *Chůmmer, Soͤrgl, Soͤrgler* andererseits. Den Übernamen *Reich* trug – wie bereits erwähnt – eine sehr wohlhabende Patrizierfamilie, mit dem Übernamen *Chrautschuͤssel* wurde ein armer Mensch aufgrund seiner kärglichen Kost charakterisiert. Der Übername *Scherfpaͤutel* dürfte sich ebenfalls auf die Armut des ersten Namensträgers beziehen. Mit dem Übernamen *Ringwerd* (‚wenig angesehen') wurde auf jemanden, der von seinen Mitmenschen wenig geschätzt wurde, hingewiesen. Anspielungen auf einen unsittlichen Lebenswandel sind im untersuchten Namenmaterial selten. Als Beispiel können die Übernamen *Minner* (‚unkeuscher Mensch, Buhler, Hurer'), *Vysel* (‚Penis') und auch *Naterzogel* (‚Natterschwanz'), den ein aus der Stadt verwiesener Zuhälter trug, angeführt werden.

3.2.1.2.2 Berufsübernamen

Während der Namengeber bei den Berufsnamen neben der Identifizierung eine sachliche Kennzeichnung des Namensträgers nach seiner Funktion in der Gesellschaft anstrebte, ging es ihm bei der Vergabe eines Berufsübernamens vor allem um eine subjektive, zum Teil auch wertende Charakterisierung des Benannten durch ein Merkmal aus seinem beruflichen Umfeld (etwa: was stellt er her, womit geht er beruflich um, welche Handlungen/welche Arbeitsgänge gehören zu seiner Erwerbstätigkeit?).[261] Hierbei griff der Namengeber auf typische, manchmal aber auch auf eher nebensächliche Merkmale des jeweiligen Berufs zurück,[262] nicht um eine (neue) Berufsbezeichnung zu prägen, sondern um einen einzelnen Gewerbetreibenden mit einem individuellen Namen zu versehen. Der Namengeber ging zwar vom Beruf der zu benennenden Person aus, zielte aber nicht auf eine sachliche, wertneutrale Angabe der Berufstätigkeit, sondern auf eine emotional gefärbte (etwa herablassende, scherzhafte, spöttische, tadelnde) metonymische Kennzeichnung der betreffenden Person.[263]

Prinzipiell eignen sich alle Lexeme, die irgendwie eine Assoziation zu einem Beruf hervorrufen können, zur Prägung eines Berufsübernamens. Wie die aus urkundlichen

[261] Zur Differenzierung zwischen Berufsnamen und Berufsübernamen s. Kohlheim: *Zur Motivik und Aussagekraft berufsbezogener Bei- und Familiennamen,* S. 236f. und Kohlheim: Hammer, Stahl *und* Mehlhose, S. 249f.

[262] Vgl. Hellfritzsch: *Zum Problem der Satznamen,* S. 35.

[263] Zu den „expressiven Konnotationen", die „die Haltung der Zunamengeber zum Zunamenträger" ausdrücken, vgl. Brendler: *Grundlagen der englischen Zunamenforschung,* S. 210.

Untersuchungen gewonnenen Beispiele zeigen,[264] wählte der Namengeber, wenn es ihm um die metonymische Umschreibung einer Berufstätigkeit ging, vor allem Bezeichnungen für charakteristische Werkzeuge, für das verarbeitete Material, für die Erzeugnisse der beruflichen Tätigkeit, für die Handelsware, für Arbeitsvorgänge und Begleitumstände des jeweiligen Berufs. Bei etwa einem Drittel der 576 im RUB belegten Übernamen kann eine berufliche Motivation in Erwägung gezogen werden. Die Auffassung eines Belegs als Berufsübername und dessen Zuordnung zu einem bestimmten Beruf kann jedoch nur dann als gesichert gelten, wenn der Urkundenkontext Aufschluss über die berufliche Tätigkeit des Namensträgers gibt.

Bei einer großen Anzahl der untersuchten Belege ließ sich der Beruf des Namensträgers nicht mehr eruieren,[265] etwa bei *Alrawne, Parischwein, Piber, Podem, Poͤnl(inne), Poi(nn), Pretze, Puntschuch, Eysnein, Vederl, Vaͤlas, Feurhaͤkel, Gsmeidel, Glokkenchlang, Goldel, Goltfůs, Grumat, Gruͤnschraͤutel, Gruͤtzsch, Gurr, Haberl, Halpmezz, Haͤubelhuet, Hiersel, Hoͤsel, Huͤfeisen, Chalpflaisch, Chœrpfe, Gastraͤun, Chlainsflaisch, Chnoblauch, Chotz, Chrempel, Lederl, Lichtroch, Loͤffel, Loͤn, Lot, Metzz, Meutz, Moͤltel, Nauvert, Nuͤschel, Oͤbsel, Panzier, Pfonstil, Polster, Porrum, Raͤnt, Raig[e]r(inn), Ringeswirt, Rughalm, Ruͤgstro, Sakck, Saͤverll, Schabab, Scharnogel, Schaͤrl, Scheffel, Slegl(inn), Smolle, Schoͤberl, Spannagel, Spiez, Stiuber, Steinein, Stoͤssel, Strigel, Tauͤbel, Undernagel, Vogel, Wepeiss, Wyderchaf, Wuͤrst(inne), Zinein, Zobel, Twerchstech*. Bei einem Teil der aufgeführten Beispiele ist das Vorliegen eines Berufsübernamens naheliegend. Es ist damit zu rechnen, dass Übernamen wie *Huͤfeisen* und *Lederl* ursprünglich einen Hufschmied bzw. einen Gerber bezeichnet haben und *Metzz, Halpmezz* und *Scheffel* den Hersteller oder Benutzer dieser Maße. Doch muss bei Unkenntnis des Berufs der Namenträger oft die Frage offen bleiben, ob beispielsweise *Parischwein* metonymisch auf den Beruf des Schankwirts, des Weinhändlers bzw. des Winzers anspielte oder aber auf das Lieblingsgetränk des Benannten, ob *Puntschuch, Haͤubelhuet* und *Panzier* den Hersteller oder den Träger meinten, ob *Eysnein* einem Eisenschmied bzw. -händler oder einem eisernen, standhaften Menschen verliehen wurde. Die Vergabe des Übernamens *Vederl* konnte durch mehrere Berufe (Federhändler, Hersteller von Schreibfedern, Schreiber, Bauer, der Federvieh hielt), aber auch durch einen Menschen, der sich gern mit Federn an Helm oder Hut schmückte, veranlasst worden sein. Bei *Feurhaͤkel* lässt sich nicht entscheiden, ob der Übername mit der Herstellung von Feuerhaken oder mit der Mitwirkung des Namensträgers bei der Bekämpfung eines Brandes zusammenhing.

Bei einer weiteren Gruppe von potenziellen Berufsübernamen konnte der Beruf eines oder mehrerer Namenträger aus dem Kontext erschlossen werden, doch zeigte sich hierbei, dass Name und ausgeübte Berufstätigkeit nicht übereinstimmten. So war z. B. *Chunr. der Pornnogel* kein Nagelschmied, sondern ein Messerschmied, *Chûntz der Prenneysen* kein Eisenschmied, -schmelzer, sondern ein *pleichmeister, der Fegeisen* kein Metallhandwerker, sondern ein Gerber, *Ruͤdel Venichel* kein Gewürzkrämer, sondern ein

[264] Vgl. etwa die Beispiele bei Schwarz: *Deutsche Namenforschung,* S. 126–129; Bach: *Die deutschen Personennamen,* 1, §247f.; Kohlheim: Hammer, Stahl *und* Mehlhose, S. 250f.

[265] Zur Fundstelle der einzelnen Belege sei auf den Lexikonteil verwiesen. Bei flektierten Belegen wurde ein Nominativansatz gebildet.

Seiler, *Heinr. Gutbrad* (‚Gutbrot‘) kein Bäcker, sondern ein Aderlasser, *Werndel mit dem Chaͤs* kein Käser oder Käsehändler, sondern ein *muͤlchneht, Wernher der Choͤrbel* kein Korbflechter, sondern ein Handschuhmacher, *maister Perhtolt der Chranwitvogel* kein Vogelsteller, sondern ein Steinmetz, *Albrecht der Moͤstel* kein Mostbereiter oder Schankwirt, sondern ein Tuchbereiter, -appretierer, -walker, *maister Chunrat der Pelitz* kein Kürschner, sondern ein Steinmetz, *Heinr. Rebstock* kein Winzer, sondern ein Küfer, *Reydachs* (‚Zuchtstier‘) kein Bauer oder Viehhändler, sondern ein Schuster, *Ulr. der Rozzel* kein Pferdehändler, Fuhrmann oder Pferdeknecht, sondern ein Kürschner, *Heinr. Schaubel* kein Schaubenmacher, -decker, sondern ein Schuster, *Ulr. der Swert* kein Schwertfeger, sondern ein Sporenmacher, *Seidel der Spiegel* kein Spiegelhersteller, sondern Hersteller von Klingen für Schwerter, Messer und Degen. Der *Seidenfadem* war nicht als Seidensticker, sondern als Fernkaufmann tätig, *Wilhalm der Torsch* (‚Kohlstrunk‘) handelte mit Metall, nicht mit Kohl oder Gemüse. Die Satznamen *Spanshaͤutel* und *Toͤtenachs* galten nicht – wie zu erwarten – einem Gerber bzw. einem Fleischer, sondern einem Lastenträger und einem Weber. Unter den Regensburger Trägern des Beinamens *Hamer* ist die Ausübung des Schmiedegewerbes nicht nachzuweisen: *her Albreht der Hamer* war Geistlicher und *maister der acht pruͤderscheft,* während *Ulrich Hamer* und wahrscheinlich auch *Ott Hamer* Bäcker von Beruf waren. Die Träger des Übernamens *Vischel* widmeten sich nicht dem Fischfang; sie sind als *auftrager* (‚Diener, Wirt oder Kellner in einem Gasthaus‘), Küfer und Fernhändler bezeugt. Bei all diesen Beispielen kann es sich zwar um bereits vererbte, festgewordene Berufsübernamen handeln, doch lassen sich andere Deutungsmöglichkeiten nicht sicher ausschließen, etwa bei *Moͤstel* (nach dem Lieblingsgetränk), *Pelitz* (‚Träger von Pelzkleidung‘), *Choͤrbel* (‚Träger eines auffälligen Korbs‘), *Toͤtenachs* (nach einer einmaligen Begebenheit), *Hamer* (metaphorisch für einen kämpferischen, kriegerischen Menschen).

Es ist anzunehmen, dass die Übernamen *Pserrel* (zu mhd. *beschërren* ‚beschaben, beschneiden‘), *Mischêr, Schruf* (zu mhd. *schruffen* ‚spalten‘), *Zirrenschaub* (etwa ‚[ich] zerre/reiße den Schaub‘) auf einen Arbeitsvorgang im Rahmen der Berufstätigkeit anspielten, doch ist sie aus dem Kontext nicht ersichtlich. Hingegen ist bei *Pachzelt* (etwa ‚backe Zelte [Fladen]‘), *Pintennapf* (etwa ‚binde den Napf‘) und *Leihnwuͤrffel* (etwa ‚mach den Würfel glatt‘) – trotz fehlender Berufsangaben – davon auszugehen, dass die Namenträger als Bäcker, Böttcher bzw. Würfelmacher tätig waren. Bei einer Gruppe von 19 Namen bieten der Kontext bzw. die Angabe der Berufstätigkeit eines oder mehrerer Namenträger Anhaltspunkte für die Annahme eines Berufsübernamens: Für die Träger der Beinamen *Achs* (‚Achse‘), *Schinagel* (‚starker Nagel zur Befestigung der Radschiene auf die Felgen‘) und *Wagenraͤdl* ist aufgrund des Kontextes eine Tätigkeit als Fuhrleute anzunehmen. Bei *Plutwuͤrstel chn[echt],* wohnhaft *Hinter den Flaischtischen* in der Regensburger *Witmangerwacht,* ist die Annahme einer Tätigkeit als Fleischergeselle durchaus plausibel. Auch der Beiname *Sweinein* könnte in Zusammenhang mit dem Metzgergewerbe aufgekommen sein, zumal der einzige Namensträger im *Wundenbuch* als Bürge für ein Mitglied der Fleischerfamilie *Jeus* auftritt. Aufgrund des Kontextes erscheint es möglich, dass der Beiname *Feuer* sich urprünglich auf den Schmiedeberuf bezogen hatte, denn ein Namensträger, *Chunradus dictus Feuer,* wird in einer Urkunde neben einem Bürger namens *Rotsmit* erwähnt. Bei *Ewerhart Plættel* (mhd. *plate* ‚eiserne Brustbedeckung‘), der zusammen mit *Hnr. smit* als Bürge im *Wundenbuch* erscheint, kann an das Vorliegen eines Berufsübernamens für den Panzerschmied gedacht werden.

Da *Dietel Unholtz* (‚Abfallholz‘) als Zinngießer bezeugt ist, weist der Name möglicherweise auf die Verwendung von Abfallholz als Brennholz im Rahmen seiner Berufstätigkeit hin. Aus dem Kontext geht hervor, dass die *Spannin an der Aechirchen* Inhaberin einer „Fragenstätte“, eines Verkaufsstandes, war. Somit könnte der Übername auf eine Kleinhändlerin hinweisen, die neben Lebensmitteln auch Holzspäne zum Leuchten verkaufte. Bei einem Regensburger *muͤlnerchneht* namens *Chœmel* kann der Kamm am Mühlrad für die Übernamenvergabe ausschlaggebend gewesen sein, bei einem Schreiber namens *Chalppfel* dessen Umgang mit Pergament, bei *Ulr. Pfeffer uftrager* das Auftragen stark gewürzter Speisen. *Ortlieb der Glůthafen* und sein Bruder *Ulreich der Glůthafen* (‚Wärmetopf, Glutpfanne‘) hatten Besitz zu *Prenprunne,* wo die Regensburger Töpfer ihre Werkstätten hatten. Es ist daher möglich, dass deren Beinamen auf die Ausübung des Töpferhandwerks und die hergestellte Ware anspielen. Ein Zusammenhang zwischen dem Beinamen und dem Schneiderberuf ist bei *Haft* (‚was fest hält, Band‘, bair. *Haften* ‚Stecknadel‘) und *Glettner* durchaus möglich. In letzterem Fall kann der Übername auf einen Arbeitsvorgang, auf das Glätten des Stoffes vor der Näharbeit oder nach Fertigstellung des Kleidungsstücks, hindeuten. *Albrecht der Reiffe, mangmeister ze R.,* wurde vielleicht nach mhd. *reif* in der Bedeutung ‚Längenmaß für Tuch‘ benannt. Bei *Heintzel Pruͤgel* könnte der Übername mit seiner Tätigkeit als Wächter *hintz dem purchtor datz sand Jacob* zusammenhängen, dies trifft auch für *Portenstil* (‚Axtstiel‘) zu, der als Nachtwächter tätig war. Berufsmotiviert ist möglicherweise auch der Übername *Raͤumschauppl* (‚räum das Schäublein‘), den ein Regensburger *chrauter* (‚Gemüsebauer‘) trug.

Der eindeutige Nachweis eines Berufsübernamens lässt sich nur in 16 Fällen erbringen:

- Die Träger des Beinamens *Pochstœche* sind als Inhaber einer Fleischbank (zu Leibgeding) überliefert.
- *Chuͤntzel der Fůnkch, Haͤrttel Funkch* und *Eberh. der Funch* waren als *sporer,* Hersteller von Sporen, tätig und somit Angehörige des Schmiedegewerbes.
- Der Beiname *Hemml* (mhd. *hame* ‚Angelhaken‘) galt im spätmittelalterlichen Regensburg dem Hersteller (*dem Hemmlein dem smit*) von Angelhaken. Für den Beleg *Haͤmmlein den vischer* kommen jedoch zwei Deutungen infrage: Benutzer von Angelhaken oder eines besonderen Fangnetzes (fnhd. *hame*).
- *Ulreich der Lanchvorfuz* (‚Socke‘, ‚Vorderteil des Schuhs‘) war Schuster von Beruf.
- Bei *Ulr. Machenschalt* (‚mach den Stoß‘) handelte es sich um einen Bäckergesellen. Dem Übernamen liegt ein Arbeitsvorgang, das Stoßen/Schieben der Brote in den Backofen, zugrunde.
- Die Träger des Beinamens *Raitter/Reytter* (mhd. *rīter*, fnhd. *reiter* ‚Sieb‘) waren zwei Regensburger Bäcker.
- Bei *Richtentisch dem chromer* liegt ein Berufsübername für einen Kleinhändler vor, der auf einen Arbeitsgang, die Aufstellung und Gestaltung des Verkaufstischs, hinweist.
- Bei einem Teil der Träger des Beinamens *Romær* handelt es sich um Angehörige einer patrizischen Familie, die im 14. Jh. Handel mit dem Süden trieb, sodass der Name im Sinne von ‚Italienfahrer‘ aufgefasst werden kann.

- Der Träger des Beinamens *Rosszogel* (‚Pferdeschwanz‘) war ein *charrenman* (‚Karrenführer, Fuhrmann‘).
- *Wernel Schiet* (bair. *der Schiet* ‚Art Fisch, Rappe‘) war Fischer von Beruf.
- Der Beiname *Schiͤrblinch* (mhd. *schirbe* ‚Splitter von Metall‘) bezieht sich auf Begleitumstände der Arbeit eines *chlingsmits,* eines Handwerkers, der Klingen für Schwerter, Messer und Degen herstellte.
- Bei *Ruͤppel mit der Smerwag* (‚Waage zum Abwiegen von Schmer, Fett‘) liegt ein Berufsübername nach dem Arbeitsgerät vor. Aus dem Kontext geht nämlich hervor, dass der Namensträger ein Bruder des *Ulr. weger mit der smerwag* war.
- Den Beinamen *Snelpog* (‚schnelle [den] Bogen‘) trug ein Regensburger Wächter.
- Für die Träger des Beinamens *Sechseu* (‚sechs Schafe‘) lassen sich Verbindungen zum Fleischergewerbe nachweisen.
- *F. Semel* ist als Geselle eines Bäckers bezeugt.
- Das Vorliegen eines Berufsübernamens für den Fleischer ist bei den Belegen *Chunrat Spekchel der flaischman* und *umb Spechel den flaischawer* eindeutig.

3.2.1.2.3 Relationale Übernamen

Im Vergleich zu den persönlichen Übernamen und den Berufsübernamen ist die Anzahl der Übernamen, die potenziell auf soziale oder familiäre Beziehungen des Namensträgers Bezug nehmen, mit 28 sehr klein. Die Übernamen *Graf, Graͤfel, Herschæftel*, *Hertzog, Chantzler, Kunig, Vitzdum* sind mehrdeutig, da sie sowohl auf ein Abhängigkeits- oder Dienstverhältnis als auch auf ein persönliches Merkmal (Angeberei, Stolz, Hochmut), gelegentlich auf ein akzidentelles Merkmal (etwa Schützenkönig) zurückgehen können. Ob der Übername *Chloͤsterl* sich auf ein Abhängigkeitsverhältnis oder auf den Wohnsitz des Benannten bei einem Kloster bezog, muss ebenfalls offenbleiben. Bei *Chorherr, Muͤnich*, *Pfoff, Pfaͤffel, Pfaͤrrl* lässt sich nicht mehr eruieren, welche Beziehungen des ersten Namensträgers zu einem Geistlichen bzw. zur Kirche den Ausgangspunkt für die Übernamenverleihung bildeten. Nur bei dem Beinamen *Bischof* lassen sich andere Deutungsmöglichkeiten (etwa Übername nach einem charakterlichen Merkmal, nach einer Spielrolle) ausschließen: Aus dem Kontext ist nämlich zu ersehen, dass *Reychker der Pyschof* ein Lehen des Regensburger Bischofs innehatte.

Möglicherweise weisen die Übernamen *May, Sumer* und *Winter* auf einen Zinstermin oder eine Arbeitsverpflichtung hin, doch kommen hierfür auch andere Deutungsmöglichkeiten infrage. Es ist anzunehmen, dass die Übernamen *Dreuvelt* (‚dreifältig‘) und *Dreischink* wohl in Zusammenhang mit einer Abgabe entstanden sind. Dies kann auch bei *Pernaͤr, Helblinch, Schilling* und *Dreischilling* der Fall sein, doch können solche Münzbezeichnungen ebenfalls die sprachliche Grundlage für Übernamen nach den Vermögensverhältnissen des ersten Namensträgers darstellen.

Auch wenn die ganz konkrete Motivation des Namengebers nicht mehr ermittelt werden kann, lassen sich die Übernamen *Eninchel, Frawn nef, Vetter, Ways* und *mit der poͤsen ê* auf familiäre Beziehungen bzw. die familiäre Situation des Benannten zurückführen.

3.2.1.2.4 Akzidentelle Übernamen

Dass Übernamen auf einmalige Vorkommnisse und Handlungen zurückgehen können, lässt sich nicht bestreiten, doch ist die sichere Zuordnung eines Beinamens zu dieser Kategorie wegen der Ungunst der Überlieferung in der Regel nicht möglich. Unter den im RUB belegten Übernamen gibt es nur wenige, die wohl durch ein vorübergehendes, zufälliges Merkmal des Namensträgers veranlasst wurden: etwa *Judenchuͤnikch* nach der Rolle des Christus in einem Osterspiel, *Rauber* für jemanden, der (einmal) etwas gestohlen hatte, *Schemerl* für den (gelegentlichen) Träger einer Maske, *Wuͤrgær* für jemanden, der einen anderen bei einer Rauferei gewürgt hatte, *Zuͤgaͤbel* für jemanden, der in den Genuss einer Mitgift gekommen war. Der Beiname *Hupf auf gans* (‚hüpfe auf [die] Gans') kann zwar mit einem besonderen Ereignis zusammenhängen, aber auch einen Vielfraß bezeichnet haben.

3.2.2 Mentalitätsgeschichtliche Aspekte

Die Übernamen stellen nicht nur eine wichtige Quelle für die historische Wortforschung, sondern auch für aktuelle Forschungsrichtungen der Geschichtswissenschaft wie mittelalterliche Alltagsgeschichte und Mentalitätsgeschichte dar. Nicht einzelne, isolierte Belege sind hier aussagekräftig, vielmehr sind es weit verbreitete Gruppen von Übernamen, die bestimmte positive und negative Eigenschaften thematisieren und dadurch wertvolle Hinweise auf die Mentalität der spätmittelalterlichen Namengeber und auf das Wertesystem der damaligen Gesellschaft geben können.[266]

In seinem Buch *Alltag im Mittelalter* bezeichnet der Historiker Ernst Schubert die Übernamen als ein Indiz für die „Direktheit im Umgang der Menschen miteinander".[267] Diese Haltung war „letzlich ein Teil des Gemeinschaftsbewusstseins"[268] und somit der Mentalität der spätmittelalterlichen Namengeber. Sie tritt vor allem bei Übernamen, die auf körperliche Fehler und Behinderungen Bezug nehmen, zutage: z. B bei den Regensburger Belegen *Pukkel* und *Hintenhoͤchel* für Bucklige, *Chruchenær/auf der Chrůchen, ůf der Steltzen, Chlobschench* (‚Holzbein') für Gehbehinderte. Manche Übernamen aus diesem semantischen Bereich begegnen uns noch heute als Familiennamen: etwa *Blind, Dollfuß, Hinkefuß, Kaulfuß, Holbein, Lahm.*[269]

Interessant sind insbesondere jene Gruppen von Übernamen, die den Konflikt zwischen der durch die *longue durée* gekennzeichneten Mentalität und dem neuen, christlich inspirierten spätmittelalterlichen Wertesystem sichtbar werden lassen. Übernamen, die einerseits einen zornigen Charakter oder ein streitlustiges Verhalten, andererseits eine sanfte, freundliche Wesensart thematisieren, sind weit verbreitet. In Regensburg sind u. a. die Übernamen *Schelle* (‚Jähzorn'), *Pofer* (mhd. *baffen* ‚zanken'), *Streyter, Raͤuffaͤr,*

266 Vgl. hierzu auch Kohlheim: *Übernamen als Spiegel spätmittelalterlicher Mentalität* und Kohlheim: *Familiennamen und Mentalitätsgeschichte,* S. 486–490.

267 Schubert: *Alltag im Mittelalter,* S. 169.

268 Ebd., S. 175.

269 Kohlheim, S. 139, S. 197, S. 330, S. 368, S. 335, S. 413.

Zänkel, Hefdenstrit belegt,[270] in Nürnberg *Schell, Vngestum, Zorn(lein), Zerrer* (mhd. *zerren* ,streiten, zanken'),[271] im Vogtland *Grassel* (mhd. *graȝ* ,wütend, zornig'), *Czank, Zcengker, Czorn, Czorner*,[272] in Zwickau *Piger* (mhd. *bieger* ,Zänker'), *Gehe* (mhd. *gæhe*, md. *gēhe* ,jähzornig'), *Hebenstreit, Schellink, Cengker, Zcorn*,[273] in Wien *Grasser, Haderer, Hebenstreit, Schell, Czenkl*.[274] Ihnen gegenüber stehen Übernamen wie *Senft, Cheurel, Gemach, Süzz* in Regensburg, *Milte* in Nürnberg, *Susße* im Vogtland, *Milde* in Zwickau, *Semfte* in Breslau,[275] *Milt, Senfft, Süss* in Wien. Aus derart gegensätzlichen thematischen Gruppen lässt sich schließen, dass ungestümes, streitlustiges Verhalten, wie es Jahrhunderte zuvor den „barbarischen Menschen" charakterisiert hatte,[276] zwar durchaus noch immer in der Mentalität des spätmittelalterlichen Menschen verankert war, aber nicht mehr als wünschenswert angesehen wurde. Zugleich deuten Übernamen, die ein besonnenes, „mildes" Wesen hervorheben, an, dass diese überkommene Mentalität inzwischen durch ein christlich beeinflusstes Wertesystem überlagert wurde.

Auch die „Freude am Glitzernden, Seltenen, Wertvollen",[277] an Pracht und Prunk ist Merkmal „barbarischer" Mentalität, die zweifellos bis ins Spätmittelalter überdauerte, wenngleich sie mit dem christlichen Wertesystem in Widerspruch geraten musste. In Übernamen wie *Gleisser, Pfawe, Pochner* (fnhd. *pocher* ,Prahler'), *Pronger* in Regensburg, *Geuder, Seidenswantz* in Nürnberg, *Gewdener, Pffabe, Phabentritt, Pröger* (mhd. *broger* ,Prahler, Großtuer') im Vogtland, *Geudel, Pfawe* in Zwickau, *Phfobinczail, Phanczagel* (,Pfauenschweif') in Breslau und in Wien wird das Fortleben dieser Mentalität dokumentiert und zugleich vom neuen Wertesystem aus getadelt.

Einem tiefgreifenden Wandel war seit dem frühen Mittelalter auch die Einstellung gegenüber der Arbeit unterworfen. Deutete schon die Bibel die Arbeit als Strafe und Buße für den Sündenfall, so musste die kriegerische Mentalität der germanischen „Barbaren" aus anderen Gründen die manuelle Arbeit verachten. Auch die Wortgeschichte von *Arbeit*, welches im Mittelhochdeutschen vor allem ,Mühsal' bedeutet, spricht eine deutliche Sprache. Diese negative Einstellung gegenüber der Arbeit änderte sich seit dem Hochmittelalter, nicht zuletzt aufgrund des Aufblühens des Handwerks in den Städten, gründlich.[278] So verwundert es nicht, dass Übernamen, welche die alte, frühmittelalterliche Mentalität thematisieren, weit verbreitet sind und zugleich einen tadelnden Charakter haben. In Regensburg begegnen uns beispielsweise die Übernamen *Vaulschinkch, Feyerabent, Veyrer, Vozz, Lazzl, Lainär, Musser, Müssigsprot, Seltenstich, Strantz*, in Nürnberg *Ful, Veirer, Seltenschlag, Spet, Stranz*, in Zwickau *Feyrobent, Laß*,

[270] Zur Fundstelle der einzelnen Belege sei auf den Lexikonteil verwiesen. Bei flektierten Belegen wurde ein Nominativansatz gebildet.

[271] Die Nürnberger Belege stammen aus Scheffler-Erhard: *Alt-Nürnberger Namenbuch.*

[272] Die Belege aus dem Vogtland stammen aus Hellfritzsch: *Familiennamenbuch des sächsischen Vogtlandes.*

[273] Die Zwickauer Belege stammen aus Hellfritzsch: *Personennamen Südwestsachsens.*

[274] Die Wiener Belege stammen aus Linsberger: *Wiener Personennamen.*

[275] Die Breslauer Belege stammen aus Reichert: *Die deutschen Familiennamen nach Breslauer Quellen.*

[276] Vgl. Scheibelreiter: *Die barbarische Gesellschaft.*

[277] Ebd., S. 153.

[278] Vgl. Hundsbichler: *Arbeit.*

in Wien *Feyer, Veirtag, Spêt.* Die neue, positive Einstellung gegenüber der Arbeit drückt sich dagegen in Namen aus, die munteres, lebendiges Verhalten zum Inhalt haben: z. B. *Spectatus* (‚tüchtig‘), *Hiuzzo, Check, Resch, Snell, Wakcher, Zanger* in Regensburg, *Resch, Snell(e), Wacker* in Nürnberg, *Strenus* (‚eifrig, emsig, munter‘), *Sneller, Wacker* im Vogtland, *Palduff, Kegk, Resche, Risch* in Zwickau, *Rische, Sneller, Wacker, Frischer mut, Vilstich* in Breslau, *Paldauf, Tugntlich* (‚tüchtig, wacker‘), *Frisch, Früman, Kekch, Resch* in Wien.

3.3 Zusammenfassung der Ergebnisse

Das aus den zwei Bänden des Regensburger Urkundenbuchs bis a. 1378 erschlossene Übernameninventar umfasst 576 Namen. Latinisierungen spielen dabei nur eine sehr untergeordnete Rolle. Bei 160 Übernamen (ca. 28%) handelt es sich um Erst- oder Frühbelege. Hierin nicht enthalten sind 37 Satznamen (6,4%) und 8 präpositionale Bildungen (1,3%) wie z. B. *Hnr. mit der pösen ê*. Bei 64 (= 40%) der Erst- und Frühbelege konnte eine Fortsetzung im Sprachschatz nachgewiesen werden. Die große Mehrheit dieser Neubildungen tritt im RUB zwischen 1325 und 1378 in Erscheinung.

Die Untersuchung der Wortbildung der 160 Neologismen zeigt, dass der Wortschatz in dieser Übergangsszeit zwischen dem Mittelhochdeutschen und dem Frühneuhochdeutschen weniger durch die Neuschöpfung von Simplizia als durch die Komposition vorhandener Lexeme oder Ableitungen von ihnen erweitert wird. Im Unterschied zum gleichzeitigen appellativischen Wortschatz sind die Komposita gegenüber den Ableitungen geringfügig schwächer vertreten (71:73). Unter den komponierten Substantiven sind nahezu doppelt so viele mit einem Substantiv wie mit einem Adjektiv als Erstglied gebildet (40:21). Unter den deverbativen Ableitungen sind die mit *-er*-Suffix gebildeten am häufigsten (35). An zweiter Stelle finden sich Ableitungen auf *-e* (15), das jedoch meist apokopiert ist, sodass diese Ableitungen gegenüber den Rückbildungen (7) nicht immer zweifelsfrei zu bestimmen sind. Zehn deverbative Ableitungen wurden mit *-el*-Suffix gebildet. Denominale Ableitungen im Bereich der Übernamen spielen mit nur drei Beispielen eine sehr marginale Rolle. Unter den als Übernamen erscheinenden Neubildungen sind die Substantive häufiger vertreten als unter den fnhd. Neologismen insgesamt.

Im Unterschied zu den übrigen Übernamen ist bei den meisten Satznamen davon auszugehen, dass sie nicht primär appellativisch, sondern eigens zum onymischen Gebrauch gebildet wurden. Unter den 37 im RUB belegten Satznamen finden sich jedoch drei, die, wohl sekundär, auch Eingang in den appellativischen Wortschatz fanden: *Achtseinnicht, Schabab* und *Suchentrunk.* Am häufigsten (16 Übernamen) ist der Bildungstyp II (Verb + Artikel + Substantiv im Akkusativ) vertreten, gefolgt von dem Bildungstyp I (Verb + Substantiv im Akkusativ ohne Artikel) mit 7 Übernamen. Demgegenüber treten die übrigen Bildungstypen stark zurück. Bis auf eine Ausnahme stammen alle Belege für Satznamen aus dem 14. Jahrhundert. Dass die meisten Satznamen erstmals zwischen 1325 und 1349 dokumentiert sind, ist vor allem überlieferungsbedingt. Von den 23 in diesem Zeitraum auftretenden Satznamen stammen 16 Beispiele aus dem *Wundenbuch* und 3 Beispiele aus der *Liste der aus der Stadt Verwiesenen*, d. h. aus zwei Dokumenten, in denen Angehörige der unteren Schichten der Regensburger Bevölkerung stark vertreten sind. Somit bestätigt auch unser Material die bisherige Erkenntnis, dass Satznamen eher charakteristisch für eine gesellschaftlich niedrige Stellung des Namensträgers sind.

Als Diminutiv- und Kosesuffix begegnet im Oberdeutschen neben dem *-(e)l*-Suffix auch das ursprünglich aus *-l-* und *-īn* kombinierte Suffix *-līn,* nhd. *-lein.* In den Regensburger Übernamenbelegen kommen beide Varianten vor, jedoch in markanter komplementärer Verteilung: Das einfache *-l*-Suffix (graphematisch als *-l, -el, -dl, -del* und *-erl* realisiert) erscheint vorwiegend bei Belegen im Nominativ, während *-līn* (graphematisch als *-lein, -lin, -læn* und *-lain* realisiert) in der großen Mehrzahl der Fälle in den obliquen Kasus auftritt. Dabei wird der Genitiv in der Regel durch das zusätzliche Kasus-Morphem *-s* (graphematisch auch als *-z* realisiert) gekennzeichnet. Regensburg steht mit diesem Flexionsparadigma der hypokoristischen Suffixe nicht allein. Ein Blick auf die Verhältnisse im Wien des 15. Jh.s zeigt ein ähnliches Bild. Auf dieses Deklinationsmuster wurde bereits von K. Finsterwalder anhand von Tiroler Namenbelegen aus dem 14. Jh. und von V. Kohlheim anhand von Regensburger Rufnamen des 13. und 14. Jh.s hingewiesen. Möglicherweise hat die für Eigennamen charakteristische schwache Flexion auf die Entstehung dieses Deklinationsparadigmas eingewirkt. Ab der Mitte des 14. Jh.s deutet sich jedoch in Regensburg eine zunehmende Unsicherheit im Gebrauch des beschriebenen Deklinationsmusters an. Der prozentuale Anteil der Belege mit *-(e)l* in den obliquen Kasus nimmt im Zeitraum 1350–1378 um 4,5% zu. Heute befindet sich Regensburg im Zentrum des Gebiets, in dem Familiennamen, soweit sie auf diminuierte Formen zurückgehen, auf *-l* enden, d. h., die Nominativform hat sich durchgesetzt, und zwar in ihrer typisch bairischen synkopierten Form. Es mag an dem seltenen Vorkommen diminuierter Formen in Urkunden, Geschäftsbriefen und anderen kanzleisprachlichen Quellen liegen, dass dieses Deklinationsmuster bei der Behandlung der Diminutiva in historischen Grammatiken und Abhandlungen bislang keine Erwähnung fand.

Den Vorgang der Onymisierung, d. h. der Umwandlung eines Appellativs in einen Eigennamen, hat man im Bereich der Beinamen bislang an unterschiedlichen Kriteria versucht nachzuweisen (Fortfall des bestimmten Artikels, Vererbung des Beinamens, Gegensatz zwischen einem Beinamen nach dem Beruf und der beigefügten Berufsangabe). Nicht in den Blickwinkel bisheriger Forschung getreten ist ein grammatisches Phänomen, das zumindest im Bereich der Übernamen den Übergang vom Gattungs- zum Eigennamen eindeutig erkennen lässt: die Anpassung des grammatischen Geschlechts (Genus) des der Namenbildung zugrunde liegenden Appellativs an das natürliche (Sexus) des Namensträgers (z. B. *der Gurr, umb Ulr. den Swert, Ulr. der Froͤschel*). Dies trifft bis auf eine Ausnahme (*umb daz Hintenhoͤchel*) für alle untersuchten Regensburger Übernamen zu. Es ist bemerkenswert, dass heutige Spitznamen, bei denen ein Vergleich mit mittelalterlichen Übernamen doch sehr naheliegt, sich anders verhalten, indem sie normalerweise das grammatische Geschlecht beibehalten.

Die im RUB dokumentierten Übernamen konnten in der Regel etymologisiert, aber wegen der Ungunst der Überlieferung nicht immer zuverlässig gedeutet werden. Unter Berücksichtigung der deskriptiven Konnotation und des Urkundenkontextes sowie durch Heranziehung weiterer Quellen und geschichtlicher Untersuchungen war es in manchen Fällen möglich, das Benennungsmotiv zumindest teilweise zu erfassen und zu einer verhältnismäßig sicheren Namendeutung zu gelangen. So ist beispielsweise bei *Fröschel* von der metaphorischen Kennzeichnung eines Menschen mit hervortretenden Augen auszugehen. Aus dem Kontext kann man bei *Semmel* schließen, dass es sich um einen Berufsübernamen für einen Bäckergesellen handelt. Eine Studie über das Regensburger Patriziat liefert einen zuverlässigen Hinweis zur Motivation des Übernamens *Reich*, da die Reichs bis in die zweite Hälfte des 14. Jh.s tatsächlich die reichste Familie dieser Gesellschaftsschicht waren.

Der Vergabe von Übernamen liegen prinzipiell zwei Anlässe zugrunde: entweder ein konstantes/dauerhaftes Merkmal oder aber ein nicht-konstantes/akzidentelles Merkmal des Namensträgers (z. B. vorübergehende Handlungen, einmalige Begebenheiten). Zu den konstanten/dauerhaften Merkmalen gehören solche, die die Person des Benannten unmittelbar betreffen (etwa Aussehen, Krankheiten, Kleidung, Charakter, Verhalten, Gewohnheiten und Vorlieben, Lebensumstände), sowie solche, die aus seiner beruflichen Tätigkeit bzw. aus seinen Beziehungen zu anderen Personen oder Institutionen herrühren. Somit lassen sich die Übernamen in vier Kategorien einteilen: persönliche Übernamen, Berufsübernamen, relationale Übernamen und akzidentelle Übernamen. Allerdings ist eine sichere Zuordnung zu einer der aufgestellten Kategorien aufgrund der ungünstigen Quellenlage nicht immer möglich. So konkurriert bei *Puntschuch* oder *Huͤtel* ein persönlicher Übername für den Träger mit einem Berufsübernamen für den Hersteller.

Übernamen, die sich auf geistige, moralische und charakterliche Eigenschaften, auf Verhaltensweisen, Gewohnheiten und Lebensumstände beziehen, sind häufiger dokumentiert als diejenigen, die äußere Merkmale betreffen. – Berufliche Motivation kann bei etwa einem Drittel der 576 im RUB belegten Übernamen in Erwägung gezogen werden. Die Auffassung eines Belegs als Berufsübername und dessen Zuordnung zu einem bestimmten Beruf kann jedoch nur dann als gesichert gelten, wenn der Urkundenkontext Aufschluss über die berufliche Tätigkeit des Namensträgers gibt. Bei einer großen Anzahl der untersuchten Belege ließ sich der Beruf der Namenträger nicht mehr ermitteln oder der potenzielle Berufsübername und die ausgeübte Berufstätigkeit stimmten nicht überein. Bei einer Gruppe von 19 Namen lieferten der Kontext oder die Angabe der Berufstätigkeit eines oder mehrerer Namensträger Anhaltspunkte für die Annahme eines Berufsübernamens. Der eindeutige Nachweis eines Berufsübernamens ließ sich nur in 16 Fällen erbringen, z. B. bei *Rosszogel* (‚Pferdeschwanz‘), der als *charrenman* (‚Karrenführer, Fuhrmann‘) tätig war. – Um relationale Übernamen kann es sich bei insgesamt 28 Namen handeln, doch ist hierbei meist mit Deutungskonkurrenzen zu rechnen, etwa bei *Graf, Hertzog, Helblinch, Schilling, Mai, Winter* u. a. Ausnahmsweise konnte bei *Bischof* das Vorliegen eines relationalen Übernamens urkundlich nachgewiesen werden: Der Namensträger ist tatsächlich als Inhaber eines Lehens des Regensburger Bischofs überliefert. – Die sichere Zuordnung eines Belegs zu der Kategorie der akzidentellen Übernamen ist wegen der ungünstigen Quellenlage in der Regel nicht möglich. In unserem Material finden sich nur wenige Übernamen, die auf ein vorübergehendes, zufälliges Merkmal des Namensträgers zurückgeführt werden können, etwa *Judenchuͤnikch* nach der Rolle des Christus in einem Osterspiel, *Schemerl* für den (gelegentlichen) Träger einer Maske.

Übernamen können auch als Quelle für aktuelle Forschungsrichtungen der Geschichtswissenschaft wie Alltagsgeschichte und Mentalitätsgeschichte genutzt werden. Nicht einzelne, isolierte Belege sind dafür relevant, sondern weit verbreitete Gruppen von Übernamen, die bestimmte Eigenschaften thematisieren und dadurch Hinweise auf die Mentalität und das Wertesystem der spätmittelalterlichen Gesellschaft geben können. So zeugen die zahlreichen Übernamen, die eindeutig auf körperliche Fehler und Behinderungen Bezug nehmen, von der Direktheit der mittelalterlichen Menschen im gesellschaftlichen Umgang. An ausgewählten Gruppen von Übernamen, denen gegensätzliche Eigenschaften zugrunde liegen (Zorn/Streitlust vs. Milde/Besonnenheit), wird der Konflikt zwischen der überkommenen Mentalität und dem neuen, christlich inspirierten spätmittelalterlichen Wertesystem sichtbar. Übernamen wie *Gleisser, Pfawe, Seidenswantz, Pronger* deuten an, dass im Spätmittelalter die althergebrachte Freude an Pracht und Prunk noch lebendig war, aber zugleich vom neuen Wertesystem aus getadelt wurde. Die zahlreichen Übernamen, die auf ein munteres, lebendiges Verhalten hinweisen, lassen die im Verlauf des Mittelalters zutage tretende positive Einstellung gegenüber der Arbeit deutlich erkennen. Gleichzeitig fällt die Häufigkeit von solchen Übernamen, die Faulheit und Trägheit tadelnd thematisieren, besonders ins Auge.

Abkürzungen und Symbole

Abkürzungen

a.	anno
abair.	altbairisch
Abschr.	Abschrift
Adj.	Adjektiv
Adv.	Adverb
ahd.	althochdeutsch
Akk.	Akkusativ
AkzÜN	Akzidenteller Übername, d. h. ein Übername, der den NT durch ein einmaliges, zufälliges Merkmal oder ein einmaliges Ereignis charakterisiert
allgem.	allgemein
Anf.	Anfang
Anm.	Anmerkung
anM.	anomales Masculinum
anV.	anomales Verb
ä. Sp.	ältere Sprache
Aufl.	Auflage
bair.	bairisch
BB	Berufsbezeichnung
Bd(e).	Band/Bände
bearb.	bearbeitet
BerN	Berufsname
BerÜN	Berufsübername, d. h. ein Übername, der den Benannten durch ein Merkmal seines Berufs charakterisiert
bes.	besonders
bildl.	bildlich
BMZ	s. Literaturverzeichnis: Wörterbücher, Lexika und Atlanten
BN	Beiname
BWB	s. Literaturverzeichnis: Wörterbücher, Lexika und Atlanten
B. z. R.	Bürger zu Regensburg
bzw.	beziehungsweise
ca.	circa
Dat.	Dativ
dergl.	dergleichen
DFA	s. Literaturverzeichnis: Wörterbücher, Lexika und Atlanten
d. i.	das ist
Dim.	Diminutiv
DRW	s. Literaturverzeichnis: Wörterbücher, Lexika und Atlanten
dt.	deutsch
DWB	s. Literaturverzeichnis: Wörterbücher, Lexika und Atlanten
ebd.	ebenda
eigentl.	eigentlich
engl.	englisch
F.	Femininum
f., ff.	und folgende
fig.	figurativ

FM.	Femininum oder Maskulinum
FN	Familienname
fnhd.	frühneuhochdeutsch
FnhdWB	s. Literaturverzeichnis: Wörterbücher, Lexika und Atlanten
f(ol).	Folio
fränk.	fränkisch
frz.	französisch
Fußn.	Fußnote
Gen.	Genitiv
germ.	germanisch
hchd.	hochdeutsch
HDA	s. Literaturverzeichnis: Wörterbücher, Lexika und Atlanten
hg.	herausgegeben
Hg./Hgg.	Herausgeber
hl.	heilig
HN	Herkunftsname
Hs.	Handschrift
i. J.	im Jahre
Imp.	Imperativ
intr.	intransitiv
it.	italienisch
Jh.	Jahrhundert
KF	Kurzform, Koseform
Kl.	Kloster
LexMA	s. Literaturverzeichnis: Wörterbücher, Lexika und Atlanten
M.	Masculinum
md.	mitteldeutsch
mhd.	mittelhochdeutsch
mnd.	mittelniederdeutsch
Mon. b.	Monumenta boica
Nbf.	Nebenform
nd./ndd.	niederdeutsch
N. F.	Neue Folge
nhd.	neuhochdeutsch
Nom.	Nominativ
Nom. ag.	nomen agentis
Nr.	Nummer
NT	Namensträger
ob(er)d.	oberdeutsch
ÖN	Örtlichkeitsname
Or(ig).	Original
östr.	österreichisch
PersÜN	Persönlichkeitsbezogener Übername, d. h. ein Übername, der sich ausschließ- lich auf ein Merkmal der benannten Person selbst bezieht, nicht auf etwas, was sie mit ihrer Umwelt in Beziehung setzt
Präp.	Präposition
Pron.	Pronomen
R.	Regensburg(er)
Rat.	Ratisbona

Reg.	Regest
RelÜN	Relationaler Übername, d. h. ein Übername, der den Namensträger aufgrund sozialer oder familiärer Beziehungen charakterisiert
RN	Rufname
RUB	Regensburger Urkundenbuch, s. Literaturverzeichnis: Quellen
russ.	russisch
S.	Seite
s.	siehe
schwäb.	schwäbisch
s. o.	siehe oben
sog.	so genannt
Sp.	Spalte
St.	Sankt
stF.	starkes Femininum
stFN.	starkes Femininum oder Neutrum
stM.	starkes Masculinum
stMF.	starkes Masculinum oder Femininum
stMN.	starkes Masculinum oder Neutrum
stN.	starkes Neutrum
stNM.	starkes Neutrum oder Masculinum
stswF.	starkes oder schwaches Femininum
stswM.	starkes oder schwaches Masculinum
stV.	starkes Verb
s. u.	siehe unten
s. v.	sub voce
swF.	schwaches Femininum
swFM.	schwaches Femininum oder Masculinum
swM.	schwaches Masculinum
swMF.	schwaches Masculinum oder Femininum
swstF.	schwaches oder starkes Femininum
swstM.	schwaches oder starkes Masculinum
swV.	schwaches Verb
TE	Die Traditionen des Hochstifts Regensburg und des Klosters St.Emmeram, s. Literaturverzeichnis: Quellen
TWB	s. Literaturverzeichnis: Wörterbücher, Lexika und Atlanten
übcrh.	überhaupt
ÜN	Übername
urspr.	ursprünglich
VF	Vollform
vgl.	vergleiche
vol.	volume
vs.	versus
WBÖ	s. Literaturverzeichnis: Wörterbücher, Lexika und Atlanten
WMU	s. Literaturverzeichnis: Wörterbücher, Lexika und Atlanten

Symbole

*	erschlossene/rekonstruierte Form
<	entstanden aus
>	wird zu
+	verbindet Wortbildungselemente
< >	Graph(em)
†	gestorben
= (zwischen Belegen)	Personenidentität
▲	Etymologie
♣	mögliche Deutung
⬍	urkundlich gesicherte/wahrscheinliche Deutung; Kommentare
→	Verweis auf an anderer Stelle behandelte Übernamen

Literaturverzeichnis

Quellen

Regensburger Urkundenbuch. 1. Band: *Urkunden der Stadt bis zum Jahre 1350*, besorgt durch Josef WIDEMANN, Monumenta Boica, 53. Band, N. F., 7. Band, München 1912.

Regensburger Urkundenbuch. 2. Band: *Urkunden der Stadt. 1351–1378,* bearbeitet von Franz BASTIAN (†) und Josef WIDEMANN, Orts- und Personenregister bearb. von Ludwig MORENZ, Wort- und Sachregister von Max HUFNAGEL, Monumenta Boica, 54. Band, N. F., 8. Band, München 1956.

Die Traditionen des Hochstifts Regensburg und des Klosters St. Emmeram, hg. von Josef WIDEMANN, Quellen und Erörterungen zur bayerischen Geschichte, N. F., 8. Band, München 1942–1943.

Wörterbücher, Lexika und Atlanten

BAHLOW – BAHLOW, Hans: *Deutsches Namenlexikon. Familien- und Vornamen nach Ursprung und Sinn erklärt,* suhrkamp taschenbuch 65, Frankfurt a. Main [5]1980.

BMZ – MÜLLER, Wilhelm/ZARNCKE, Friedrich: *Mittelhochdeutsches Wörterbuch, mit Benutzung des Nachlasses von Georg Friedrich BENECKE,* 3 Teile in 4 Bänden, Leipzig 1854–1866.

BRECHENMACHER – BRECHENMACHER, Josef Karlmann: *Etymologisches Wörterbuch der deutschen Familiennamen,* Band 1: *A –J,* Band 2: *K–Z,* Limburg a. d. Lahn 1957–1963.

BWB – *Bayerisches Wörterbuch,* hg. von der Kommission für Mundartforschung, bearb. von Josef DENZ/Bernd Dieter INSAM/Anthony R. ROWLEY/Hans Ulrich SCHMID, Bd. 1ff., München 2002ff.

DFA 3 – KUNZE, Konrad/NÜBLING, Damaris (Hgg.): *Deutscher Familiennamenatlas,* Bd. 3: *Morphologie der Familiennamen,* bearb. von Fabian FAHLBUSCH/Rita HEUSER/Jessica NOWAK/Mirjam SCHMUCK, Berlin – Boston 2012.

DRW – *Deutsches Rechtswörterbuch. Wörterbuch der älteren deutschen Rechtssprache*, hg. von der Preußischen Akademie der Wissenschaften u. a., Weimar 1914ff.

DudenWB – *Duden. Das große Wörterbuch der deutschen Sprache in zehn Bänden,* hg. vom Wissenschaftlichen Rat der Dudenredaktion, Mannheim – Leipzig – Wien – Zürich [3]1999.

DWB – GRIMM, Jacob/GRIMM, Wilhelm: *Deutsches Wörterbuch,* fotomechanischer Nachdruck der Erstausgabe 1854–1971, Bd. 1–33, München 1999.

DWB, Neubearb. – GRIMM, Jacob/GRIMM, Wilhelm: *Deutsches Wörterbuch.* Neubearbeitung, hg. von der Akademie der Wissenschaften der DDR in Zusammenarbeit mit der Akademie der Wissenschaften zu Göttingen, Leipzig 1983ff.

FISCHER – *Schwäbisches Wörterbuch.* Auf Grund der von Adalbert von KELLER begonnenen Sammlungen […] bearb. von Hermann FISCHER, Bd. 1–6, Tübingen 1904–1936.

FnhdWB – *Frühneuhochdeutsches Wörterbuch,* begründet von Robert R. ANDERSON, Ulrich GOEBEL und Oskar REICHMANN, hg. von Ulrich GOEBEL, Anja LOBENSTEIN-REICHMANN und Oskar REICHMANN, für die Bände 4, 7 und 12 außerdem das Institut für Deutsche Sprache, Mannheim, Bd. 1ff., Berlin – New York 2003ff.

GOTTSCHALD – GOTTSCHALD, Max: *Deutsche Namenkunde, mit einer Einführung in die Familiennamenkunde von Rudolf SCHÜTZEICHEL,* Berlin – New York [6]2006.

GÖTZE – GÖTZE, Alfred: *Frühneuhochdeutsches Glossar*, Kleine Texte für Vorlesungen und Übungen 101, Berlin [7]1967.

HDA – *Handwörterbuch des deutschen Aberglaubens*, hg. unter bes. Mitwirkung von Eduard HOFFMANN-KRAYER und Mitarbeit zahlreicher Fachgenossen von Hanns BÄCHTOLD-STÄUBLI, Bd. 1–10, Berlin – Leipzig 1927–1942.

HEINTZE/CASCORBI – HEINTZE, Albert/CASCORBI, Paul: *Die deutschen Familiennamen geschichtlich, geographisch, sprachlich,* Halle/S. [7]1933. Reprografischer Nachdruck: Hildesheim – Zürich – New York 1999.

HUNZIKER – HUNZIKER, Jacob: *Aargauer Wörterbuch in der Lautform der Leerauer Mundart,* Aarau 1877. Reprografischer Nachdruck: Wiesbaden 1968.

KLAUSMANN – KLAUSMANN, Hubert: *Atlas der Familiennamen von Bayern,* Ostfildern 2009.

KLUGE – KLUGE, Friedrich: *Etymologisches Wörterbuch der deutschen Sprache,* bearb. von Elmar SEEBOLD, Berlin – Boston [25]2011.

KLUGE/MITZKA – KLUGE, Friedrich: *Etymologisches Wörterbuch der deutschen Sprache,* bearb. von Walther MITZKA, Berlin [20]1967.

KOHLHEIM – *Duden. Familiennamen. Herkunft und Bedeutung von 20 000 Nachnamen,* bearb. von Rosa und Volker KOHLHEIM, Mannheim – Leipzig – Wien – Zürich [2]2005.

KRÜNITZ – KRÜNITZ, Johann Georg: *Oekonomische Encyklopädie, oder allgemeines System der Staats- Stadt- Haus- u. Landwirthschaft, in alphabetischer Ordnung,* 242 Bde., Berlin 1773–1858.

KUNZE – KUNZE, Konrad: *dtv-Atlas Namenkunde. Vor- und Familiennamen im deutschen Sprachgebiet,* München [4]2003.

LEXER – LEXER, Matthias: *Mittelhochdeutsches Wörterbuch,* Band 1: *A–M,* Band 2: *N–U,* Band 3: *VF–Z, Nachträge,* Leipzig 1869–1878. Reprografischer Nachdruck: Stuttgart 1965.

LexMA – *Lexikon des Mittelalters*, Band 1–9, München 1980–1999.

MATZEL/RIECKE/ZIPP – MATZEL, Klaus/RIECKE, Jörg/ZIPP, Gerhard: *Spätmittelalterlicher Wortschatz aus Regensburger und mittelbairischen Quellen,* Germanische Bibliothek, 2. Reihe: Wörterbücher, Heidelberg 1989.

NAUMANN – NAUMANN, Horst: *Das große Buch der Familiennamen. Alter, Herkunft, Bedeutung,* Niederhausen/Ts. 1994.

PFEIFER – PFEIFER, Wolfgang et al.: *Etymologisches Wörterbuch des Deutschen,* Bd. 1–3, Berlin 1989.

PfWB – *Pfälzisches Wörterbuch*, begründet von Ernst CHRISTMANN, fortgeführt von Julius KRÄMER, bearb. von Rudolf POST unter Mitarbeit von Josef SCHWING und Sigrid BINGENHEIMER, 6 Bde. und ein Beiheft, Stuttgart 1965–1998.

RÖHRICH – RÖHRICH, Lutz: *Das große Lexikon der sprichwörtlichen Redensarten,* Bd. 1–3, Freiburg – Basel – Wien 1991–1992.

SCHMELLER – SCHMELLER, Johann Andreas: *Bayerisches Wörterbuch, zweite, mit des Verfassers Nachträgen vermehrte Ausgabe,* bearb. von Georg Karl FROMMANN, 2 Bände, München 1872–1877. Neudruck: Aalen 1973.

TWB – LEXER, Matthias: *Mittelhochdeutsches Taschenwörterbuch, mit den Nachträgen von Ulrich PRETZEL,* 38. Aufl. (unveränderte Auflage der 35. Aufl. von 1974), Stuttgart 1992.

UNGER-KHULL – UNGER, Theodor/KHULL, Ferdinand: *Steirischer Wortschatz. Als Ergänzung zu Schmellers Bayerischem Wörterbuch,* Graz 1903. Reprografischer Nachdruck: Graz 2009.

WBÖ – *Wörterbuch der bairischen Mundarten in Österreich,* hg. vom Institut für Österreichische Dialekt- und Namenlexika (vormals: Kommission fur Mundartkunde und Namenforschung) der Österreichischen Akademie der Wissenschaften, Wien 1963ff.

WMU – *Wörterbuch der Mittelhochdeutschen Urkundensprache. Auf der Grundlage des Corpus der altdeutschen Originalurkunden bis zum Jahr 1300,* unter der Leitung von Bettina

KIRSCHSTEIN und Ursula SCHULZE bearb. von Sibylle OHLY/Peter SCHMITT, 3 Bände, Berlin 1994–2010.

Weitere Literatur

ARNDT, Wilhelm: *Die Personennamen der deutschen Schauspiele des Mittelalters,* Breslau 1904. Nachdruck: Hildesheim – New York 1977.

ARNETH, Konrad: *Die Familiennamen des ehemaligen Hochstifts Bamberg,* in: *Jahrbuch für fränkische Landesforschung* 16 (1956), S. 134–454.

BACH, Adolf: *Die deutschen Personennamen.* Teil 1: *Einleitung. Zur Laut- und Formenlehre, Wortfügung, -bildung und -bedeutung der deutschen Personennamen, Deutsche Namenkunde,* Bd. I/1, Heidelberg [2]1952.

BACH, Adolf: *Die deutschen Personennamen.* Teil 2: *Die deutschen Personennamen in geschichtlicher, geographischer, soziologischer und psychologischer Betrachtung, Deutsche Namenkunde,* Bd. I/2, Heidelberg [2]1953.

BAUMANN, Cornelia: *Die Spitznamen in bayerischen Traditionen des 12. Jahrhunderts,* in: *Blätter für oberdeutsche Namenforschung* 24 (1987), S. 26–49.

BERGER Fritz/ETTER, Otto R.: *Die Familiennamen der Reichsstadt Esslingen im Mittelalter,* Veröffentlichungen der Kommission für geschichtliche Landeskunde in Baden-Württemberg, Reihe B, Forschungen 15, Stuttgart 1961.

BICKEL, Hartmut: *Beinamen und Familiennamen des 12. bis 16. Jahrhunderts im Bonner Raum,* Rheinisches Archiv 106, Bonn 1978.

BOOR, Helmut de: *Die deutsche Literatur im späten Mittelalter. Zerfall und Neubeginn,* 1. Teil: *1250–1350,* Helmut DE BOOR/Richard NEWALD (Hgg.): *Geschichte der deutschen Literatur von den Anfängen bis zur Gegenwart,* Bd. 3/1, München [2]1964.

BRENDLER, Silvio: *Grundlagen der englischen Zunamenforschung,* CD-Rom, Hamburg 2006.

BRENDLER, Silvio: *Prinzipielles zur Zunamenforschung. Dargestellt anhand von Erfahrungen aus der Anglistik,* in: *Zunamen. Zeitschrift für Namenforschung* 1 (2006), S. 119–142.

BRENDLER, Silvio: *Deskriptive Konnotationen versus motivationale Konnotationen. Zu zwei zentralen Komponenten der Wortbildungssemantik der Zunamen,* in: *Zunamen. Zeitschrift für Namenforschung* 2 (2007), S. 21–43.

BUCHBERGER, Sigmund: *Beiträge zur Volkskunde der Namengebung in Altbayern und der Oberpfalz von den Anfängen bis zum Jahre 1500,* in: *Verhandlungen des historischen Vereins für Niederbayern* 66 (1933), S. 1–108.

BÜCHER, Karl: *Die Berufe der Stadt Frankfurt a. M. im Mittelalter,* in: *Abhandlungen der philosophisch-historischen Klasse der königl. Sächsischen Akademie der Wissenschaften,* Bd. 30, Nr. 3 (1914), S. 1–143, Leipzig.

DAMMEL, Antje/SCHMUCK, Mirjam: *Der Deutsche Familiennamenatlas (DFA). Relevanz computergestützter Familiennamengeographie für die Dialektgeographie,* in: Stephan ELSPAß/Werner KÖNIG (Hgg.): *Sprachgeographie digital. Die neue Generation der Sprachatlanten,* Hildesheim – Zürich – New York 2008, S. 73–104.

DEBUS, Friedhelm: *Zur Klassifikation und Terminologie der Namenarten,* in: *Beiträge zur Namenforschung,* N. F. 45 (2010), S. 359–369.

DITTMAIER, Heinrich: *Ursprung und Geschichte der deutschen Satznamen. Zugleich ein Beitrag zur vergleichenden Namenkunde,* in: *Rheinisches Jahrbuch für Volkskunde* 7 (1956), S. 7–94.

DITTMAIER, Heinrich: *Name und Wort,* in: *Gedenkschrift für William Foerste,* hg. von Dietrich HOFMANN unter Mitarbeit von Willy SANDERS, Niederdeutsche Studien 18, Köln – Wien 1970, S. 201–214.

DRÄGER, Kathrin: *Familiennamen aus dem Rufnamen* Nikolaus *in Deutschland,* Regensburger Studien zur Namenforschung 7, Regensburg 2013.

EGGERS, Hans: *Deutsche Sprachgeschichte III: Das Frühneuhochdeutsche,* rowohlts deutsche enzyklopädie 270/271, Reinbek bei Hamburg 1969.

EIKENBERG, Wiltrud: *Das Handelshaus der Runtinger zu Regensburg. Ein Spiegel süddeutschen Rechts-, Handels- und Wirtschaftslebens im ausgehenden 14. Jahrhundert, mit einem Beitrag von Walter BOLL,* Veröffentlichungen des Max-Planck-Instituts für Geschichte 43, Göttingen 1976.

EITLER, Eugenie: *Münchner Familiennamen im 14. Jahrhundert,* Phil. Diss. (masch.), München 1956.

ERBEN, Johannes: *Hauptaspekte der Entwicklung der Wortbildung in der Geschichte der deutschen Sprache,* in: Werner BESCH/Anne BETTEN/Oskar REICHMANN/Stefan SONDEREGGER (Hgg.): *Sprachgeschichte. Ein Handbuch zur Geschichte der deutschen Sprache und ihrer Erforschung,* Handbücher zur Sprach- und Kommunikationswissenschaft 2/3, Berlin – New York [2]2003, S. 2525–2539.

ERBEN, Johannes: *Einführung in die deutsche Wortbildungslehre,* Grundlagen der Germanistik 17, Berlin [5]2006.

FINSTERWALDER, Karl: *Die Familiennamen in Tirol und Nachbargebieten und die Entwicklung der Personennamen im Mittelalter. Mit einem urkundlichen Nachschlagswerk für 4100 Familien- und Hofnamen,* Schlern-Schriften 81, Innsbruck 1951.

FINSTERWALDER, Karl: *Tiroler Namenkunde. Sprach- und Kulturgeschichte von Personen-, Familien- und Hofnamen. Mit einem Namenlexikon,* Innsbrucker Beiträge zur Kulturwissenschaft, Germanistische Reihe 4, Innsbruck 1978.

FINSTERWALDER, Karl: *Tiroler Familiennamenkunde. Sprach- und Kulturgeschichte von Personen-, Familien- und Hofnamen. Mit einem Namenlexikon,* Schlern-Schriften 284, Innsbruck 1994.

FLEISCHER, Jörg: *Grammatische und semantische Kongruenz in der Geschichte des Deutschen: Eine diachrone Studie zu den Kongruenzformen von ahd.* wīb, *nhd.* Weib, in: *Beiträge zur Geschichte der deutschen Sprache und Literatur* 134 (2012), S. 163–203.

FLEISCHER, Wolfgang: *Die deutschen Personennamen. Geschichte, Bildung und Bedeutung,* Wissenschaftliche Taschenbücher 20, Reihe Sprachwissenschaft, Berlin [2]1968.

FLEISCHER, Wolfgang: *Wortbildung der deutschen Gegenwartssprache,* Tübingen [5]1982.

FLEISCHER, Wolfgang/BARZ, Irmhild: *Wortbildung der deutschen Gegenwartssprache,* unter Mitarbeit von Marianne SCHRÖDER, Berlin – Boston [4]2012.

GANSLMAYER, Christine: *Wortbildungswandel in frühneuhochdeutscher Zeit. Zur Etablierung des Deutschen als wortbildungstypische Sprache,* in: Anja LOBENSTEIN-REICHMANN/ Oskar REICHMANN (Hgg.): *Frühneuhochdeutsch – Aufgaben und Probleme seiner linguistischen Beschreibung,* Germanistische Linguistik 213–215, Hildesheim – Zürich – New York 2011, S. 317–382.

GEMEINER, Carl Theodor: *Reichsstadt Regensburgische Chronik. Die wichtigsten und merkwürdigsten Begebenheiten, die sich in Regensburg und in der Nachbarschaft der Stadt seit Entstehung derselben bis auf unsere Zeit zugetragen haben [...],* 4 Bände, München 1800–1824.

GILLESPIE, George T.: *Die Namengebung der deutschen Heldendichtung,* in: Friedhelm DEBUS/ Horst PÜTZ (Hgg.): *Namen in deutschen literarischen Texten des Mittelalters, Vorträge Symposion Kiel, 9.–12.9.1987,* Kieler Beiträge zur deutschen Sprachgeschichte 12, Neumünster 1989, S. 115–145.

GLONING, Thomas: *Organisation und Entwicklung historischer Wortschätze. Lexikologische Konzeption und exemplarische Untersuchungen zum deutschen Wortschatz um 1600,* Reihe Germanistische Linguistik 242, Tübingen 2003.

GRÜNERT, Horst: *Die altenburgischen Personennamen. Ein Beitrag zur mitteldeutschen Namenforschung,* Mitteldeutsche Forschungen 12, Tübingen 1958.

HAGSTRÖM, Sten: *Kölner Beinamen des 12. und 13. Jahrhunderts,* Nomina Germanica 8, Uppsala 1949.

HANSACK, Ernst: *Der Name im Sprachsystem. Grundprobleme der Sprachtheorie,* Studia et exempla linguistica et philologica, Series I, Studia maiora V, Regensburg 2000.

HEIMPEL, Hermann: *Das Gewerbe der Stadt Regensburg im Mittelalter, mit einem Beitrag von Franz BASTIAN: Die Textilgewerbe, Vierteljahrsschrift für Sozial- und Wirtschaftsgeschichte,* Beiheft 9, Stuttgart 1926.

HELLFRITZSCH, Volkmar: *Zum Problem der Satznamen,* in: *Studia Onomastica III, Namenkundliche Informationen,* Beiheft 4, Leipzig 1982, S. 28–41. Wiederabdruck in: V. HELLFRITZSCH: *(Ostmittel-) Deutsche Namenkunde,* Hamburg 2010, S. 48–61.

HELLFRITZSCH, Volkmar: *Familiennamenbuch des sächsischen Vogtlandes,* Deutsch-Slawische Forschungen zur Namenkunde und Siedlungsgeschichte 37, Berlin 1992.

HELLFRITZSCH, Volkmar: *Satznamen,* in: Ernst EICHLER/Gerold HILTY/Heinrich LÖFFLER/Hugo STEGER/Ladislav ZGUSTA (Hgg.): *Namenforschung. Ein internationales Handbuch zur Onomastik,* Handbücher zur Sprach- und Kommunikationswissenschaft 11/1, Berlin – New York 1995, S. 435–439.

HELLFRITZSCH, Volkmar: *Personennamen Südwestsachsens. Die Personennamen der Städte Zwickau und Chemnitz bis zum Jahre 1500 und ihre sprachgeschichtliche Bedeutung,* Onomastica Lipsiensia 5, Leipzig 2007.

HELLFRITZSCH, Volkmar: *Fränkische und obersächsische Zunamen im Spannungsfeld frühneuhochdeutscher Schreibvarianten,* in: *Zunamen. Zeitschrift für Namenforschung* 6 (2011), S. 8–57.

HENZEN, Walter: *Deutsche Wortbildung,* Sammlung kurzer Grammatiken germanischer Dialekte B, Ergänzungsreihe 5, Tübingen [3]1965.

HOFFRICHTER, Kirsten: *Echonamen, Beiträge zur Namenforschung,* N. F., Beiheft 35, Heidelberg 1992.

HUBER, Konrad: *Rätisches Namenbuch,* Bd. III: *Die Personennamen Graubündens mit Ausblicken auf Nachbargebiete,* Teil 1: *Von Rufnamen abgeleitete Familiennamen,* Teil 2: *Von Übernamen abgeleitete Familiennamen,* Bern 1986.

HUNDSBICHLER, Helmut: *Arbeit,* in: Harry KÜHNEL (Hg.): *Alltag im Spätmittelalter,* Graz – Wien – Köln [2]1985, S. 189–195.

JANKA, Wolfgang: *Zur Methodik der Familiennamenforschung. Die Namen* Eidenschink, Eigenschink *und* Eisenschink *im Spannungsfeld Mündlichkeit – Schriftlichkeit,* in: Karlheinz HENGST/Dietlind KRÜGER (Hgg.): *Familiennamen im Deutschen. Erforschung und Nachschlagewerke,* Onomastica Lipsiensia 6/1, Leipzig 2009, S. 603–613.

JOERES, Rolf: *Deutsche Grammatik. Gotisch, Alt-, Mittel- und Neuhochdeutsch von Wilhelm Wilmanns, Register zur zweiten Abteilung: Wortbildung,* Coburg 1997.

KANY, Werner: *Inoffizielle Personennamen. Bildung, Bedeutung und Funktion,* Reihe Germanistische Linguistik 127, Tübingen 1992.

KAPPUS, Theodor: *Die Zunamen in den ältesten Urkunden von Freising und Regensburg,* Phil. Diss., Tübingen 1924.

KEWITZ, Bernhard: *Coesfelder Beinamen und Familiennamen vom 14. bis 16. Jahrhundert, Beiträge zur Namenforschung,* N. F., Beiheft 51, Heidelberg 1999.

KNOBLOCH, Johannes: *Echonamen,* in: *Beiträge zur Namenforschung,* N. F. 12 (1977), S. 121–124.

KOHLHEIM, Rosa: *Regensburger Beinamen des 12. bis 14. Jahrhunderts. Beinamen aus Berufs-, Amts- und Standesbezeichnungen*, Bayreuther Beiträge zur Dialektologie 6, Hamburg 1990.

KOHLHEIM, Rosa: *Zur Festigkeit der Doppelnamigkeit in Regensburg im ausgehenden 14. Jahrhundert,* in: Eeva Maria NÄRHI (Hg.): *Proceedings of the XVIIth International Congress of Onomastic Sciences, Helsinki 13–18 August 1990*, vol. 2, Helsinki 1991, S. 22–29.

KOHLHEIM, Rosa: *Typologie und Benennungssysteme bei Familiennamen: prinzipiell und kulturvergleichend,* in: Ernst EICHLER/Gerold HILTY/Heinrich LÖFFLER/Hugo STEGER/ Ladislav ZGUSTA (Hgg.): *Namenforschung. Ein internationales Handbuch zur Onomastik,* Handbücher zur Sprach- und Kommunikationswissenschaft 11/2, Berlin–New York 1996, S. 1247–1259. Wiederabdruck in: Rosa KOHLHEIM/Volker KOHLHEIM: *Eigennamen. Neue Wege ihrer Erforschung,* Hamburg 2011, S. 113–125.

KOHLHEIM, Rosa: *Zur Motivik und Aussagekraft berufsbezogener Bei- und Familiennamen,* in: Karlheinz HENGST/Dietlind KRÜGER/Hans WALTHER (Hgg.): *Wort und Name im deutsch-slavischen Sprachkontakt*, Bausteine zur slavischen Philologie und Kulturgeschichte N. F., Reihe A, Slavistische Forschungen 20, Köln – Weimar –Wien 1997, S. 235–243. Wiederabdruck in: Rosa KOHLHEIM/Volker KOHLHEIM: *Personennamen. Motivation – Diffusion – Integration,* Hamburg 2011, S. 269–277.

KOHLHEIM, Rosa: *Übernamen als Spiegel spätmittelalterlicher Mentalität,* in: W. F. H. NICOLAISEN (Hg.): *Proceedings of the XIXth International Congress of Onomastic Sciences, Aberdeen, August 4–11, 1996,* vol. 3, Aberdeen 1998, S. 237–243. Wiederabdruck in: Rosa KOHLHEIM/Volker KOHLHEIM: *Eigennamen. Neue Wege ihrer Erforschung,* Hamburg 2011, S. 145–151.

KOHLHEIM, Rosa: Hammer, Stahl *und* Mehlhose. *Berufsnamen oder Übernamen?* In: Arne ZIEGLER/Erika WINDBERGER-HEIDENKUMMER (Hgg.): *Methoden der Namenforschung. Methodologie, Methodik und Praxis,* Berlin 2011, S. 245–254.

KOHLHEIM, Rosa/KOHLHEIM, Volker: *Zur Rekursion von Zunamen. Überlegungen anhand Regensburger Beispiele,* in: *Zunamen. Zeitschrift für Namenforschung* 5 (2010), S. 88–122. Wiederabdruck in: Rosa KOHLHEIM/Volker KOHLHEIM: *Personennamen. Motivation – Diffusion – Integration,* Hamburg 2011, S. 234–268.

KOHLHEIM, Volker: *Regensburger Rufnamen des 13. und 14. Jahrhunderts. Linguistische und sozio-onomastische Untersuchungen zu Struktur und Motivik spätmittelalterlicher Anthroponymie, Zeitschrift für Dialektologie und Linguistik,* Beihefte N. F. 19, Wiesbaden 1977.

KOHLHEIM, Volker: *Familiennamen und Mentalitätsgeschichte,* in: Karlheinz HENGST/ Dietlind KRÜGER (Hgg.): *Familiennamen im Deutschen. Erforschung und Nachschlagewerke,* Onomastica Lipsiensia 6/1, Leipzig 2009, S. 477–494.

KÖNIG, Werner: *dtv-Atlas deutsche Sprache,* München ^16^2007.

KRANZMAYER, Eberhard: *Historische Lautgeographie des gesamtbairischen Dialektraumes, mit 27 Laut- und 4 Hilfskarten in besonderer Mappe,* Wien 1956.

KREMER, Dieter: *Übernamen und Wortgeschichte,* in: *Beiträge zur Namenforschung,* N.F. 12 (1977), S. 125–144.

KREMER, Dieter: *Patronymica Romanica (PatRom). Bemerkungen zu einem europäischen Forschungsprojekt,* in: *Beiträge zur Namenforschung,* N.F. 27 (1992), S. 251–263.

KREMER, Dieter: *Mittelalterliche Bürgerlisten der Romania,* in: Dietlind KREMER/Dieter KREMER (Hgg.): *Die Stadt und ihre Namen,* Onomastica Lipsiensia 8/1, Leipzig 2012, S. 297–332.

KRONENBERGER, Kerstin: *Die Substantivableitung mit* -e, -ede *und* -heit *in der Urkundensprache des 13. Jahrhunderts,* in: Mechthild HABERMANN/Peter O. MÜLLER/Horst Haider

MUNSKE (Hgg.): *Historische Wortbildung des Deutschen,* Reihe Germanistische Linguistik 232, Tübingen 2002, S. 193–209.

LEBEL, Paul: *Les noms de personnes en France,* 7., von Charles ROSTAING durchgesehene Aufl., „Que sais-je?" 235, Paris [7]1974.

LEHNER, Johannes B.: *Die mittelalterlichen Kirchenpatrozinien des Bistums Regensburg,* Teil 1, in: *Verhandlungen des Historischen Vereins für Oberpfalz und Regensburg* 94 (1953), S. 5–82.

LINSBERGER, Axel: *Wiener Personennamen. Ruf-, Bei- und Familiennamen des 15. Jahrhunderts aus Wiener Quellen,* Schriften zur deutschen Sprache in Österreich 41, Frankfurt am Main – Berlin – Bern – Bruxelles – New York – Oxford – Wien 2012.

LIPOLD, Günter: *Namen in und um Wien im 14. Jahrhundert,* in: Peter WIESINGER (Hg.): *Sprache und Namen in Österreich. Festschrift für Walter STEINHAUSER zum 95. Geburtstag,* Schriften zur deutschen Sprache in Österreich 6, Wien 1980, S. 227–254.

MOREU-REY, Enric: *Renoms, Motius, Malnoms i Noms de Casa,* Col-lecció Llengua Viva 4, Barcelona 1981.

MORRÉ, Fritz: *Ratsverfassung und Patriziat in Regensburg bis 1400,* in: *Verhandlungen des Historischen Vereins von Oberpfalz und Regensburg* 85 (1935), S. 1–147.

MULCH, Roland: *Arnsburger Personennamen. Untersuchungen zum Namenmaterial aus Arnsburger Urkunden vom 13.–16. Jahrhundert,* Quellen und Forschungen zur hessischen Geschichte 29, Darmstadt – Marburg 1974.

NÄßL, Susanne: *Bairisch: Regensburg,* in: Albrecht GREULE/Jörg MEIER/Arne ZIEGLER (Hgg.): *Kanzleisprachenforschung. Ein internationales Handbuch,* Berlin – Boston 2012, S. 441–455.

NAUMANN, Horst: *Deutsche Familiennamen. Eine Einführung,* Neustadt/Aisch 1993.

NEUMANN, Isolde: *Obersächsische Familiennamen* I. *Die bäuerlichen Familiennamen des Landkreises Oschatz,* Deutsch-Slawische Forschungen zur Namenkunde und Siedlungsgeschichte 25, Berlin 1970.

NEUMANN, Isolde: *Zum Stichwortansatz in Familiennamenbüchern,* in: *Namenkundliche Informationen* 20 (1972), S. 39–44.

NEUMANN, Isolde: *Obersächsische Familiennamen* II. *Die Familiennamen der Stadtbewohner in den Kreisen Oschatz, Riesa und Grossenhain bis 1600,* Deutsch-Slawische Forschungen zur Namenkunde und Siedlungsgeschichte 33, Berlin 1981.

NICOLAISEN, Wilhelm F. H.: *Die Welt der Namen*, in: *Namenkundliche Informationen* 74 (1998), S. 9–28.

NIED, Edmund: *Heiligenverehrung und Namengebung. Sprach- und kulturgeschichtlich, mit Berücksichtigung der Familiennamen,* Freiburg i. Br. 1924.

NIED, Edmund: *Fränkische Familiennamen urkundlich gesammelt und sprachlich gedeutet,* Heidelberg 1933.

NÖLLE-HORNKAMP, Iris: *Mittelalterliches Handwerk im Spiegel oberdeutscher Personennamen. Eine namenkundliche Untersuchung zu den Handwerkerbezeichnungen als Beinamen im „Corpus der altdeutschen Originalurkunden",* Frankfurt a. Main – Berlin – Bern – New York – Paris – Wien 1992.

POLENZ, Peter von: *Name und Wort. Bemerkungen zur Methodik der Namendeutung,* in: *Mitteilungen für Namenkunde* 8 (1960/61), S. 1–11.

PRINZ, Michael: *Regensburg – Straubing – Bogen. Studien zur mittelalterlichen Namenüberlieferung im ostbayerischen Donauraum.* Erster Teil: *Unkomponierte Namen,* Materialien zur bayerischen Landesgeschichte 20/1, München 2007.

RAMGE, Hans: *Rezension* zu: *Flurnamenbuch Baden-Württemberg. Flurnamenbeschreibung in amtlichen Karten [...],* aufgrund der Vorarbeiten von Karl BOHNENBERGER und Helmut DÖLKER unter Mithilfe von Konrad KUNZE bearbeitet von Arno RUOFF, hg. vom

Landesvermessungsamt Baden-Württemberg, 1993, in: *Beiträge zur Namenforschung,* N. F. 31 (1996), S. 187–191.

REICHERT, Hermann: *Die deutschen Familiennamen nach Breslauer Quellen des 13. und 14. Jahrhunderts,* Breslau 1908.

REICHMANN, Oskar: *Zur Abgrenzung des Mittelhochdeutschen vom Frühneuhochdeutschen,* in: Wolfgang BACHOFER (Hg.): *Mittelhochdeutsches Wörterbuch in der Diskussion, Symposion zur mittelhochdeutschen Lexikographie, Hamburg, Oktober 1985,* Reihe Germanistische Linguistik 84, Tübingen 1988, S. 119–147.

REIFFENSTEIN, Ingo: *Zur Schreibsprache des Runtingerbuches (1383–1407),* in: Susanne NÄßL (Hg.): *Regensburger Deutsch. Zwölfhundert Jahre Deutschsprachigkeit in Regensburg,* Regensburger Beiträge zur deutschen Sprach- und Literaturwissenschaft, Reihe B/Untersuchungen, Bd. 80, Frankfurt a. Main – Berlin – Bern – Bruxelles – New York – Oxford – Wien 2002, S. 201–224.

SCHEFFLER-ERHARD, Charlotte: *Alt-Nürnberger Namenbuch,* Nürnberger Forschungen, Einzelarbeiten zur Nürnberger Geschichte 5, Nürnberg 1959.

SCHEIBELREITER, Georg: *Die barbarische Gesellschaft. Mentalitätsgeschichte der europäischen Achsenzeit 5.–8. Jahrhundert,* Darmstadt 1999.

SCHUBERT, Ernst: *Alltag im Mittelalter. Natürliches Lebensumfeld und menschliches Miteinander,* Darmstadt 2002.

SCHULZE, Ursula: *Lemmatisierung und Bedeutungsbestimmung von Substantivkomposita im ‚Wörterbuch der mittelhochdeutschen Urkundensprache',* in: Rudolf GROßE (Hg.): *Bedeutungserfassung und Bedeutungsbeschreibung in historischen und dialektologischen Wörterbüchern, Beiträge zu einer Arbeitstagung der deutschsprachigen Wörterbücher, Projekte an Akademien und Universitäten vom 7. bis 9. März 1996 anlässlich des 150jährigen Jubiläums der Sächsischen Akademie der Wissenschaften zu Leipzig,* Abhandlungen der Sächsischen Akademie der Wissenschaften zu Leipzig, Philologisch-historische Klasse, Bd. 75, Heft 1. Leipzig 1998, S. 87–93.

SCHÜTZEICHEL, Rudolf: *Einführung in die Familiennamenkunde,* in: Max GOTTSCHALD: *Deutsche Namenkunde,* Berlin – New York [6]2006, S. 13–76.

SCHWÄGERL, Anselm: *Das Regensburger Althochdeutsch,* Phil. Diss. Erlangen 1952.

SCHWARZ, Ernst: *Deutsche Namenforschung,* Bd. 1: *Ruf- und Familiennamen.* Göttingen 1949.

SCHWARZ, Ernst: *Die Personennamengebung in Regensburg von 1100–1350,* in: *Zeitschrift für bayerische Landesgeschichte* 17 (1953/54), S. 13–39.

SCHWARZ, Ernst: *Sudetendeutsche Familiennamen aus vorhussitischer Zeit,* Ostmitteleuropa in Vergangenheit und Gegenwart 3, Köln – Graz 1957.

SCHWARZ, Ernst: *Sudetendeutsche Familiennamen des 15. und 16. Jahrhunderts,* Handbuch der sudetendeutschen Kulturgeschichte 6, München 1973.

SKÁLA, Emil: *Das Regensburger und das Prager Deutsch,* in: *Zeitschrift für bayerische Landesgeschichte* 31 (1968), S. 84–103.

SOCIN, Adolph: *Mittelhochdeutsches Namenbuch nach oberrheinischen Quellen des zwölften und dreizehnten Jahrhunderts,* Basel 1903. Unveränderter reprografischer Nachdruck: Hildesheim 1966.

ŠRÁMEK, Rudolf: *Das Problem der Selektion in der Namengebung,* in: R. ŠRÁMEK: *Beiträge zur allgemeinen Namentheorie,* hg. von Ernst HANSACK, Schriften zur diachronen Sprachwissenschaft 16, Wien 2007, S. 193–198. Erstmals erschienen in: *Beiträge zur Onomastik. Linguistische Studien,* Reihe A, 73/I (1980), S. 43–49.

SUOLAHTI, Hugo: *Die deutschen Vogelnamen. Eine wortgeschichtliche Untersuchung,* 2., unveränderte Auflage mit einem Nachwort von Elmar SEEBOLD, Berlin – New York [2]2000, Nachdruck der Aufl. Straßburg 1909.

TIEFENBACH, Heinrich: -CHEN *und* -LEIN. *Überlegungen zu Problemen des sprachgeographischen Befundes und seiner sprachhistorischen Deutung, mit fünf Karten*, in: *Zeitschrift für Dialektologie und Linguistik* 54 (1987), S. 2–27.

TIEFENBACH, Heinrich: *Rezension* zu: Rosa KOHLHEIM: *Regensburger Beinamen des 12. bis 14. Jahrhunderts. Beinamen aus Berufs-, Amts- und Standesbezeichnungen*, Hamburg 1990, in: *Beiträge zur Namenforschung*, N. F. 27 (1992), S. 205–207.

WALTHER, Hans: *Historisch-gesellschaftliche Determinanten in Benennungsakten*, in: H. WALTHER: *Zur Namenkunde und Siedlungsgeschichte Sachsens und Thüringens. Ausgewählte Beiträge 1953–1991*, Leipzig 1993, S. 43–58. Erstmals erschienen in: *Beiträge zur Namenforschung*, N. F., Beiheft 27 (1988), S. 52–67.

WENZEL, Walter: *Studien zu sorbischen Familiennamen*, Teil 1: *Systematische Darstellung*, Bautzen 1987.

WENZEL, Walter: *Familiennamen*, in: Andrea BRENDLER/Silvio BRENDLER (Hgg.): *Namenarten und ihre Erforschung. Ein Lehrbuch für das Studium der Onomastik*, Lehr- und Handbücher zur Onomastik 1, Hamburg 2004, S. 705–742.

WIESINGER, Peter/REUTNER, Richard: *Die Ortsnamen des politischen Bezirkes Schärding (Nördliches Innviertel)*, Ortsnamenbuch des Landes Oberösterreich 3, Wien 1994.

WILMANNS, Wilhelm: *Deutsche Grammatik. Gotisch, Alt-, Mittel- und Neuhochdeutsch*, Zweite Abteilung: *Wortbildung*, Straßburg ^{2}1899.

WITKOWSKI, Teodolius: *Zum Problem der Bedeutungserschließung bei Namen*, in: *Der Name in Sprache und Gesellschaft. Beiträge zur Theorie der Onomastik*, von einem Autorenkollektiv, Deutsch-Slawische Forschungen zur Namenkunde und Siedlungsgeschichte 27, Berlin 1973, S. 104–117.

WOLF, Dieter: *Lexikologie und Lexikographie des Frühneuhochdeutschen*, in: Werner BESCH/ Anne BETTEN/Oskar REICHMANN/Stefan SONDEREGGER (Hgg.): *Sprachgeschichte. Ein Handbuch zur Erforschung der Geschichte der deutschen Sprache*, Handbücher zur Sprach- und Kommunikationswissenschaft 2/2, Berlin – New York ^{2}2000, S. 1554–1584.

WOLFF, Helmut: *Regensburgs Häuserbestand im späten Mittelalter. Eine topographische Beschreibung der alten Reichsstadt aufgrund der Beherbergungskapazitäten für den Reichstag von 1471*, in: Studien und Quellen zur Geschichte Regensburgs, Bd. 3, Regensburg 1985, S. 91–198.

WUTZ, Andreas Michael: *Die Entwicklung der Doppelnamigkeit im mittelalterlichen Regensburg*, in: *Verhandlungen des Historischen Vereins für Regensburg und Oberpfalz* 148 (2008), S. 37–54.

ZEHETNER, Ludwig: *Der Dialekt der Stadt Regensburg*, in: Susanne NÄßL (Hg.): *Regensburger Deutsch. Zwölfhundert Jahre Deutschsprachigkeit in Regensburg*, Regensburger Beiträge zur deutschen Sprach- und Literaturwissenschaft, Reihe B/Untersuchungen, Bd. 80, Frankfurt a. Main – Berlin – Bern – Bruxelles – New York – Oxford – Wien 2002, S. 307–331.

ZODER, Rudolf : *Familiennamen in Ostfalen*, Band 1: *A–K*, Band 2: *L–Z*, Hildesheim 1968.